Udo Zimmermann

Mein Radweg nach St. Petersburg

Mein Radweg nach St. Petersburg

Tagebuch einer Radreise von der
Schwäbischen Alb nach Russland
Erlebnisse und Gedanken

4000 Kilometer durch Deutschland, Polen,
Litauen, Lettland, Estland und Russland

Udo Zimmermann

epubli

Impressum

© 2016 Udo Zimmermann

Druck und Verlag: epubli GmbH, Berlin, www.epubli.de

ISBN 978-3-****-***-*

Printed in Germany

Bibliografische Information der Deutschen Nationalbibliothek

Die Deutsche Nationalbibliothek verzeichnet diese Publikation in der Deutschen Nationalbibliografie; detaillierte bibliografische Daten sind im Internet über http://dnb.d-nb.de abrufbar.

Das Tagebuch

Donnerstag, 12. Juni 2014

Heute ist der Tag „X", mein Tag „X". Ich starte zu meiner Radtour nach Russland, genauer gesagt durch Polen, Litauen, Lettland und Estland nach St. Petersburg in Russland. Ich habe mich jetzt bald drei Jahre lang darauf vorbereitet.

Am Anfang stand die Überlegung, ob das überhaupt machbar ist. Zehn Wochen Abwesenheit von zu Hause, der große Garten, das Rasenmähen. Das ist eine neue Aufgabe für Hanne, meine Frau, dazu jetzt noch Handwerker wegen einer noch nicht ganz abgeschlossenen Badrenovierung im Haus... Vielleicht ist das Ganze auch wirklich eine Nummer zu groß für mich. Dauert das zu lange, kostet das zu viel? Wäre ein anderes Ziel vernünftiger, als gerade jetzt in eine Gegend zu reisen, die derzeit politisch gesehen doch etwas vorsichtig einzuschätzen ist. Wer weiß schon, wie sich die Ukraine-Krise noch entwickelt und ob und wie sich das eventuell auch noch auf die baltischen Länder auswirkt. Besteht womöglich akute Kriegsgefahr? Darüber hinaus bin ich verschiedentlich gewarnt worden, es sei viel zu gefährlich und alleine sowieso. Die Warnungen und Bedenken kamen natürlich allesamt von Menschen, die weder schon mal dort waren, noch je alleine eine Radtour, geschweige denn eine so lange gemacht haben. Andererseits haben mir Menschen, die ebenfalls schon längere Zeit allein unterwegs gewesen sind, dazu geraten, ich solle das auf jeden Fall machen, wenn ich die Gelegenheit dazu hätte. So eine Unternehmung würde ich mein ganzes Leben lang nicht mehr vergessen! Ja, die Gelegenheit habe ich inzwischen, denn seit anderthalb Jahren bin ich im Vorruhestand und den muss ich doch ausnutzen, oder?

Jetzt bin ich also unterwegs. Kurz nach halb acht bin ich in Engstlatt, einem Stadtteil von Balingen am Fuße der Schwäbischen Alb, losgefahren. Schlafen konnte ich nicht besonders gut heute Nacht, aber das war mir schon vorher klar. Das ist normal, dafür ist die Anspannung einfach zu groß. Das Wetter ist gut, es wird ein schöner Sommertag. Gleich zu Beginn gehts den Berg hoch, danach flacher und ich kann nochmals auf unser Haus und den Garten zurückblicken. Diesen Anblick werde ich nun einige Wochen nicht mehr haben. Lange Zeit schon habe ich gewusst, dass dieser Augenblick kommen wird und war gespannt, welche Gefühle ich in diesem Moment haben würde. Ich bin nicht sehr nervös. Es überrascht mich, wie ruhig ich eigentlich bin. Ich muss jetzt wohl erst die Situation realisieren... es ist soweit, ich bin unterwegs und habe die riesige Strecke vor mir und bin richtig gespannt auf die zehn langen Wochen. Der Rückflug ist erst am 19. August...

Das Rad ist voll bepackt. Etwa 21 kg Gepäck habe ich dabei, alles in den zwei Packtaschen und in einem Matchsack auf dem Gepäckträger hinten. Nur die Fotokamera und kleinere Utensilien, sowie Handy und Geldbeutel befinden sich in der Lenkertasche. Der Reisepass und etwas Bargeld sind in einem Holster wohl sicher, das ich unter dem Hemd trage.

Ich komme gut voran, fahre dosiert mit Rücksicht auf meine Knie. Eigentlich habe ich die Tour voll austrainiert in der Form meines Lebens beginnen wollen. Aber daraus ist nichts geworden. Schon seit dem letzten Sommer habe ich zum Teil heftige Beschwerden in den Knien, zuerst im rechten, später dann auch im linken. Bei drei verschiedenen Ärzten bin ich gewesen und habe drei verschiedene Diagnosen bekommen. Eine kurzfristige Operation des Meniskus ist mir sogar in Aussicht gestellt worden. Ja, die Radtour habe ich schon am seidenen Faden hängen sehen. Der Rat des einen Orthopäden aber, ich solle jeden Tag aufs Rad steigen, hat meine Hoffnung am Leben gehalten und mich auch motiviert. Das belastungsfreie Fahren hat den Gelenken spürbar gut getan. Mit Intensivtraining und Aufbau der Muskelmasse in den Oberschenkeln habe ich mich allerdings zurückhalten müssen. Ich betrachte die Strecke bis Berlin jetzt einfach mal als Trainingsstrecke und warte ab, was die Knie machen und hoffe, dass ich in der Hauptstadt dann richtig in Form bin. Etwa 80 Kilometer am

Tag habe ich mir vorgenommen. Im schlimmsten Fall muss ich halt abbrechen. Aber so weit ist es jetzt noch nicht!

Ich nähere mich Tübingen mal auf ungewohnte Weise, nicht auf der Bundesstraße, sondern hinten herum, an Gärten und kleinen Wohnhäusern vorbei. Mit Tübingen verbindet mich übrigens etwas besonderes: es ist meine Geburtsstadt. Noch vor Erreichen der Innenstadt hole ich zwei ältere Radler auf ihren Pedelecs ein. Ich fahre eine Weile hinter ihnen her und überhole sie schließlich. Sie sind mir einfach einen Tick zu langsam. Ich verlasse den kürzesten Weg ins Zentrum, als ich wegen einer Baustelle eine Umleitung fahren muss. Auf der Neckarbrücke halte ich an, um ein Foto zu machen. Die bunten Häuser am Neckar mit dem Hölderlinturm und im Vordergrund das Fahrrad, das sieht ganz gut aus. Von einem jungen Mann bekomme ich zusammen mit einer Einladungskarte für eine christliche Veranstaltung einen Keks in die Hand gedrückt. Da fällt mir ein, dass ich ja auch mal was essen könnte.

Bei Pliezhausen werde ich von einer Gruppe Radler überholt, alle im Rentneralter. Sie sind flott unterwegs, logisch, sie fahren ja alle Pedelecs. Und ich bin jetzt doch schon etwas müde und kurz hinter Tübingen hat sich auch mein linkes Knie gemeldet. Einer der Radler spricht mich an. Wir seien uns heute schon mal begegnet, vor Tübingen, und beim nächsten Mal müssten wir dann zusammen irgendwo was trinken gehen, meint er. Ich kann mich zunächst nicht erinnern. Als er mir dann sagt, dass er mich an meinem Wimpel (das ist der Schal vom Internationalen Kirchentag in München, den ich letzte Woche besucht habe) hinten auf den Gepäcktaschen erkannt habe, komme ich drauf. Er ist einer der beiden, die ich heute Morgen überholt habe. Er erzählt mir, dass sie alle zwei Wochen eine kleine Radtour machen und anschließend einkehren. Sie sind maximal neun Personen, nur heute sind zwei im Urlaub, einer ist krank und einer muss „aufs Enkele" aufpassen. Er selber sei noch in der Reha, denn er habe zwei neue Knie bekommen, aber es ginge schon wieder ganz gut, ohne Belastung eben... Na ja, mit einem Pedelec ja wohl ganz einfach, aber mit einem normalen Fahrrad und dazu noch bepackt – schon ein Unterschied. Ich denke an meine Knie und fahre langsam weiter, während er sein E-Fahrrad wieder beschleunigt. Ein paar hundert Meter weiter fange ich die Senioren wieder ein, als sie nach dem Weg suchen, wahrscheinlich ist es jetzt Zeit zum Einkehren.

Bei Neckartailfingen esse ich an einem Badesee einen gemischten Salat mit Hähnchenstreifen und trinke ein Johannisbeerschorle. Ein älterer Radler setzt sich zu mir, er ist aus Wernau und mit seinem Rennrad unterwegs, nur so zum Spaß, eine Runde hier in der Gegend. Wo ich hinfahre, will er wissen. Ich sags ihm. „Au weia, da hast du aber noch was vor!" meint er. Wie recht er da hat. Als ich ihm dann noch sage, dass ich auf dem Campingplatz beim Schurrenhof in der Nähe von Salach übernachten möchte, rät er mir davon ab. „Das ist zu steil und anstrengend da hinauf!" Besser wäre die Strecke auf der alten Bahntrasse bis nach Schwäbisch Gmünd, die sei flach und dort würde ich sicher auch was zum Übernachten finden.

Im Badesee wird gebadet, ich verkneifs mir aber, ich hab ja den Schurrenhof noch vor mir, muss weiter. In Nürtingen fahre ich hinauf zur Fachhochschule. Das muss sein. Über drei Jahrzehnte war ich jetzt nicht mehr hier. Es hat sich einiges geändert in der Stadt, aber ich finde die FH auf Anhieb. Das Eingangstor in den Hof steht offen. Ich schiebe mein Rad hinein. Unter einem Baum an einem Tisch voll mit Unterlagen und Büchern sitzen drei junge Mädchen und lernen. Ich gehe an ihnen vorbei in das alte Schulgebäude und schaue mich um. Nur vage kann ich mich noch erinnern, alles scheint erst vor nicht allzu langer Zeit renoviert worden zu sein. Es ist mäuschenstill hier, ein paar Türen stehen offen. In den Räumen wird gelernt, studiert sagt man hier wohl. Ich will nicht stören und gehe wieder hinaus in den Hof zu den Mädels. Ich frage sie, ob sie von mir mit dem Rad am Tor ein Foto machen könnten und erzähle ihnen, dass ich hier vor exakt 33 Jahren mein Studium abgeschlossen habe und seitdem nicht mehr hier gewesen bin, und dass ich jetzt mit dem Fahrrad unterwegs nach Russland sei. Deshalb hätte ich die Gelegenheit genutzt, um mal an „meiner" FH vorbei zu schauen. Mann, sind die von dieser Story begeistert! Und ich bekomme meine (drei) Fotos.

In Salach fülle ich meine Wasservorräte auf. Ich bin jetzt doch schon ganz schön fertig, fahre nur noch so mit 15 km/h. Mein linkes Knie macht zunehmend Probleme. Vor dem Supermarkt frage ich eine junge Frau, die gerade ihr Auto belädt, nach dem Weg zum Schurrenhof und ob man dort auch essen könne. „Oh je, zum Schurrenhof? Den kenne ich. Da habe ich mein Pferd stehen. Das ist aber ein Mordsbuckel", entgegnet sie mir und dass sie da auf keinen Fall mit dem Rad würde hoch wollen. Aber es gäbe dort sogar drei Gaststätten. Also steht für mich fest: ich übernachte auf dem Schurrenhof, ich werde schon irgendwie hochkommen.

Die meiste Zeit schiebe ich. Auch mit ganz gesunden Knien und voll trainiert wäre das Hochstrampeln eine sportliche Herausforderung. Aber mit dem schweren Rad gehe ich kein Risiko ein. Und ich komme hoch, endlich.

Die Anmeldung des Campingplatzes macht um 17.30 Uhr zu, es ist jetzt kurz nach 18.00 Uhr. Na so was! Ich schau mich um, niemand zu sehen. Dann gehe ich mal in die Richtung der Wohnwagen und Zelte. Plötzlich sehe ich jemanden von Weitem winken. „Ich kann nicht pfeifen, sonst hätte ich gepfiffen", meint der Herr. Und ich sage ihm, dass ich nicht so weit sehe, sonst hätte ich ihn sicher früher entdeckt. Wir lachen. Es klappt alles. Ich bekomme meinen Zeltplatz zugewiesen und eine Duschmarke.

Danach baue ich mein Zelt zum ersten Mal auf der Tour auf und obwohl ich dabei von ein paar Wohnmobilisten beobachtet werde, bekomme ich es ganz gut hin. Und dann aber gehts zum Duschen, das habe ich mir heute ganz sicher verdient und ich freue mich darauf. Etwa vier Minuten lang genieße ich die heiße und am Schluss kalte Dusche. Wie neugeboren gehe ich hinüber auf die Terrasse des Restaurants, bestelle ein Radler und Spanferkel mit Spätzle und Salat.

Laut meinem Fahrrad-Computer bin ich heute 129 Kilometer gefahren, und die Fahrzeit betrug genau 8:05 Std, der Durchschnitt lag bei 16 km/h. Ganz ordentlich, wenn ich bedenke, dass ich neulich nach einer Trainingsfahrt über 30 Kilometer mit nur ganz leichtem Gepäck ganz schön geschafft war. Und heute ist noch der „Mordsbuckel" hier herauf dazugekommen, auch die Knie haben gehalten. Also da staune ich jetzt selber über mich. Was die richtige Motivation doch alles möglich macht! Zufrieden und zuversichtlich krieche ich in den Schlafsack. Der Chef des Platzes hat mir versprochen, dass die Jugendgruppe nebenan in dem großen Zelt sicher ab 22.00 Uhr ruhig sei. Irgendwann höre ich nichts mehr...

Freitag, 13. Juni 2014

Es tröpfelt ganz leicht. Ich stehe schnell auf. Ich möchte das Zelt nicht nass einpacken, werde schnell fertig und um 6.20 Uhr fahre ich los. Das Wetter bessert sich. Den Radwegschildern folgend, meine ich, mit der Kirche ums Dorf zu fahren, wie man so sagt. Und so komme ich kurz vor Schwäbisch Gmünd doch noch in den Genuss der ehemaligen Eisenbahntrasse, recht angenehm und fast eben. Durch die Stadt bin ich schnell durch und dann gehts auch schon los mit dem sportlichen Teil heute. Bestimmt einen Kilometer den Berg hoch schiebe ich meinen Drahtesel oder soll ich besser sagen Packesel? Es ist wirklich so: wer sein Rad liebt, der schiebt.

Ich genieße eine Schussfahrt in ein Tal hinab und unten angekommen darf ich gleich einen steilen Schotterweg wieder hoch schieben. Danach verliere ich noch ziemlich die Orientierung und frage ein Rentnertrio nach dem Weg. Sie zeigen mir nicht den kürzesten, sondern den schönsten Weg und der ist natürlich einiges länger. Tatsächlich schöne Gegend hier und ganz schön hügelig. Aber es ist auch heiß heute und der Wind mausert sich zum Gegenwind. Über Ellwangen komme ich, immer auf und ab fahrend und öfter mal schottrige Waldwege hoch schiebend, schließlich um die Mittagszeit nach Crailsheim. Ich bin schon ziemlich geschafft und mir kommen langsam Zweifel, ob ich das heute noch bis Rothenburg o.d.T. überhaupt schaffe. Das ist mein erklärtes Tagesziel. Von dort habe ich vor, am Samstag bis Bamberg zu radeln, wo ich ein Zimmer gebucht habe. Eigentlich könnte ich ja mal schauen, ob von hier aus eventuell ein Zug in meine Richtung fährt, so kommen leise Gedanken in mir auf.

Und schon bin ich am Bahnhof. Es fährt in einer Viertelstunde ein Zug nach Rot am See. Das sind nur grob 15 Kilometer, aber immerhin hätte ich wieder etwas Luft. Gut ich mach das, es bleibt ja noch genug Strecke zum Radeln übrig, mindestens noch 3.500 Kilometer!

Der Automat spuckt das Ticket aus, laut Anzeige fährt der Zug auf Gleis 1. Ich warte. Plötzlich registriere ich: du stehst an Gleis 2, du Held! In Windeseile ‚fliege' ich hinüber zu Gleis 1, das ist auf der anderen Seite des Bahnhofsgebäudes, und sehe wirklich nur noch die rote Laterne meines Zuges. Peinlich! Da hat gerade eine Minute gefehlt. Nur gut, dass das niemand beobachtet hat. Jetzt gilt es, eine Stunde auf den nächsten Zug zu warten, das Ticket habe ich ja schon. Ich könnte jetzt eigentlich auch weiterradeln, denn einen Zeitvorteil habe ich nun nicht mehr, der ist futsch. Aber ich lasse das Ticket auf keinen Fall verfallen. Die Stunde Erholungspause wird mir sicherlich auch gut tun.

An der Treppe unten steht eine Gruppe Radler. Sie wollen hoch auf den Bahnsteig, doch das automatische Gepäckband an der Seite bewegt sich nicht, es ist wohl defekt. Ich gehe runter und trage einer Frau das Fahrrad samt Gepäck hoch, ein Hauch von Schwerstarbeit, von wegen Erholungspause. Kaum sind alle oben, bemerken sie, dass sie auf dem falschen Bahnsteig sind. Also werden die Räder wieder nach unten getragen und danach erhole ich mich aber wirklich...

In Rot am See verlasse ich zusammen mit einem jungen Radlerpaar aus Karlsruhe den Zug. Sie übernachten hier und fahren morgen nach Rothenburg o.d.T. und dann auf dem Tauberradweg nach Wertheim, ganz gemütlich. Die beiden könnte ich beneiden. Während wir noch plaudern, sehe ich auf einmal, dass sich meine Schuhsohle gelöst hat. Ich brauche neue Schuhe, nicht irgendwelche, sondern Klickschuhe! Und wo bekomme ich die so schnell her? Es ist Freitagnachmittag, das nächste ordentliche Sportgeschäft ist wohl erst in Rothenburg o.d.T. zu finden, das sind bestimmt noch 25 Kilometer. Und wann schließen die Geschäfte dort wohl? Jetzt fahre ich ein Rennen. Ich muss noch vor Ladenschluss in Rothenburg o.d.T. sein!

Am Ortsausgang kommt mir an einer Kreuzung eine Familie mit drei Kindern auf Fahrrädern entgegen. Ich muss aufpassen, dass ich nicht in sie hineinfahre und biege links ab. Zum Glück ruft mir der Vater nach, er möchte wissen, wo es nach Rothenburg geht. Da merke ich, dass ich falsch abgebogen bin. Die Familie kommt aus Texas und macht eine Radtour durch Süddeutschland. Sie fahren jeden Tag so 30 Kilometer etwa, heute sind sie schon 25 Kilometer gefahren, wollen aber noch bis Rothenburg. Wir fahren einige Kilometer miteinander. Auf ihre Gepäckträger haben sie Ersatzreifen geschnallt. Die müssen merkwürdige Vorstellungen haben von unseren Straßen hier in Deutschland. Nach einer Weile trennen wir uns, da ich ja mein Rennen zu Ende fahren muss und sie doch wesentlich langsamer sind. Ich wünsche ihnen viel Spaß und frage mich, wie die heute noch die Strecke schaffen wollen.

Die ausgeschilderte Radroute geht laufend bergauf und bergab. Ich könnte wetten, dass die Strecke auf der Landstraße nicht so bergig ist. Aber ich habe keine Zeit zum Überlegen. Glücklicherweise machen meine Knie ganz gut mit. Da müssen sie jetzt auch durch, beide. Spätestens morgen wird sich zeigen, ob die Raserei ein Fehler, vielleicht der entscheidende Fehler der Tour war. Ich fahre am Anschlag, bin gnadenlos zu mir selber, die Oberschenkel brennen. Ich muss unbedingt vor Ladenschluss einen Fahrradladen finden! Immer wieder stehe ich im Sattel auf und überdehne meine Kniegelenke vorsichtig. Das tut gut und scheint für Entlastung zu sorgen.

Kurz vor 18.00 Uhr erreiche ich den Stadtrand, frage ein junges Paar nach einem guten Radgeschäft und bekomme die Auskunft, dass ganz in der Nähe eines sei.

Minuten später stelle ich mein Rad davor ab. Gleich ist Ladenschluss. Ich gehe hinein mit der bangen Hoffnung, dass die auch passende Klickschuhe für mich haben. Zwei Paare bekomme ich zur Auswahl, eins passt tatsächlich und es wird mir auch gleich fertig montiert. Dem Verkäufer erzähle ich, dass die alten noch 4000 Kilometer hätten halten sollen und ich nun dermaßen erleichtert sei, es noch rechtzeitig hierher geschafft und so schnell Ersatz bekommen zu haben. Dass mich die alten Schuhe im Stich lassen, damit hätte ich auch nicht gerechnet. Frage ihn spaßig, ob er sicher sei, dass die neuen die Strecke durchhalten würden und verrate ihm, dass ich unterwegs nach Russland bin. Er lächelt und ist sich sicher: „Ja, klar, natürlich! Für so eine Reise braucht man bestes Equipment. Nach Russland, ja, das wäre was, da beneide ich Sie, da würde ich jetzt gerne mit Ihnen tauschen." An der Kasse gewährt er mir einen nennenswerten Preisnachlass.

Ganz happy radle ich durch die Altstadt und hinunter ins Taubertal zum Campingplatz in Detwang, den ich noch von der Radtour her kenne, die ich vor ein paar Jahren zusammen mit Hanne durchs Taubertal gemacht habe. Sechs oder sieben Zelte von Radwanderern stehen hier schon im Halbkreis beisammen. Am Rand ist alles belegt, mir bleibt nur noch ein Platz in der Mitte. Wieder habe ich zahlreiche Zuschauer beim Aufbauen. Es scheinen auch richtige Tourenprofis darunter zu sein, sichtbar an den Zelten und der sonstigen Ausrüstung, teilweise viel benutzt. Also heißt es, konzentriert arbeiten. Es klappt alles. Ich gehe duschen und anschließend in der Nähe in einer Gartenwirtschaft gemütlich essen.

Als ich zurückkomme, fällt mir ein Wohnmobil mit Balinger Kennzeichen auf. Davor sitzt ein Paar bei einem Gläschen Rotwein. Ich gehe hin, möchte wissen woher sie kommen. Gleich beim Hallo sagen scheint mir, dass ich die Frau kenne. Kurze Konversation hin und her, dann ist klar: Sie ist eine ehemalige Kundin von mir aus einem Nachbardorf. Daraufhin das Übliche: die Welt ist klein, nirgends ist man allein. Der Mann sagt zu seiner Frau: „Mit dir kann man ja nirgends hin, da bist du ja nie sicher..." Wir lachen und unterhalten uns eine Weile. Ich gebe Grüße mit an ihren Cousin, einem früheren Mitarbeiter von mir.

Zurück am Zelt ist auch dort für Unterhaltung gesorgt: Ein Radler macht Musik. Er ist Kanadier, spielt Gitarre und Mundharmonika und singt auch noch dazu. Seine Begleiterin, wohl eine Deutsche, kommentiert die Songs. Wir anderen Radler, alles Deutsche und ein Serbe, sitzen bis in die Nacht hinein vor unseren Zelten und horchen zu, sparen aber auch nicht mit Beifall nach jedem Lied. Ja, so stelle ich mir das vor, das ist Lagerromantik, so kann es weitergehen.

Irgendwo weiter weg wird ein Fußballspiel übertragen. Einer meint, das sei bei den Holländern auf der anderen Seite des Platzes. Zur Zeit ist WM in Brasilien und angeblich spielt gerade Holland gegen Spanien. Torjubel plötzlich, offensichtlich hat Holland ein Tor erzielt. Als der Torjubel sich noch ein paar mal wiederholt, ist auch das klar: Spanien bekommt heute richtig eine um die Ohren... und ich liege im Zelt und schließe die Augen.

Samstag, 14. Juni 2014

Das Zelt ist taunass. Nebelschwaden ziehen durchs Taubertal. Es ist frisch. Das Einmannzelt von dem Serben neben mir fehlt, er ist schon unterwegs. Habe gar nichts gehört, als er gepackt hat. Das Handy zeigt 6.08 Uhr an, ich radle los.

Ich bin wieder unterwegs. Ich fühle mich frei. Das Ziel ist heute Bamberg, wo ich übers Internet bei Lena, einer Studentin, für eine Nacht ein Zimmer gebucht habe. Gut 120 Kilometer werden es wohl sein. Nach ein paar hundert Metern geht es rechts weg und ich verlasse das Taubertal in Richtung Osten. Es geht gleich bergauf, mit 10% Steigung wie auf einem Schild steht. Und gleich fallen mir meine Knie wieder ein. Aber ich habe keine Probleme, noch nicht. Das ist schon eine kleine Überraschung für mich, denn ich war darauf gefasst, dass ich heute die Quittung bekommen würde für das Rennen, das ich gestern gefahren bin. Ich möchte weiter nichts provozieren und halte mich mit dem Tempo sehr zurück, versuche ohne Belastung den Berg hochzukommen. Ich glaube, ich habe gute Beine heute.

Das Sträßchen schlängelt sich leicht durch den Wald hinauf auf die Hochfläche. Es ist alles wie ausgestorben, bin ganz alleine unterwegs, kein Mensch weit und breit, alles ist ruhig. Dann plötzlich laute Schreie, Schreie, die einem das Fürchten lehren könnten. Aber ich habe keine Angst. Ein Kollege, der nebenbei noch auf die Jagd geht, hat mir einmal beschrieben, wie Rehe schreien können. Und genau solche Schreie sind das. Aber ein bisschen unheimlich ist es schon.

Das Wetter lässt etwas zu wünschen übrig, die Sonne kommt nicht so richtig durch. Irgendwie habe ich das Gefühl, das Rad läuft nicht recht. Ist es der frische Gegenwind, der zunehmend aufkommt? Aber ich merke es auch beim Anfahren deutlich, ich bleibe fast stehen, und auch bei niedrigem Tempo.

In Bad Windsheim frage ich nach einem Radgeschäft, um mal nachschauen zu lassen, und finde auf Anhieb eines. Dort schlägt der Inhaber die Hände über dem Kopf zusammen, als er mich sieht: „Sie sind aber heftig überladen, so dürfen Sie eigentlich gar nicht weiterfahren mit Ihren 40 Kilogramm Gepäck!" Und das Fahrrad habe ja auch schon ein paar Jahre auf dem Buckel und dann gäbe es Materialermüdung bei den Speichen... die Folge sei ein Achter und dann bremst es halt. Als er mich nach meinem Ziel fragt, sage ich Bamberg (nicht Russland). Ich muss recht erschrocken ausgesehen haben, denn er meint wohl, mich beruhigen zu müssen, indem er mir erklärt, dass es bis dorthin noch einige Radwerkstätten gäbe, die mir im Notfall weiterhelfen könnten. Jetzt beruhige ich aber ihn und sage ihm, dass ich nicht 40 sondern nur 21 Kilogramm Gepäck dabei habe und er sich deshalb keine Sorgen machen müsse. Er dreht noch an ein paar Speichen herum und dann kann ich weiterfahren. Der Service ist kostenlos und auch umsonst, denn kurze Zeit später läuft das Rad schon wieder so schwer. Ich frage mich, wozu ich es vor der Tour zu Hause habe durchchecken lassen. Ich wollte doch sicher sein, dass ich es mit diesem alten Gefährt wagen konnte. Also, richtig wohl ist mir jetzt nicht mehr. Kann es sein, dass die ganze Unternehmung demnächst scheitert? Hätte ich doch besser ein neues Rad kaufen sollen?

Einige Kilometer vor Bamberg will ichs dann wissen. Ich will sehen, ob ich hinten tatsächlich einen Achter habe oder sonst etwas Verdächtiges entdecke und stelle das Rad samt Gepäck auf den Ständer. Für diesen ist das dann doch zu viel und er bricht ab. Schöne Bescherung! Jetzt geht der Mist gerade so weiter! Aber jetzt erst recht, ich fahre durch bis Bamberg. Zwischendurch rufe ich noch wie verabredet bei Lena an, da ich jetzt etwa abschätzen kann, wann ich ankommen werde. Wir hatten 18.00 Uhr ausgemacht, es bleibt dabei.

Die Wohnung finde ich ohne Probleme, habe mir den Anfahrtsweg zu Hause schon gut eingeprägt. Aber ich bin noch viel zu früh dran. An einer Parkbank in der Nähe nehme ich das Gepäck vom Rad, es bremst nichts mehr! Kann es sein, dass nur das Gepäck gestreift hat oder das Schutzblech? Aber das hätte ich doch hören müssen?

Es ist gleich 18.00 Uhr. Lena ruft an, möchte wissen, wo ich stecke. Ich kanns ihr nicht sagen, weiß es ja selber nicht - nur, dass es nicht weit ist und ich in zwei Minuten bei ihr bin.

Das Haus, in dem sie wohnt, ist eine ehemalige Kaserne aus der Zeit vor dem Ersten Weltkrieg. Das Fahrrad kommt in den Keller, das war wohl einmal der Pferdestall. Ich schließe es an ein Wasserrohr an. Außer mir übernachten noch Ina und Pitt aus Berlin in der Wohnung, sie sind derzeit auf Deutschlandtournee. Dafür schläft Lena bei ihrem Freund. Ich verlängere gleich um eine Nacht, da ich hier in Bamberg am Montag nochmals mein Rad überprüfen lassen möchte. Ich brauche jetzt unbedingt Gewissheit, dass ich weiterfahren kann und doch auch einen neuen Radständer.

Zwei Straßen weiter esse ich in einem urigen Biergarten zu Abend. Anschließend schlendere ich bis etwa 23.00 Uhr durch die dämmerige Altstadt und freue mich auf den morgigen, wenn auch etwas unfreiwilligen Ruhetag.

Sonntag, 15. Juni 2014

Heute möchte ich hier einen Gottesdienst in der Neuapostolischen Kirche (NAK) besuchen. Dorthin brauche ich zu Fuß gerade mal zehn Minuten. Es ist eine moderne, erst letztes Jahr gebaute Kirche. Ich bin zeitig da. Vor der Kirche stehen drei Amtsträger. Wir begrüßen uns. Ich sage ihnen, dass ich aus Balingen komme und mit dem Fahrrad auf der Durchreise bin und deshalb keine Krawatte anhabe. Ich meine damit, dass ich nicht so ganz sonntäglich gekleidet bin. „Ach was, das macht doch nichts", ist die Antwort. Aber so richtig wohl fühle ich mich in meiner Trekkinghose und der Fleecejacke trotzdem nicht. Einer sagt darauf noch, dass ich ja wohl nicht nach München radeln wolle, das hätten sie nämlich hier auch schon gehabt?! „Nee, ich fahre nach Russland", entgegne ich. Er sagt nichts mehr, dreht sich einfach um. Glaubt er mir womöglich nicht?

Die Kirche ist voll, der Gottesdienst beginnt. Der hier für den Bereich zuständige Apostel tritt an den Altar. Ist das eine große Überraschung! Jetzt erst fällt mir auf, dass der Chor schwarz-weiß gekleidet ist. Das ist ja üblich bei so einem Festgottesdienst. Also wirklich, ein Apostelgottesdienst ist doch ein guter Auftakt für die Tour. Ich bin so frei, das verbuche ich so für mich und bin wieder ganz zuversichtlich.

Ina und Pitt sind inzwischen abgereist. Sie haben mir zum Abschied einen Zettel hinterlassen. Darauf wünschen sie mir alles Gute für die Reise, viel Rückenwind und ein heiles Fahrrad und ich solle vorsichtig fahren. Wie nett! Die guten Wünsche kann ich alle gut gebrauchen.

Den Nachmittag verbringe ich in der Stadt. Es lohnt sich. Bamberg ist sehr schön und sicher mal wieder einen Abstecher wert. Den Beweis liefern nicht nur die Japaner, die hier zu Hunderten vertreten sind und sich vor fast jedem Gebäude gegenseitig fotografieren.

Am frühen Abend gehe ich heim. Muss zu Hause sein, wenn Lena kommt, denn sie hat keinen Schlüssel. Den haben die beiden Berliner in der Wohnung liegen lassen.

Lena kommt spät und ist in Eile, muss gleich wieder weg. Ihr Freund vermietet auch und bekommt morgen Gäste. Sie muss dort noch etwas herrichten. Während sie die Bettwäsche von den Gästebetten in die Waschmaschine befördert, unterhalten wir uns über unsere bisherigen Reisen. Ich erzähle ihr, dass ich mit 19 Jahren alleine in Nordafrika war und dass ich so etwas meinen Kindern nie erlaubt hätte. Und sie erzählt mir, dass sie mit 16 Jahren alleine in Ecuador war. Sie hatte ihren Eltern aber vorher nichts gesagt, sondern sie eben nur vor vollendete Tatsachen gestellt. Ihr Vater ist so alt wie ich und ebenfalls im Vorruhestand. Früher hat sie mit ihren Eltern auch öfter Hüttentouren gemacht. Sie weiß, wie das ist...

Dann ist sie weg und ich bin wieder allein in ihrer Wohnung.

Montag, 16. Juni 2014

Gleich um die Ecke ist ein großer Fahrradladen. Er macht um 9.00 Uhr auf. Kurz danach bin ich dort und komme sofort dran. Wenn es aber ein größeres Problem wäre, müsse ich das Fahrrad da lassen und dann könnte es auch bis übermorgen dauern. Ich denke, ich höre schlecht. Nach den ersten drei Tagen schon drei Ruhetage! Das würde ja meine ganze Planung über den Haufen werfen. Doch das Rad scheint in Ordnung zu sein, jedenfalls kann nichts Gravierendes festgestellt werden. Also lasse ich einen neuen, etwas stabileren Ständer anbringen und mir Mut zusprechen, dass das Rad die Tour wohl aushalten kann.

Nach einer Stunde fahre ich dann los. Bei schönstem Wetter läuft es ganz gut, von den Knien ist nach wie vor nichts zu spüren und ich komme gut voran. Am Main wird nun auch die Landschaft interessanter. Ein paar Störche gibt es hier, wie schon zuvor an der Jagst. In einem Dorf esse ich vor einer kleinen Metzgerei zu Mittag, Fleischküchle mit Karotten und Bratkartoffeln und bin danach richtig satt, reif für den Mittagsschlaf. Aber ich fahre weiter und nach einigen Kilometern gibts in Lichtenfels in einem Straßencafe in der Fußgängerzone den Nachtisch, einen Cappuccino und eine Apfeltasche.

Das Handy brummt, ich bekomme eine SMS von Lena. Sie möchte wissen, wie es mir in der Werkstatt ergangen ist, ob ‚Weiterreise' oder ‚Zugfahrt' (nach Hause) ansteht. Ich bin froh und antworte ihr: „Weiterreise."

Langsam steht die Quartiersuche an. Es ist heute die erste Übernachtung, die ich nicht vorab geplant habe. Da heute Abend das Fußballspiel Deutschland gegen Portugal ansteht, wäre mir ein Fernseher in der Nähe nicht unrecht. Ich frage unterwegs nach einem Campingplatz. Also in Kronach, da gäbe es vielleicht einen, aber nur vielleicht. Die Kassiererin in einem Supermarkt ruft einen Kunden herbei und fragt ihn. Der gibt mir die ziemlich sichere Auskunft, dass es in Wallenfels beim Freibad einen Campingplatz gäbe.

Er hat recht. Es gibt dort tatsächlich einen und im Freibad kann ich duschen. Ich beeile mich. Ob es im Schwimmbad-Imbiss einen Fernseher gibt, weiß ich nicht, ist auch egal, denn die Küche ist kalt. Deshalb verweist man mich in die Ortsmitte zum Public Viewing im Hof einer Gaststätte. Dort ist das Spiel schon im Gange, auch die Wurstbraterei und der Bierausschank sind voll in Betrieb. Alles ist bestens und ich genieße unter wohl hundert fränkischen Fussballfreunden bei Bratwurst und Bier ein lockeres 4 : 0 der deutschen Mannschaft gegen Portugal.

Zum Abschluss des Tages mache ich noch einen Spaziergang vom Zeltplatz aus am Bach entlang hinein in den Wald. In der Dämmerung kehre ich zurück, liege ins Zelt und hoffe, dass die Camper, die inzwischen in der Nähe ein Lagerfeuer angezündet haben, bald ruhig sind...

Dienstag, 17. Juni 2014

Heute Nacht hat es mich leicht gefroren. Es ist bewölkt, grau in grau und kühl. Der Start erfolgt kurz nach 7.00 Uhr. Die Fahrt beginnt trotz der fehlenden Farben ganz idyllisch. Auf einem Radweg abseits der Straße fahre ich zunächst mit kaum Steigung durch ein Tal meist am Bach entlang. Später wird es zunehmend steiler und am Ende gehts nicht mehr anders: ich muss wieder schieben, es ist einfach zu steil. So macht Radeln keinen Spaß! Glücklicherweise habe ich keinen Termindruck und ich brauche eben länger, was solls? Das hier ist das Vogtland und das hats anscheinend in sich. Nach jeder Abfahrt folgt ein heftiger Anstieg. Die Routenwahl ist nicht einfach. Wo sind die wenigsten Anstiege? Gibt es ein Tal, dem ich entlang fahren könnte? Wenn ich die Landschaft so betrachte, es gibt keine Anhaltspunkte, auch die Karten geben nichts Zuverlässiges her. Es geht weiterhin bergauf und bergab.

Schließlich komme ich nach Mödlareuth, ein Etappenziel heute. Dieses Dorf mit seinen etwa 50 Einwohnern ist seit mehr als 400 Jahren zwischen Bayern und Thüringen geteilt. Hier verlief über 41 Jahre lang die innerdeutsche Grenze mitten durch den Ort. Von den Grenzanlagen samt Todesstreifen kann man hier noch einiges anschauen. Grausig, grausig ist das. So empfinde ich es. Auch ein Museum ist eingerichtet worden, mit Gegenständen aus der damaligen Zeit. Unter anderem können Fahrzeuge der Nationalen Volksarmee und der Grenzpolizei bestaunt werden.

An der kleinen Gaststätte nebenan esse ich eine Thüringer Bratwurst mit Pommes und fahre dann weiter. Das Wetter bessert sich. Die Orientierung ist allerdings nicht immer einfach und ich muss oft anhalten, um zu fragen oder die Karte zu studieren.

In Weischlitz kaufe ich in einem Supermarkt ein. Ich brauche auch eine Rolle Klopapier. Die kleinste Menge ist eine Zweier-Packung. Ich kann aber nur eine einzige Rolle in meinen Taschen unterbringen. Die überflüssige Rolle wegzuwerfen, das kommt nicht in Frage. Also spreche ich vor dem Eingang eine Mitvierzigerin an, ob ich ihr mit einer Klo-Rolle eine Freude machen könne und ich würde sehr wohl wissen, dass man Frauen eigentlich Blumen schenken würde und kein Klopapier... aber ich könne die Rolle nicht verstauen. Das anfängliche Fragezeichen in ihrem Gesicht gepaart mit einigem Misstrauen weicht einem erleichterten kurzen Lächeln: „Ja, dann nehme ich sie halt mit." Punkt, basta. Ich danke mir selber, soll sie doch beim Benutzen an mich denken...

Nach einer größeren Umleitung wegen einer Großbaustelle in Plauen und einigem Fragen komme ich nach einem letzten Anstieg an der Talsperre Pöhl an. Dort gibt es einen gehobenen Campingplatz mit Restaurant und schönem Badestrand. Die Sonne strahlt zwar inzwischen vom blauen Himmel, aber es weht ein kühler Wind und die Temperaturen laden nicht zum Baden ein. Deshalb gehe ich lieber ins Restaurant und tanke Kalorien.

90 Kilometer waren es heute, überwiegend bergig. Insgesamt sind es inzwischen 553 Kilometer und ich bin in Sachsen angekommen.

Mittwoch, 18. Juni 2014

Um 8.00 Uhr komme ich endlich los. Heute hätte ich unendlich lange im Zelt liegen bleiben können... aber die Pflicht ruft, ich muss radeln. Das ist mein neuer Job seit knapp einer Woche. Also bin ich so eine Art Profi-Radler, oder?! Erfreulicherweise machen die Beine gut mit, nur das linke Knie meldet sich ab und zu.

Ja und nun? Wo gehts hier überhaupt weiter? Studiere mal eine Schautafel von der Gegend hier. Der Vogtland-Radweg ist vielleicht eine Lösung. Er führt kreuz und quer durch die Landschaft, aber er führt auch nach Greiz, das liegt Richtung Leipzig. Also los, weiter!

Es ist herrliches Sommerwetter und es gibt wieder eine neue Gegend zu entdecken, ohne irgendwelche Vorgaben, ohne Mindeststrecke, ohne Termindruck. Ich weiß auch noch überhaupt nicht, wie weit ich heute fahre oder wo übernachtet wird. Ich spüre wahre Freiheit und radle einfach ins Blaue... aber halt Richtung Leipzig.

Später ist die Göltzschtal-Brücke angeschrieben. Sie soll sehenswert sein, aber die Straße dorthin und nach Greiz ist gesperrt. In Netzschkau weisen mir dann doch zwei ältere Herren in astreinem Sächsisch den Weg: „Hier die Straße runter, unten links, dann kommen Sie direkt zur Brücke. Unter der Brücke durch und dann bei den drei Häusern rechts weg." Die Brücke kann man nicht übersehen, einfach gigantisch, fast ein Monster. Die Größe dieses Bauwerks ist gar nicht richtig einzuschätzen, sie ist schwer greifbar: Mit 78 Metern Höhe und einer Länge von 574 Metern ist sie die größte Ziegelbrücke der Welt! Vier Stockwerke hoch Steinbögen, wie bei einem Aquädukt. Und während ich noch staune, fährt sogar ein Zug drüber, leuchtend rot ist er, darüber strahlend blauer Himmel...

Nach der Brücke kommt die Baustelle, die Straße ist hier wohl in die Göltzsch gerutscht und muss gestützt werden. Ich bin das Schieben wirklich gewohnt und komme ohne Probleme durch die Engstelle. Nach hundert Metern geht der Radweg tatsächlich rechts weg, aber auch steil den Berg hoch und höher. Ich brauche mir das Schieben hier nicht abgewöhnen. Auf der Hochfläche angekommen, frage ich mich, weshalb die einen so den Berg hoch schicken und auf der anderen Seite wieder hinunter. Wäre ich geradeaus weiter gefahren, wäre ich bestimmt an der Göltzsch entlang relativ flach nach Greiz gekommen...

Hinter Greiz wirds dann richtig romantisch. Zuerst sehe ich ein Schild „Elsterradweg gesperrt". Beim großen Hochwasser letztes Jahr sei der Radweg zerstört worden, erfahre ich von einer jungen Familie, die mit einem Zwillingskinderwagen unterwegs ist, aber man würde schon wieder durchkommen. Ich solle aber nicht den Schildern nachfahren, sondern am Ortsende rechts abbiegen (schon wieder rechts abbiegen, das kenne ich doch noch!) und dann immer der Elster entlang fahren. Da käme ich dann durch den Wald und nicht so schnell voran, aber immerhin weiter. Ich folge dem Rat und balanciere kilometerweit mit dem Rad auf Wanderwegen, Schotter und freigespülten Wurzeln an der Elster entlang. Einmal nehme ich auch fast noch ein unfreiwilliges Bad, als ich nicht schnell genug aus den Klickpedalen komme und beinahe ins Wasser kippe. Freilich, die Landschaft ist malerisch, nur Strecke machen geht hier nicht, ich komme nur schleppend voran.

Aber auch dieser Abschnitt geht zu Ende. In Wünschendorf neben einem Supermarkt packt gerade ein älterer Herr seinen Bratwurststand zusammen. Ich bekomme aber noch eine mit Senf und Brötchen. Zusammen mit einer Flasche Wasser und einem Joghurt aus dem Supermarkt ist das heute mein Mittagessen. Frisch gestärkt geht es weiter. Der Elster-Radweg macht jetzt seinem Namen langsam Ehre, der Weg wird zusehends besser und ich genieße die Fahrt durch eine idyllische Flusslandschaft.

Am Stadtrand von Gera frage ich einen Radler nach dem besten Weg nach Köstritz. Er beschreibt ihn mir ganz ausführlich, so dass ich gar nicht durch die Stadt fahren muss. Wir plaudern eine ganze Weile. Er ist 70 Jahre alt und war 1968

DDR-Meister im Radwandern. Die hatten damals ein Tourenbuch und ließen sich die gefahrenen Touren und Abschnitte irgendwo bspw. in einer Gaststätte, einem Laden oder Rathaus abstempeln. In jenem Jahr hatte er 17.000 Kilometer zusammen bekommen. Stolze Leistung! „Da waren wir richtig süchtig", verrät er mir.

Keine zweihundert Meter weiter treffe ich einen anderen Tourenradler, voll bepackt bis oben hin, eine Strickmütze hat er auf, den Fahrradhelm hinten auf dem Gepäck festgeschnallt. Bei ihm könnte ich berechtigt sagen, dass er überladen ist. Ich halte an und frage ihn nach seiner Tour. Wir haben ein Stück weit den gleichen Weg und fahren gut anderthalb Stunden miteinander. Skim kommt aus Korea, ist 25 Jahre alt und seit Februar letzten Jahres mit dem Rad unterwegs. Über China, Russland, Iran, Türkei, Bulgarien, Tschechien und Deutschland fährt er nach Holland, um Freunde zu besuchen. Danach möchte er weiter bis Moskau und von dort mit dem Zug zurück nach Hause.

Im Iran seien die Leute am freundlichsten, berichtet er. Wie er die Tour denn finanziere, möchte ich von ihm wissen. Nun, vor der Tour habe er einige Zeit gearbeitet und eisern gespart. Nach seiner Rückkehr gehe er für zwei Jahre nach Australien um zu arbeiten. Aber ich entgegne ihm, er werde sich doch, wenn er wieder zu Hause sei, nach einer Frau umschauen. Er lacht: „Oh, no! I'm free!" Ja und was er im Winter mache, wenn er mit dem Fahrrad unterwegs ist, möchte ich wissen. Er lacht wieder: „I had two winters. In winter it is cold!" Das habe ich mir doch auch fast so gedacht. Ein netter und lustiger Kerl. In Köstritz fahren wir direkt an der Brauerei vorbei. Ich erzähle ihm, dass hier ein sehr gutes Bier gebraut wird. Er mag deutsches Bier, aber auch das tschechische. Hm, er kennt sich anscheinend ganz gut aus. Dann trennen wir uns und versichern einander, dass das gemeinsame Fahren großen Spaß gemacht hat. „Good bye and good luck!"

Ich radle noch 20 Kilometer alleine weiter und überhole ein Ehepaar. Sie kennen keinen Campingplatz in der Gegend, aber in Zeitz habe eine Bekannte eine Pension. Die hätte sicher ein Zimmer frei für mich. "Und sagen Sie Grüße von der Ellen!" wird mir aufgetragen.

Ich finde die Pension. Doch für die eine Nacht verlangt die ältere Dame stolze 44 Euro und das ist mir dann doch zu viel. Freundlicherweise beschreibt sie mir aber noch den Weg zu einem Campingplatz an einem See bei Kretzschau.

Eine halbe Stunde später trinke ich dort erst mal ein Radler, denn ich habe einen Riesendurst inzwischen. Man will an der Strandbar hier das Übliche wissen, woher und wohin, usw.? „St. Petersburg? Tja, das ist aber 'ne ganze Ecke!"

Trotz der zahlreichen Bergstrecken und Wurzelpfade am Morgen sind heute doch noch über hundert Kilometer zusammengekommen und es reicht mir jetzt eigentlich auch.

Den großen Platz teile ich zunächst mit einem Dauercamper, der jedoch später noch abreist. Nach dem Duschen gehe ich vor zum Restaurant. Ich habe richtig Hunger. Es gibt jedoch nichts mehr zu essen, denn es kommt Fußball im Fernsehen, das ist jetzt viel wichtiger für die. Ein Stück weiter gibt es aber noch die ‚Seeterrasse' mit Imbiss. Die Inhaberin dort, eine junge Frau, hat keinen Fernseher und gerade nichts zu tun, als sich einen Fernfahrer vom Hals zu halten, der hier in der Nähe seinen Lastzug für die Nacht abgestellt hat und irgendwie den Abend verbringen muss. Da komme ich genau richtig und gerne macht sie mir ein Schnitzel mit Pommes und Salat, denn dazu kann sie für eine Weile in die Küche verschwinden. Mit Blick auf den See lasse ichs mir schmecken und erfahre noch, dass morgen zwar Fronleichnam, aber in Sachsen kein Feiertag ist. Auch gut! Dann haben also Aldi, Lidl und Co morgen geöffnet...

Donnerstag, 19. Juni 2014

Punkt 8.00 Uhr gehts los. Ich habe gut geschlafen und werde meinen Job heute wieder erledigen. Eine Woche bin ich nun schon unterwegs. Bin mir nicht sicher, ob das jetzt lang oder nur kurz ist, da fehlt mir momentan das Gefühl dafür. Es ist auch egal, ich fahr einfach weiter. Es ist bewölkt, aber ich denke, die Sonne kommt bald durch und es wird sicher schön. Ich finde den Elster-Radweg wieder. Die Beschilderung ist etwas ungewohnt: es fehlen die Fernziele wie bspw. Leipzig. Nur die näher liegenden kleineren Ortschaften sind angeschrieben und davon kenne ich so gut wie keine.

Und so führt mich der Radweg in die Elsterauen. Leider fehlt immer noch die Sonne, alles ist leicht trübe, die Farben fehlen. Eigentlich schade um die Fotomotive, die mir jetzt entgehen. An der Landschaft gibt es sonst nichts auszusetzen.

Idylle pur, bis ich, obwohl kein Berg weit und breit, wieder schieben muss. Der Radweg wird zum Fußweg und dieser zum Pfad durch ein Rapsfeld und hohes Gras an einer unterspülten Uferkante entlang. Habe ich mich verfahren? Nicht ganz ungefährlich. Ich hoffe, dass jetzt nichts abbricht und ich mich dann drei Meter tiefer in der Elster wiederfinde. Denn mit einem so voll beladenen Fahrrad ist man keinesfalls sehr reaktionsfähig und alle Reflexe würden wohl an der Trägheit der Masse des Fahrzeugs verpuffen... Doch es geht gut, ich erreiche sicheres Terrain und kann mich wieder auf den Sattel schwingen.

Als ich durch die Vororte von Leipzig fahre, ist der Himmel richtig trüb geworden und keine Sonne zu sehen. Ich habe nicht vor, mich lange in der Stadt aufzuhalten, nur das Völkerschlacht-Denkmal interessiert mich.

Ich frage mal nach dem Weg. Um es kurz zu machen: es ist eine Prozedur bis ich endlich am Ziel bin. Gefühlte zwanzigmal muss ich nachfragen, die Sonne lässt sich weiterhin nicht sehen, alles ist grau in grau, ich fahre kilometerweit durch den Wald, einen riesigen Park und verliere schließlich vollständig die Orientierung, da ich mich heute auch an der Sonne nicht ausrichten kann.

Ein Herr im Anzug, der seinen Hund Gassi führt, gibt mir die letzte Anweisung: „...und dann noch etwa fünf Kilometer geradeaus, dann müssten Sie es bald sehen." Ja, ist denn Leipzig wirklich so groß oder bin ich tatsächlich die ganze Zeit im Kreis gefahren? Immer noch fünf Kilometer! Jedenfalls ist der Blick schließlich frei auf dieses riesige Monument, dessen wahre Größe ich ebenfalls schlecht ermessen kann. Da ich aber mein Rad hier nicht alleine lassen möchte, verzichte ich auf den Ausblick von oben und fahre nach einer halben Stunde weiter. Die Eisverkäuferin am Parkplatz frage ich, wie ich am schnellsten in nördlicher Richtung aus der Stadt hinaus käme. Sie zuckt mit den Schultern, hat keine Ahnung. Soll ich mein GPS-Gerät aus den Gepäcktaschen herauskramen? Ich weiß nicht genau, wo ich es verstaut habe, in der linken oder rechten Tasche? Jedenfalls ganz unten drin. Sicherlich werde ich es nicht gleich finden. Ich hab es ja auch nur für den Notfall dabei, und das ist noch keiner. Nein, es muss auch so gehen. Peinlich nur, dass ich nach einiger Zeit wieder jemanden fragen muss und der mir dann sagt, dass ich derzeit in Richtung Süden unterwegs sei... Auffallend ist aber auch, dass hier wohl niemand die Ortschaften im Norden der Stadt kennt, nach denen ich frage. Was haben die in Heimatkunde eigentlich gelernt?

Ich schaffe es schließlich auch ohne Karte und GPS wieder hinaus und bin richtig froh, dem Verkehr und der Hektik in der Großstadt entronnen zu sein.

Die anfangs miserablen Straßenbeläge bessern sich zusehends und dann wird mir klar, dass ich jetzt Strecke machen könnte. Aber ich bin ziemlich magenschwach, brauche erst mal eine Pause, um etwas zu essen. Danach geht es wieder besser und es fallen die Kilometer zunächst wie am laufenden Band. Doch der Gegenwind wird zunehmend stärker, ich lege mich tief auf den Lenker. Trotzdem komme ich nur noch auf schlappe 13 km/h. Wahnsinn, und dann fängt es noch an zu tröpfeln, von wegen schönes Wetter heute.

In einem Dorf sehe ich ein Werbeschild einer Pension. Ich rufe an - nichts frei. Nach Camping ist mir heute nicht, wie soll ich bei dem Sturm das Zelt aufstellen? Ich kämpfe mich gegen den Wind durch bis Pouch am Mulde-Stausee. Die Gegend ist mir ein Begriff, die kam ja wegen des Mulde-Hochwassers letztes Jahr laufend in den Nachrichten. Kaum vorstellbar, wenn ich die Mulde so betrachte, ein kleiner harmloser Fluss. Ein Zimmer finde ich hier auch nicht, mit einiger Mühe aber weiter nördlich das Heide-Camp bei Schlaitz. Das ist ein schöner Campingplatz direkt oberhalb des Mulde-Stausees. Im Windschutz des Waldes baue ich das Zelt auf. Duschen und essen sind die nächsten Programmpunkte und danach ein Spaziergang hinunter zum See. Es weht ein starker Wind, der See ist aufgewühlt und große Wellen schlagen ans Ufer, es ist ungemütlich. Die Wolken werden dichter, morgen soll es regnen. Deshalb kuschele ich mich alsbald in den warmen Schlafsack und mache den Reißverschluss am Zelt zu. Der Tag ist gerettet. Heute waren es doch wenigstens 121 Kilometer, hart erkämpft...

Freitag, 20. Juni 2014

Es hat die ganze Nacht gewindet. Deshalb kann ich das Zelt heute Morgen ausnahmsweise mal ganz trocken einpacken. Ich bin aber noch nicht fertig, da beginnt es zu nieseln. Unter dem Vordach des Sanitärgebäudes belade ich das Rad vollends. Am besten, ich ziehe mir gleich den Regen-Poncho über, solange ich noch trocken bin. Das ist auch die richtige Entscheidung, denn es regnet sich zunehmend ein. Es regnet nicht gerade stark, aber ganz fein, man wäre in kürzester Zeit patschnass. Der Poncho kommt heute zum ersten Einsatz und ich bemerke schnell, dass er sein Geld wert ist. Er hält nicht nur das Wasser ab, sondern auch den kalten Wind, wodurch ich angenehm warm bleibe.

Zum wiederholten Male verfahre ich mich heute, was mir zusätzliche 15 Kilometer einbringt. Einem älteren Radler-Ehepaar, das geduckt daher kommt, ist es auch so ähnlich gegangen. Die beiden sind mit mir einer Meinung, dass die Beschilderung hier bescheiden ist. Der Regen lässt jetzt endlich nach, hört schließlich auf.

Wörlitz ist erreicht, auf Kopfsteinpflaster fahre ich durchs Zentrum bis zum Park. Hier könnte man bestimmt Stunden verbringen, es sieht alles ganz schmuck aus. Doch das Wetter animiert mich eher zum Weiterfahren. Es ist recht kühl und es kann jeden Moment wieder anfangen zu regnen. Das ist einfach nicht mein Wetter.

Ein paar Kilometer weiter komme ich an die Elbe. Mit der Fähre kann ich zusammen mit einer Schulklasse, die ich kurz vorher auf einer langen Geraden im Wald noch überholt habe und aus deren Reihen ich einige Male ein höfliches „Guten Tag" gehört habe, ans nördliche Ufer übersetzen. Ganz schön was los auf dem Schiff. Doch gleich darauf bin ich wieder alleine und radle nach Coswig hinein. Lange halte ich mich hier nicht auf, verschaffe mir einen kurzen Überblick im Zentrum und besorge mir am Ortsende was zu essen.

Auf sehr schön angelegten Radwegen durch lichte Kiefernwälder und Heidelandschaften komme ich nach Bad Belzig. Das ist mein Tagesziel für heute. Am Ortseingang etwas holperiger Belag, mit dem linken Schuh streife ich plötzlich an der Gepäcktasche und ich sehe, sie hängt schief hinunter. Oh, Schreck, das nächste Malheur! Blitzschnell schießen Gedanken durch den Kopf: Ersatztasche? Wieder Freitagabend. Sportgeschäft in diesem Flecken? Ende der Tour? Ich fahre noch ein Stück, halte dann an und schaue mir die Sache an. Nur eine kleine Schraube an der Aufhängung fehlt. Ist sie abgebrochen? Ich finde sie, sie hat sich nur gelöst und ist etwas hinuntergerutscht. Das Ganze scheint reparabel zu sein. Dabei habe ich Glück gehabt, dass die Schraube nicht verloren gegangen ist. Aber ich habe keinen passenden Inbusschlüssel dabei. Zwei Spaziergänger kommen vorbei wie gerufen. Dem einen gebe ich die Schraube, er geht kurz nach Hause und kommt tatsächlich mit dem passenden Werkzeug zurück und die Reparatur glückt. Die Fahrt kann weiter gehen. Trotzdem kommen wieder Zweifel an der Tauglichkeit meiner Ausrüstung auf. Ist alles wirklich zu alt, geht auf dieser Reise nach und nach alles kaputt?

In der Tourist-Info lasse ich mir ein Zimmer suchen und bekomme die Adresse von Frau Schöne, einer älteren Dame nicht weit vom Zentrum entfernt. Im zweiten Obergeschoss kann ich eine Ferienwohnung, groß genug für drei Personen, beziehen. Während das Haus, ein dreigeschossiges Wohnhaus, vermutlich aus den Fünfzigern, außen etwas renovierungsbedürftig aussieht, ist die Wohnung absolut in Schuss und sehr sauber. Hinter dem Haus befindet sich ein liebevoll angelegter und gepflegter Garten.

Im nahen Supermarkt decke ich mich ein und lasse den Restaurantbesuch heute ausfallen.

Samstag, 21. Juni 2014

Ich mach hier in Bad Belzig einen Ruhetag. Der Wetterbericht motiviert mich nicht, im Gegenteil. Bin mit der Moral irgendwie ganz unten, wenn ich nur an die Radlerei bei Regen gegen den Wind denke... Was habe ich mir da eigentlich eingebrockt?

Ich muss mir jetzt einen Plan machen, an den ich mich halten kann und der mir den roten Faden für die nächsten Tage liefert. Nachdem ich noch abgeklärt habe, dass ich eine weitere Nacht hier bleiben kann, dauert es auch nicht lange und der Plan steht: heute relaxen, physisch und psychisch Kräfte sammeln, morgen bis kurz vor Berlin fahren und am Montag zügig durch, egal wie das Wetter ist.

Ich rufe zu Hause an, möchte wissen, ob es in Bad Belzig eine NAK gibt. Hanne und Julia schauen im Internet nach. Der Bescheid ist positiv. Ganz in der Nähe ist eine kleine Kirche. Das ist die Aussicht auf psychische Stärkung und für mich die Bestätigung, dass der Plan gut ist und zu funktionieren scheint.

Etwa drei Stunden schlendere ich durch das Städtchen, gehe zur Burg, auf den Turm, in die alte Kirche und in die Altstadt. Als mir die Füße weh tun und ich eine Blase zwischen den Zehen spüre, gehe ich noch schnell in den Supermarkt und stimme mich dann auf das Fußballspiel heute Abend ein.

Keine hundert Meter vom Haus entfernt ist das Krankenhaus, auf dem Dach ein kreisrunder Hubschrauberlandeplatz. Dort landet dann auch tatsächlich ein Rettungshubschrauber. Der Lärm, den er verursacht ist gewaltig und wird zwischen den Häusern hier anscheinend noch verstärkt. Die Stille ist richtig wohltuend, als er wieder weg ist. Laut meiner Gastgeberin kommt das hier fast täglich vor.

Mit ein paar süßen Stückchen und zwei Dosen Bier schaue ich Jogis Buben zu, wie sie sich gegen Ghana ein 2:2 erzittern. Es ist sicher kein langweiliges Spiel, aber ob man so Weltmeister wird?

Sonntag, 22. Juni 2014

Frau Schöne ist der gleichen Meinung. Sie hat das Spiel gestern Abend auch angeschaut. Wir denken, dass sich unsere Mannschaft sicher noch steigern kann, aber auch muss.

Etwa zwanzig Minuten brauche ich zu Fuß bis zur NAK in der Wittenberger Straße. Es scheint nichts los zu sein, es ist aber auch kein Parkplatz da. Die Tür ist offen. Ich werde willkommen geheißen und bekomme ein Gesangbuch. Ich betrete den Kirchenraum, der Eingang ist nicht hinten, sondern an der Seite. Und so bin ich etwas überrascht, als ich eintrete und gleich mitten im schon gut besetzten Kirchenschiff stehe. Der Chor singt gerade. Der Vorsteher hält den Gottesdienst alleine und bemerkt, er habe seinen Priestern schon gesagt, sie könnten heute ruhig sitzen bleiben und er mache etwas kürzer, da im Anschluss noch vom Internationalen Kirchentag berichtet werden soll: Die IKT-Teilnehmer aus der Gemeinde gehen vor an den Altar. Es sind etwa zehn Personen, alle aus dem Chor, und dazu noch zwei Priester. Sie haben ihre Chormappen dabei. Die restliche Gemeinde bekommt Kopien des „IKT-Liedes", dem offiziellen Song des Kirchentags. Gemeinsam singen wir alle drei Strophen. Da kommt die Erinnerung wieder hoch. Es sind inzwischen genau zwei Wochen vergangen. Anschließend berichten die „IKT-ler" vom Kirchentag und schildern ihre Eindrücke. Es sind dieselben, die auch ich habe. Und das zeigt, wir haben alle das gleiche erlebt: ein Überangebot an Programmen, man konnte unmöglich alles nutzen, die Freude und das Winken in der U-Bahn, das Treffen mit alten Bekannten, das gemeinsame Gebet mit Anselm Grün, das Frei-Sein. Warum nicht immer so? Wir sollten auch in der Gemeinde mehr miteinander reden, „so ist Christsein schön...", meint dann zuletzt noch ein Jugendlicher. Ein Satz aus dem Gottesdienst in Bad Belzig: „Die Menschen werden immer klüger und treffen immer dümmere Entscheidungen".

Und das IKT-Lied ist ab sofort mein Ohrwurm, der mich vollends auf der ganzen Tour begleitet und jeden leisen Anflug von zweifelnder Unsicherheit und mieser Laune schon im Keim erstickt...

Ich packe meine Sachen. Frau Schöne ist 65 Jahre alt und war Krankenschwester. Sie hat vorzeitig wegen massiven Rückenbeschwerden aufhören müssen. Jetzt pflegt sie ihren schönen Garten, damit die Kinder und Enkel hier Urlaub machen können.

Um 11.45 Uhr fahre ich los. Am Ortsausgang bekomme ich von einem älteren Ehepaar noch Tipps für eine landschaftlich schönere Strecke. Die führt mich mehr auf verkehrsärmeren Straßen durch den Wald. Es läuft gut. Ich habe endlich einmal keinen Gegenwind. Das Wetter ist zunächst schön, Wolken und Sonne. Aber dann regnet es doch wieder.

Ich suche Schutz unter einer großen Kiefer und packe den Poncho aus, bekomme ihn aber nicht gleich über den Helm gezogen und nestle einige Augenblicke herum - derweil hat es aufgehört zu regnen, auch gut oder eigentlich ganz gut so.

Potsdam ist erreicht, Großstadtflair. Ich muss mich wieder an viel Verkehr gewöhnen, überall Hektik. Es geht weiter Richtung Norden, und ich komme auch an Campingplätzen vorbei. Aber ich ignoriere sie, möchte so nah wie möglich an Berlin heranfahren. Am östlichen Ufer der Havel scheint es jedoch keine Plätze zu geben, auf der anderen Havelseite aber schon, wird mir versichert. Auf der Karte sind dort auch ein paar eingezeichnet. Also heißt es, auf die andere Seite nach Kladow hinüberzuwechseln und deshalb erst mal bis zur S-Bahnstation ‚Wannsee' weiterzufahren. Dort ist eine Anlegestelle. Eine halbe Stunde muss ich warten, bis das Schiff fährt. Dabei komme ich mit einer älteren Frau ins Gespräch. Sie bemängelt, dass hier heute nichts los sei und es gar nicht viele Menschen hat und die wohl alle wegen der paar Wolken lieber zu Hause geblieben seien. Gestern sei hier alles gut bevölkert gewesen. Also für meinen Geschmack hat es auch heute genug Leute hier.

Und so komme ich also auch noch zu einer Bootstour, zwar nicht mit einem knallroten Gummiboot, aber immerhin auf dem Wannsee. Am westlichen Ufer schlage ich dann nach wenigen Kilometern mein Zelt auf dem Platz des Berliner Camping-Clubs direkt an der Havel zwischen einigen Dauercampern auf. Es folgt der übliche Ablauf: Duschen, danach essen. Diesmal marschiere ich zwanzig Minuten an der Havel entlang zu einer Pizzeria, denn die kleine Kneipe direkt neben dem Campingplatz ist geschlossen.

Montag, 23. Juni 2014

Schon früh wecken mich die Tauben mit ihrem permanenten „Huuhuu huuuuuuu huhu". Echt nervzehrend. Darüber aufregen? Bringt das was? Sind die dann ruhig? Kaum. Aber wenn ich sie einfach als einen Teil meiner Umgebung hier betrachte und wenn das „Huhuuu" - Konzert sowieso immer morgens hier stattfindet, dann bin ich ja derjenige, der hier fremd ist und sich anpassen sollte... oder wenigstens das akzeptieren sollte, was hier schon immer so ist.

Es ist kühl, aber die Sonne kommt mehr und mehr durch. Also lange oder kurze Radlerhose? Sicher ist sicher, ich habs lieber warm, als dass ich friere. Also lang. Über Spandau komme ich nach Berlin. Die Radwege sind sehr gut ausgeschildert, auch der ‚R1' ist jetzt dabei, der Radweg, der von der Kanalküste in Frankreich über Belgien und quer durch Norddeutschland, Polen und die baltischen Staaten nach St. Petersburg führt.

Es sind massenhaft Radler unterwegs, sie fahren wohl alle zur Arbeit oder in die Schule, jedenfalls erkenne ich keine Wanderradler unter ihnen.

Ich habe schnell herausgefunden, dass ich am besten vorankomme, wenn ich mit einem Pulk Radfahrer einfach ‚mitschwimme', und zwar ganz hinten. Die habens nämlich raus, wie das mit den Ampeln ist, wann gleich rot oder grün kommt usw., auch muss ich dadurch kaum auf den Autoverkehr achten. In der Herde ist man eben irgendwie geborgen... An der Siegessäule mache ich die erste Pause. Danach geht es fast mutterseelenallein über die ‚Straße des 17. Juni'. Die ist nämlich derzeit autofrei, da sie als Fußball-Fanmeile herhalten muss. Am Brandenburger Tor biege ich links ab zum Reichstag. An beiden Bauwerken lasse ich mich ablichten. Wann ist man schon mal mit dem Rad hier?

Auf dem Pariser Platz hat es einen jungen Japaner erwischt: er muss pausenlos andere Touristen mit dem Brandenburger Tor im Hintergrund fotografieren. Ich beobachte ihn schon eine ganze Weile. Immer, wenn er fertig ist, kommen die nächsten heran mit der Bitte um einen Schnappschuss und er kann nicht „nein" sagen... auch bei mir nicht. Dafür übersieht er, dass meine Füße nicht mit aufs Bild kommen. Sicher hat die Konzentration bei ihm schon ein wenig nachgelassen.

Die Straße ‚Unter den Linden', Berliner Dom und Alexanderplatz, das sind die nächsten Stationen. Am Alex gibts zur Feier des Tages in einem Straßencafé einen Cappuccino Grande und während ich diesen genieße, schreibe ich nach genau 975 Kilometern die ersten Ansichtskarten.

Kurze Zeit später komme ich mit einem mobilen Würstchenverkäufer nicht klar. Er sieht so urig aus der junge Mann, eine tragbare Wurstbraterei: auf dem Rücken ein Kanister mit dem Brennstoff, vor sich ein Bauchladen mit dem Grill und den Würstchen darauf, davor die aufgeschnittenen Brötchen, die wie die hungrigen Touristen es kaum erwarten können, bis die Würstchen fertig sind, an der Seite noch Ketchup und Senf in Plastikflaschen und über dem allen ist noch ein riesiger Sonnen- oder auch Regenschirm befestigt. Klar, dass ich ein Foto von ihm mache. Aber da habe ich die Rechnung ohne den Wirt gemacht. Er ruft mich zurück und fordert energisch, ich solle das Foto sofort löschen. Es dürften ohne Einwilligung der jeweiligen Person keine Fotos gemacht werden, auf denen das Gesicht zu erkennen ist. Und er würde die Polizei holen usw... Armer Kerl! Welcher Gegensatz zwischen seinem und meinem augenblicklichen Leben. Ich lebe in absoluter Freiheit und er hat wohl mal was von irgendwelchen Paragrafen gehört und lässt sich davon in ein Korsett zwängen. Ich habe keine Lust auf eine Diskussion mit ihm, ich fühle mich wirklich in einer anderen Welt. Natürlich lösche ich das Foto. Nach dieser Erfahrung möchte ich auch kein Foto von ihm, nicht wirklich! Ob er es versteht, als ich ihm sage, dass er mir leid tut? Vielleicht darf auch nur seine Freundin nicht wissen, dass er tagsüber gar nicht den geilen Bürojob ausübt, sondern auf der Straße Würstchen verteilt? Wer interessiert ist, dem kann ich trotzdem ein Foto von dem armen Kerl mit seiner mobilen Wurstbude zeigen - ich habe nämlich zwei gemacht.

Ich komme mit einer Stadtführerin ins Gespräch, als ich mich mal wieder nach dem Weg erkundige. Sie sieht dabei meine Ansichtskarten auf der Lenkertasche und meint, da hätte ich aber eine alte Karte erwischt, jedenfalls sei die Aufnahme von der Gedächtniskirche nicht mehr aktuell. Woran sie das so schnell erkannt habe, möchte ich wissen. Ja früher seien vor der Gedächtniskirche Marktstände gestanden, jahrelang schon, die haben aber jemanden gestört und deshalb mussten sie weg. Sehr schade, findet sie, die hätten da doch einfach hingehört. Sie schüttelt verständnislos den Kopf. Auf meiner Karte sind sie aber noch drauf.

Es geht weiter ostwärts. Ich komme an den bunt bemalten Resten der Mauer vorbei und habe Glück als ich Mengen von Glasscherben übersehe und sie erst am Knirschen der Reifen bemerke. Aber die Luft hält, kein Platten.

An einer Ampel komme ich neben einer jungen Radlerin zum Halten. Ich bin schon eine ganze Weile hinter ihr her gefahren. Sie ist mir aufgefallen, weil sie eine Kamera mit einem riesigen Objektiv um den Hals hängen hat. Ich sage ihr, dass sie einen richtigen Achter im Hinterrad habe. Sie wisse das, antwortet sie mir und lacht. Sie habe das Rad in der WG ihrer Tochter, die hier studiert, ausgeliehen und sei nur auf Sightseeing, eine kleine Runde eben halt. Es sei also keine Werkstatt nötig. Sie bedankt sich für den Hinweis.

Zwischenzeitlich, d.h. spätestens seit dem Brandenburger Tor, befinde ich mich auf dem ‚R1' - und der führt mich zunehmend in der Nähe der Spree entlang durch ausgedehnte Parklandschaft. Die Großstadt liegt hinter mir, ich bin durch Berlin durch. Schließlich erreiche ich im Plänterwald die Anlegestelle einer Personenfähre. Ein Schild „R1" zeigt zur Fähre. Auf der anderen Seite der Spree geht der Radweg weiter. Diese Fährverbindung hier, die F11, ist die älteste Berlins. Es gibt sie seit dem Jahr 1896. Während ich den Fahrplan studiere, werde ich von einer Frau mittleren Alters angesprochen. Sie möchte wissen, woher ich komme. Aus der Stuttgarter Gegend, ja das höre man mir an. Sie sagt mir frei weg, dass ich seit etwa einem Jahr in Rente sei und jetzt eine größere Radtour machen würde. Da bin ich baff, Volltreffer! Woher sie das denn wisse, frage ich. Na ja, sie habe eine gute Menschenkenntnis. Ihr Begleiter, ein junger

Mann, sei aus Venezuela und ihr Sprachschüler. Er würde gerne unserer Unterhaltung zuhören, um sein Deutsch zu verbessern, falls ich nichts dagegen hätte. Habe ich natürlich nicht. Sie haben auch ihre Räder dabei. Die Frau mit dem Achter ist inzwischen auch eingetroffen und setzt mit uns über. Sie alle fahren nach Köpenick zum Schloss. Dann fährt die Sprachlehrerin fort: „Sie sind bestimmt Lehrer gewesen". „Nein!" „Und Sie erkunden jetzt mit dem Rad die Umgebung von Berlin." „Nein." Es bröckelt inzwischen gewaltig mit der Menschenkenntnis. Aber ich bin interessant geworden und werde über meine Tour richtig ausgequetscht, der Venezuelaner soll ja bei der Gelegenheit Deutsch lernen. Sie macht auf der Fähre ein Foto von mir. Es ist miserabel, ich lösche es später wieder. Aber die Frau ist nett... sie hat irgendwie eine ganz besondere Ausstrahlung... und wünscht mir noch viel Erfolg für die Tour.

Gut zwanzig Kilometer weiter fahre ich auf die Fußgängerbrücke, die nach Hessenwinkel hinüber führt, sie wird im Volksmund auch als ‚Russenbrücke' bezeichnet.

Es bietet sich ein schöner Blick auf den Alten Spreearm. Ich halte an und kann mich gerade noch vor einem älteren Radler am Brückengeländer festhalten, weil ich mal wieder nicht schnell genug aus den Klickpedalen komme. Das ist zwar recht selten, doch am rechten Pedal ist eine Schraube ausgebrochen. Dadurch schiebt sich die Trittplatte immer wieder nach oben und daran bleibe ich wohl manchmal hängen. Es ist nochmals gut gegangen. Das meint auch der Radler, der dieses Manöver beobachtet hat. Und schon bin ich für die nächste halbe Stunde in ein Gespräch verwickelt. Er erzählt mir von seinen Verhältnissen. Er ist 65 Jahre alt, Rentner und wohnt alleine in einer Zweizimmerwohnung mit 47 Quadratmetern und ist immer alleine unterwegs. Er habe keine sozialen Kontakte. Ich rate ihm, er solle doch nach irgendwelchen Altersgenossen schauen, in einer kleinen Gruppe mache es doch sicher mehr Spaß. Na ja, das habe er schon versucht und sich auch bei so einer Art Rentnerverein angemeldet. Aber er gehe da nicht hin. Er habe nur eine kleine Rente und die anderen machten dann immer Unternehmungen mit anschließendem Einkehren und das könne er sich nicht leisten. Als ich ihm dann noch sage, er mache das letztendlich doch nur für sich selber, meint er, wir hätten jetzt genug geredet und er wolle mich nicht länger aufhalten. „Gute Fahrt noch und tschüss" und weg ist er... Da habe ich wohl etwas falsches gesagt.

Die Landschaft ist inzwischen sehr ländlich. Fahre nur noch durch kleine Dörfer. Meine Radhandschuhe sind als nächstes dran, der rechte hängt nur noch in Fetzen an der Hand. Bald werde ich Deutschland verlassen, ob ich in Polen neue finden werde? Plötzlich taucht auf der rechten Seite ein Sportgeschäft auf. Ist das meine letzte Chance, ein paar

Handschuhe zu erstehen? Ich habe wenig Hoffnung, als ich hineingehe. Die Verkäuferin zeigt mir zwei Paar, sie habe nicht mehr viele Größen da. „Mir reicht eine Größe", sage ich ihr und klar, sie versteht den Spaß. Das erste Paar ist viel zu klein, aber ich brauche unbedingt neue, weshalb ich mir einrede, dass das andere Paar gerade so passt. Es wird sich sicher noch etwas weiten, wenn ich es eine Weile anhabe. Und dann die obligatorische Frage nach einem Campingplatz in der Nähe, wenn möglich mit Restaurant. Nee, 'nen Campingplatz kann sie mir nicht nennen und wenn es einen gäbe, dann nur einen ganz einfachen. Und ein Restaurant auf einem Campingplatz? Sie sieht mich an, als würde sie an meinem Verstand zweifeln: „Wo denken Sie hin? Sie sind hier im Osten!"

Sie hat recht. Ich bin inzwischen in der Märkischen Schweiz angelangt.

Also mache ich mich auf alles gefasst. Frage in der nächsten Ortschaft weiter, eine junge Frau, die auf der Eingangstreppe eines Ladengeschäfts sitzt und raucht. Ein junger Mann steht drinnen auf einer Leiter und streicht die Decke. Auch sie kann mir nicht weiterhelfen, auch eine Zimmervermietung kennt sie hier nicht. Schade, langsam wirds doch etwas mühsam. Ich fahre weiter, aber zum Abschied muss ich dann doch noch ein wenig frotzeln: „Das, was du da grad machst, ist ziemlich ungesund!" Sie begreift natürlich sofort und gibt zu, dass ihr Freund das auch immer zu ihr sagt. Sie werde aber sicherlich bald mit dem Rauchen aufhören. Wir lachen beide und ich schüttele den Kopf und sie weiß, dass ich ihr nicht glaube...

Heute läufts anders ab als sonst. Heute gehe ich mal zuerst etwas essen und suche danach eine Möglichkeit zum Übernachten. In einem Restaurant bestelle ich ein Grillteller, auch mit der leisen Ahnung, dass das eventuell vorerst das letzte sein könnte auf dieser Reise. Denn gibt es in Polen auch Grillteller, oder wenigstens Schnitzel, Pommes, Salat? Ich weiß es nicht, lasse es mir hier jedenfalls richtig schmecken.

Etwas ungewohnt ist für mich später das Fahrgefühl mit den Promillen aus den zwei großen Weizenbieren in den Adern, die einfach zum Grillteller dazu gehört haben. Nicht nur die Oberschenkel fühlen sich etwas matschig an... aber nach wenigen hundert Metern ist alles fast wieder in Ordnung. Ich habe wieder das richtige Gefühl fürs Rad und für die Straße.

Schließlich lande ich am Abend auf dem Zeltplatz des alten Forsthauses ‚Drei Eichen'. Anscheinend wird das Gehöft als Schullandheim genutzt. Jedenfalls sind viele Kinder hier und auch ein paar Erwachsene, wohl die Betreuer. Das Büro ist abgeschlossen, ich kann mich nirgends anmelden. Man sagt mir aber, ich könne auf der Wiese hinter der Feuerstelle zelten und in dem einen Gebäude gäbe es Toiletten und Duschen, welche ich benutzen dürfe. Morgen früh sei das Büro wieder besetzt und dann könne ich ja die Rechnung begleichen. Gut, die Wiese ist schon länger nicht mehr gemäht worden, ich trample das Gras etwas nieder, dann geht es einigermaßen. Das Zelt ist rasch aufgebaut, langsam habe ich Routine.

Zum Duschen muss ich am Speisesaal vorbei, es riecht entsprechend und ich bekomme schon wieder Hunger. Den beseitige ich mit ein paar Keksen und krieche dann in den Schlafsack.

Dienstag, 24. Juni 2014

Ich wache auf und bleibe liegen, ich habe heute ja nichts zu verreißen. Dann fängts an zu regnen. Also heißt es, weiterhin liegen bleiben. Im Zelt liegen bei Regen, das zählt für mich eigentlich zur Romantik. Aber es hört nicht auf. Nichts zu machen, ich muss meinen Krempel heute im Regen zusammen packen. Das ist mal etwas Neues, bin gespannt wie ich mich dabei anstelle, ob das reibungslos klappt.

Zuerst ist der Schlafsack dran. Der kommt unten in die eine Tasche, danach der Rest. Der besteht aus der Ersatzwäsche, den langen Radlerklamotten, sowie den Kleidungsstücken, die ich für den Rückflug reserviert habe, dem Proviant, den Ladegeräten und dem Waschzeug. Die fertig gepackten Taschen kommen dann vors Zelt.

Auf einmal spüre ich ein Kribbeln am Oberschenkel. Ich glaub, ich seh nicht recht: Eine Zecke, so groß fast wie ein Marienkäfer kommt da hochgekrabbelt. Die verhassten Viecher kommen wohl sogar durch den geschlossenen Reißverschluss herein? Schnell werde ich zum Mörder. In Zukunft gilt es, das hohe Gras zu meiden, gerade auch beim Zelten.

Weiter gehts mit der Iso-Matte, die in den Matchsack kommt, und auch der wandert hinaus. Das Zelt ist nun fast leer, die Lenkertasche noch und der Mini-Rucksack, der mir neuerdings als Kopfkissen dient. Bis jetzt habe ich alles im Trockenen erledigen können. Als nächstes Schuhe anziehen und dann hinaus in die nasse Welt. Die Taschen ans Rad gehängt und das Gefährt unter die großen Kiefern bei der Feuerstelle geschoben, ist eine Sache von Sekunden. Von diesem leidlich trockenen Platz schaue ich auf mein patschnasses Zelt auf der Wiese im hohen nassen Gras... aber es hilft nichts, ich muss es jetzt so einpacken.

Um 9.00 Uhr bin ich reisefertig, muss nur noch im Büro meine Schulden begleichen. Ob die dort überhaupt wissen, dass ich heute Nacht auf ihrer Wiese geschlafen habe? Jedenfalls sind sie überrascht, als ich eintrete und ihnen erkläre, was ich möchte. Kurz und bündig nennt man mir den fälligen Betrag und ich kann, nachdem man mir umständlich auf die € 8,50 herausgegeben hat, wieder abzwitschern.

Es tröpfelt, es nieselt, es hört mal kurz auf, dann fängts wieder an, Regenwetter halt. Der graue Himmel raubt der Landschaft komplett die Farben. Ich radle durch Wälder und Wiesen und auch Getreidefelder, vermehrt jetzt langen Alleen entlang. Der Straßenbelag wechselt von gutem Asphalt bis zu kaum fahrbarem Kopfsteinpflaster.

Auf einer Wiese, umgeben von Wald, steht ein junger Rehbock. Er hat mich noch nicht bemerkt. Schnell stelle ich das Rad ab und pirsche mich, ein paar Büsche am Straßenrand als Deckung nutzend, noch etwas näher an ihn heran. Es gelingt mir ein schönes Foto von dem jungen Kerl. Erst als ich wieder weiterradle, bemerkt er mich und meint dann wohl, er müsse jetzt um sein Leben rennen... Der Arme, wenn der wüsste, dass die Jagd für mich ja bereits vorbei ist und ich ihn schon längst per Schnappschuss erlegt habe. Diese Hetze könnte er sich wirklich ersparen.

Kurze Zeit später bekomme ich die nächsten Tiere vor die Linse. Diesmal sind es für einen Süddeutschen doch recht seltene, ein Kranichpaar nämlich. Es ist beeindruckend zu beobachten, wie diese großen Vögel im Gras nach Fressbarem suchen, völlig lautlos und völlig gelassen. Sie entdecken mich sofort und bringen dann auch unverzüglich und ohne Hektik, aber sehr bestimmt mehr Distanz zwischen sich und mich.

Kurz vor Letschin bekomme ich eine kostenlose Privatführung durchs Museum des Letschiner Eisenbahnvereins. Der junge Herr dort kommt auf mich zu, als ich die im Freien stehenden Eisenbahnwaggons betrachte. Er meint, in der Halle dahinter sei noch mehr zu sehen und ich dürfe gerne reingehen. Die Halle ist voll mit den unglaublichsten Sammlerutensilien, angefangen von alten Stellwerken, Werkzeugen, Zubehör und unzähligen Erinnerungsstücken an frühere Eisenbahnzeiten bis hin zu zahlreichen Modellanlagen der verschiedenen Spurweiten. Ja, und dann haben die noch eine meiner Ansicht nach ganz nette Idee: historische S-Bahnwaggons aus Berlin sollen zu Radlerunterkünften aus- und umgebaut werden, ausgestattet sogar mit Dusche und WC. Am Ende bekomme ich noch einen ganzen Stapel Museums-Flyer mit, damit ich zu Hause Werbung machen kann.

Zwei Kilometer weiter in der Ortschaft kaufe ich in einem Supermarkt ein. Als ich an der Kasse stehe, geht draußen ein Platschregen runter. Gerade rechtzeitig kann ich mein Fahrrad noch im Eingangsbereich ins Trockene retten. An eine Weiterfahrt ist vorerst überhaupt nicht zu denken. Aber mein Unterstand bietet einen gewissen Luxus: es gibt direkt neben dem Eingang eine Bäckerei mit Cafeteria. Die nächste gute halbe Stunde verbringe ich hier bei einem großen Cappuccino und einer Puddingtasche. Nebenbei beobachte ich den Verkauf an der Theke und dabei auch einen jungen Mann. Er lässt sich zwei riesige Tüten voll süße Stückchen und Kuchen einpacken. Bestimmt hat jemand Geburtstag und heute Mittag gibts ein gemütliches Kaffeekränzchen. Ich stelle mir das jedenfalls so vor. Beneidenswert, denn ich muss nachher wieder raus in das kalte Regenwetter... so ein Kaffeeklatsch wäre mir wirklich auch lieber.

Es ist nicht gerade mein Wunschwetter fürs Oderbruch. Zwischenzeitlich hörts aber auch auf zu regnen und die Sonne kommt sogar kurz hervor. Dann taucht vor mir ein Deich auf. Man kann hinauffahren. Dahinter Sumpf und Auenlandschaft, die Oder ist nicht zu sehen, sie ist noch über 300 m weiter östlich. Dafür beeindruckt mich das, was ich hier sehe, ganz gehörig. Das ist noch Landschaft! Ein schmaler meist asphaltierter Weg führt auf dem Deich entlang, ich radle weiter. Nur schade, dass die Sonne und dadurch auch die Farben fehlen. Aber von hier oben habe ich eine gute Aussicht, rechts überwiegend Grasland mit extensiver Landwirtschaft, Wiesen und Weiden hauptsächlich, mit unzähligen Störchen und Wildgänsen, links die Auen des Oderbruchs und Feuchtwiesen. Hier weiden Rinder, Mutterkuhherden in scheinbarer Wildnis. Und alle paar Minuten sind Gruppen von Rehen zu sehen. Manche ergreifen die Flucht, als ich auftauche und lassen mit ihren Läufen das Wasser in den sumpfigen Wiesen aufspritzen. Ein Fasan sucht direkt unterhalb des Deiches nach Futter, ein dankbares Fotomotiv. Ebenso ganze Scharen von Kranichen und ein Storch, der gerade vor mir einen großen Frosch erbeutet. Noch nie habe ich vorher gesehen, was das für Mühe machen kann, bis so eine fette Beute endlich verschluckt werden kann und wie sie dann den dünnen Hals ausbeult, als sie hinuntergleitet.

Die Panoramafahrt ist etwa 16 Kilometer lang. Obwohl es immer wieder regnet, kann ich doch ein paar Fotos machen. Am frühen Nachmittag erreiche ich die Oderbrücke hinüber nach Polen. Doch irgendwie fehlt mir die Lust, bei diesem miserablen Wetter in das für mich völlig neue und unbekannte Land zu wechseln. Ich weiß auch, dass es in Polen, abgesehen von der Grenzstadt Küstrin, erst mal viele Kilometer weit keine Übernachtungsmöglichkeiten geben wird. Bei diesem Wetter irgendwo in der freien Landschaft im hohen Gras das von heute Morgen noch nasse Zelt aufbauen – darauf bin ich nun wirklich nicht scharf.

Ich habe eine Telefonnummer von einer Unterkunft, einem Fischereihof, hier auf deutscher Seite etwa zwei Kilometer zurück. Ich rufe dort an, aber die Nummer ist nicht gültig. Hanne muss mir zu Hause am PC helfen und die richtige Nummer suchen. Das dauert eine Weile und inzwischen registriere ich, dass ich bereits polnisches Netz habe und deshalb die Nummer nicht wählen konnte. Die deutsche Landes-Vorwahl hat logischerweise gefehlt. Nun klappt der Anruf, aber es ist kein Zimmer mehr frei. Ich bekomme aber zwei weitere Telefonnummern von Gastgebern in der Nähe mitgeteilt. Und dort habe ich Glück. Bei Familie Leber, direkt hinter dem Fischereihof ist eine Ferienwohnung frei. Im Fischereihof selbst kann ich zu Abend essen, muss mich aber jetzt schon dafür anmelden. Es gibt nur Fisch dort, selbst gefangenen aus der Oder, und ich habe die Wahl zwischen Forelle und Barsch. Forelle kenne ich, also Barsch mit Salat und Brot!

Inzwischen scheint die Sonne. Ich hänge das Zelt im Garten über ein Tor zum Trocknen auf und gehe hinunter an die Oder. Die ist ein einziges Fotomotiv. Das Wasser spiegelglatt, blauer Himmel mit weißen und dunkelgrauen Wolkentürmen, den Überresten des Regenwetters, die sich jetzt ganz unschuldig im Wasser spiegeln, scheinbar nur zur Dekoration. Auf einer Sandbank weiter stromab üben sich ein paar Angler in Geduld. Aus einem Seitenarm kommt ein kleines Fischerboot, besetzt mit einem alten Mann und einem großen Schäferhund. Sie fahren weit hinaus auf den Strom. Es herrscht absolute Stille, nur einmal unterbrochen durch die mir ungewohnten Töne von einem polnischen Martinshorn, welche von der anderen Oderseite herüberdringen.

Ich geselle mich zu den beiden Anglern in meiner Nähe und komme mit ihnen ins Gespräch. Es sind Rentner aus Gotha, die hier ein paar Tage Angelurlaub verbringen. Sie wohnen im Fischereihof. Dort gibt es nur Vierbettzimmer und jeder von den beiden hat ein Zimmer für sich. Der Grund: der eine schnarcht wie eine Motorsäge. Ja, habe ich das gerade richtig gehört? Die beiden haben zusammen acht Betten für sich – und ein nassgeschwitzter und frierender Radler aus Süddeutschland wäre heute noch um ein Haar mit seinem nassen Zelt auf einer sumpfigen polnischen Wiese gelandet, weil hier nichts mehr frei ist – ja, gibts denn so was?

Trotzdem, das Gespräch mit den beiden verläuft ganz nett. Der eine war früher Offizier bei der NVA und öfters in Russland. Auch eine Expedition nach Nordsibirien hat er schon hinter sich. Er erzählt mir davon, und dass die Russen schon etwas anders seien... Die Spannung in mir wächst. Er gibt mir Grüße an „sein Leningrad" mit.

Der geräucherte Barsch ist ein Gedicht. Ich bekomme ihn auf einem offensichtlich mit viel Liebe angerichteten Teller mit Salat und frisch gebackenem Brot auf der Terrasse serviert. Das Bier dazu darf ich mir an einem Zapfhahn vor dem Haus selber zapfen. Mit mir am Tisch sitzt ein Ehepaar aus Graz, das zur Zeit auf dem Oder-Neiße-Radweg unterwegs ist. Ihr Sohn ist mal mit dem Rad nach Jordanien gefahren, ohne vorher großartig geplant zu haben. Da sieht man eben die Jugend, die ist noch einiges unbekümmerter. Nach dem Essen setzt sich der Mann an einen Nebentisch und schreibt emsig in sein Tourentagebuch und ich unterhalte mich weiter mit seiner Frau. Sie machen außer Radtouren auch Hüttentouren in den Alpen. Wir tauschen Erlebnisse aus von Übernachtungen im Matratzenlager, von den dazu gehörenden Schnarchorgien und von Naturbeobachtungen. So hatte sie einmal eine unvergessliche Begegnung mit einem Auerhahn während der Balzzeit. Dieser Vogel, in seinen Adern floss vermutlich reines Testosteron, hatte wohl derart Angst um sein Revier, dass er auch von Angriffen auf Wanderer nicht absah.

In diese interessante Unterhaltung platzt der Anruf von zu Hause, der mich aus einer gefühlten Traumwelt in die knallharte Wirklichkeit zurückwirft: der nagelneue und sehr teure Rasenmäher ist kaputt, vermutlich Getriebeschaden. Was kann ich aus der Ferne tun, was bewirken, wie helfen? Nicht viel. Ich muss passen, allenfalls ein paar Tipps kann ich geben, aber da müssen sie daheim selber durch wegen der Reparatur und der Garantie usw.

Wenn ich morgen früh frühstücken wolle, müsse ich das jetzt sagen. Erst denke ich, dass es auch ohne Frühstück gehen müsste, aber dann lasse ich mich umstimmen, denn es sei sehr gut, wird mir glaubhaft versichert. In meiner Ferienwohnung schaue ich den Griechen noch bei der WM zu. Irgendwie bin ich aber auch todmüde und schlafe kurz vor Spielende ein.

Mittwoch, 25. Juni 2014

Um 8.00 Uhr gehe ich hinüber in den Fischereihof zum Frühstück. Ob ich zu den beiden Leuten von gestern Abend sitzen wolle, wir hätten uns doch gestern Abend so gut unterhalten, werde ich vom Chef gefragt. Ja klar doch, und somit geht die Unterhaltung mit den beiden Grazern fast nahtlos weiter. Wir bekommen ein Frühstück serviert, wie ich es kaum je einmal gesehen habe: ganz bunt und liebevoll auf einer Platte angerichtet verschiedene Wurst und Käse, Joghurt, Butter und Marmelade, Brot und Brötchen, alles reichlich garniert mit verschiedener Rohkost. Es ist mir zu viel, ich kann mir davon noch ein Vesper für unterwegs richten.

Inzwischen regnet es in Strömen und es hat nur noch 12 Grad, richtiges Sauwetter! Die Überlegung steht an, ob ich heute einen Ruhetag einlegen sollte. Aber bei dem Regen nur hier herumsitzen? Was habe ich davon? Soll ich weiterfahren bei dem Wetter? Dann bin ich patschnass nach dem ersten Kilometer.

Die Grazer packen. Dicht eingemummt in ihre Regenkleidung fahren sie los. Ich überlege weiter, ich habe doch auch gute Regenkleidung, wann sollte ich die denn einsetzen, wenn nicht an einem Tag wie heute?

Um 10 Uhr fahre ich los, hinein in die verregnete Landschaft. Eine Viertelstunde später überquere ich die Oder und bin in Polen.

Gleich an der Grenze geht es rechts ab zu den Ruinen oder besser gesagt zu den kläglichen Resten der ehemaligen Altstadt von Küstrin. Küstrin ist erst kurz vor dem Ende des Zweiten Weltkrieges bei aussichtslosen Kämpfen dem Erdboden gleichgemacht worden. Heute beeindruckt mich vor allem der Anblick der Treppenstufen von den Hauseingängen, die als einziges von den Häusern übrig geblieben sind. Es ist kaum vorstellbar, dass hier einmal eine ganze Stadt gestanden haben soll.

Mit unvergesslichen Eindrücken verlasse ich das Areal und fahre hinüber in die Stadt. Ich muss als erstes Geld wechseln, denn ich bin nun nicht mehr in Euroland. Schnell ist in einer Bank ein Geldautomat gefunden und mit genügend Zlotys in der Tasche wage ich mich samt Fahrrad in den Polenmarkt am Rande der Stadt. Die Zahl der Marktbesucher ist überschaubar. Es ist ein bunter Markt, es gibt hier alles zu kaufen, angefangen von Haushaltswaren und Bekleidung bis hin zu den verschiedensten Lebensmitteln, Obst und Gemüse. Die Gänge in den Hallen sind aber eng, mit dem Rad komme ich schlecht durch und sorge somit auch für etwas Aufsehen. Dadurch fühle ich mich nicht gerade wohl hier. Da ich auch nicht unbedingt etwas zu kaufen beabsichtige, schaue ich zu, dass ich wieder hinauskomme und fahre weiter.

Zunächst einmal geht es auf einer Allee fast zehn Kilometer weit geradeaus durchs Warthe-Delta. Die Straße ist gut befahren, aber die Fahrzeuge nehmen Rücksicht und scheren beim Überholen weit aus, prima. Dann geht die Route rechts ab auf eine Landstraße und jetzt fühle ich mich fast alleine auf der Welt. Kaum noch Verkehr, kleine Dörfer nur noch, sehr einsam hier. Der Regen hat aufgehört. Und ich mache mir bewusst, dass ich in Polen bin, dem Land, dem viele etwas skeptisch gegenüber stehen, vor dem ich auch gewarnt worden bin. Zugegeben, die Warnungen kamen allesamt von Leuten, die selber noch nie hier waren. Ich fühle mich jedenfalls sicher, werde aber auch meinen Grundsatz nicht aufgeben, immer und überall ein dosiertes Misstrauen einzusetzen, zur Sicherheit eben, zum Selbstschutz.

In dieser Einsamkeit kommt mir auf einmal eine Wandergruppe entgegen, vielleicht 30 oder 40 Personen, junge und ältere. Sie tragen eine Fahne mit einem Kreuz voraus. Einen der letzten frage ich, was sie da machen, was das zu bedeuten hätte. Das sei eine ökumenische Wanderung zu Ehren eines Heiligen, dessen Namen ich inzwischen vergessen habe. Sie machen das jedes Jahr zwischen dem 24.

und 29. Juni, fast eine Woche lang. Sage ihm dann noch, dass ich mich gefreut habe, in dieser Einsamkeit mal jemanden getroffen zu haben. Er lacht nur...

In Miedzyrzecz suche ich nach einer Bleibe für die Nacht. Ein junger Mann beschreibt mir den Weg zu einem Campingplatz etwa sechs Kilometer außerhalb in nördlicher Richtung, es sei einer der besten Plätze in Polen. Dann kann ja nichts schief gehen. Nach einigem Suchen finde ich den Platz in einem ausgedehnten Waldgebiet. Die Rezeption ist geschlossen. Außer ein paar polnischen Touristen, die in den zahlreichen Holzbaracken Urlaub machen und kein Wort Deutsch oder Englisch verstehen, ist niemand da. Ich versuche, verständlich zu machen, dass ich hier zelten möchte. Schließlich zieht einer sein Handy heraus und telefoniert. Er sagt mir, ich solle warten. Das tue ich auch, eine dreiviertel Stunde lang, dann telefoniere ich selber. Am anderen Ende der Leitung höre ich nur Polnisch, immer die gleichen Worte. Ich lege auf und warte. Ich beschließe für mich, wenn in den nächsten zehn Minuten niemand kommt, dann baue ich hier einfach irgendwo mein Zelt auf und gut.

Aber kaum ausgedacht, kommt eine Sechzigerin daher, schließt die Rezeption auf und übergibt mir zwei Schlüssel, einen für die Toilette und einen für die Dusche. Ich bezahle ihr 17 Zlotys und dann ist sie wieder weg. Ich stelle das Zelt in dem lichten

Wald unter hohen Kiefern auf. Nach Essen riechts auch nirgends, also nirgends ein Restaurant und somit kein Grillteller oder ähnliches in Aussicht.

Ich gehe duschen. Au weia! „Do Polska normalny?" Also richtig sauber ist anders, werde mich wohl daran gewöhnen sollen. Anscheinend bin ich hier ja auf einem der besten Plätze in Polen... Anschließend gehts hinunter an den kleinen See, auch dort ist nichts los. Ganz ruhig liegt er da, umgeben von Wald. Nur ein Angler blickt etwas hoffnungslos aufs Wasser. Es ist ungemütlich kühl und es beginnt zu regnen... Ich vespere im Zelt. Der erste Tag in Polen ist schon zu Ende...

Donnerstag, 26. Juni 2014

Wenn ich im Zelt übernachte, wache ich immer mit den Vögeln auf, eigentlich durch ihr Gezwitscher, so auch heute. Es ist etwa 4.00 Uhr. Doch ich drehe mich noch ein paar Mal um. Auf einmal wirds aber richtig warm im Zelt, die Sonne scheint darauf. Es ist wirklich schönes Wetter, endlich mal wieder.

Um 9.00 Uhr fahre ich los. Hole in einem kleinen Supermarkt am Stadtrand noch etwas Proviant und los gehts. Halt stopp! Ich komme an dem armen Mann, vielleicht so um die fünfzig, der mit seinem Rollator vor der Ladentür steht und stumm um Almosen bittet, nicht vorbei. Er muss einen fürchterlichen Unfall gehabt haben, er hat kaum noch ein Gesicht, keine Ohren, keine Haare. Ich werfe etwas Kleingeld in den kleinen Plastikbecher, ein paar wenige Münzen liegen bereits drin... ganz leise sagt er etwas und nickt mit dem Kopf...

An der ersten großen Kreuzung in der Stadt muss ich anhalten und mich anhand der Karte orientieren.

„Problem?", ich werde von einem Händler angesprochen, der von seinem Erdbeer-Stand zu mir über die Straße herüber gekommen ist. Er zeigt mir den Weg, sehr nett der Mann.

Ich habe mal wieder Gegenwind, mit richtig Strecke machen ist nichts. Aber bei diesem Wetter sieht Polen gleich ganz anders aus. Der Straßenbelag ist unterschiedlich, von fein bzw. ausgezeichnet bis zum wirklich miserablen Flickenteppich, mit teilweise drei oder vier Flicken übereinander. Und Straßen gibts hier, die kilometerweit geradeaus führen. Der Verkehr ist sehr gering. Ich stoppe es ab, alle ein bis anderthalb Minuten etwa kommt ein Auto an mir vorbei. Zwischen Miedzychod und Drezdenko führt die Strecke 27 Kilometer fast schnurgeradeaus durch lichten Kiefernwald, am Boden ein grüner Teppich aus Heidelbeersträuchern mit Unmengen Beeren daran. An einem kleinen Rastplatz mitten im Wald werde ich zum

Selbstverpfleger. Satt gegessen genieße ich die Stille und auf einer Bank das Nickerchen.

Gegen 16.00 Uhr erreiche ich Krzyz und mache mich auf die Suche nach einem Zimmer mit Fernseher, denn heute Abend spielen Jogis Jungs gegen Klinsis Jungs. In der hintersten Ecke des Dorfes finde ich eins. Ein junges Ehepaar, beide so etwa Mitte dreißig, vermietet in einem umgebauten ehemaligen Wirtschaftsgebäude mehrere Doppelzimmer. Da mit mir heute niemand gerechnet hat, muss die Frau das Zimmer erst noch herrichten, eine halbe Stunde soll es dauern. In Ordnung, ich setze mich solange vor dem Haus in die Sonne und schreibe Tagebuch. Ich bin ihr einziger Gast. Man bringt mir noch einen bequemen Gartensessel. Ob das Fußballspiel übertragen wird, ist noch unklar. Mein Gastgeber sucht die Programme durch und wird fündig. Ich unterhalte mich mit ihm eine Weile, er spricht besser Englisch als ich. Das ist aber auch keine große Kunst, da mein Englisch ziemlich verstaubt ist, habe ich es doch schon seit bald vierzig Jahren nicht mehr richtig gebraucht.

Das Zimmer ist fertig, ich kann es beziehen. Dem Aussehen nach ist die Frau vermutlich aus der Karibik, sie spricht ebenfalls gut Englisch. Sie möchte wissen, warum ich diese Radtour mache. Hm. Und er warnt mich auch vor den Russen, war aber selber noch nie in Russland!

Ich frage ihn, wovon er lebe. Die Antwort: er möchte vierzig Walnussbäume pflanzen, die tragen dann in zehn Jahren vielleicht. Bis dahin möchte er noch ein Haus bauen und vermieten. Das Gespräch geht in Richtung Politik. Ich möchte mich nicht darüber unterhalten, versuche die Kurve zu kriegen, weg davon. Und sage noch, dass Krieg immer schlecht ist, wir Kleinen müssen immer dafür bezahlen und, dass das einfache Volk nie einen Krieg will. Dann der Schock bei mir nach der Verständnisfrage von ihm: „Do you really think, that simple people don't want war?" - „Meinst du wirklich, dass das einfache Volk keinen Krieg will?" Ja, das hab ich bisher immer gemeint. Täusche ich mich da womöglich? Irgendwie habe ich den Eindruck, dass er der Meinung ist, durch Krieg könne ein Land sehr wohl seine wirtschaftliche Lage verbessern. Er zeigt mir an Hand von Zahlen über das Staatsvermögen, die er gelesen hat, noch den Unterschied zwischen Deutschland und Polen auf. Demnach ist Deutschland ganz oben und Polen ganz unten... Trotzdem – was soll das mit dem Krieg?!

Das Fußballspiel wird übertragen, auf Polnisch. Ich verstehe absolut nichts, außer „Laaahm, Schweinsteigäär, Neuäär, Mertesackäär, usw. Deutschland gewinnt durch ein Tor von Mülläär. Ich schlafe sehr gut in dieser Nacht, trotz Kriegsgefahr...

Freitag, 27. Juni 2014

Um kurz nach 8.00 Uhr ist heute Abfahrt nach einem weiteren kurzen Gespräch mit meinem Gastgeber. Der Himmel ist wolkenlos. Er meint, es werde ein heißer Tag.

Es sind die schönsten Augenblicke des Tages: Am frühen Morgen losradeln, hinaus aus der Ortschaft und hinein in die pure Natur, den ganzen Tag vor mir habend. Für mich mit das ‚Salz in der Suppe' dieser Radtour. Stille, Einsamkeit, nur das Geräusch der Reifen auf dem Asphalt, hin und wieder Storchenpaare neben der Straße. Die Jungen sind fast flügge, vermehrt kann ich sie bei ihren Flugübungen auf den Horsten beobachten. Teilweise schweben sie fast einen Meter über dem Nest, sie können fliegen, lassen sich dann aber wieder herunter fallen. Noch trauen sie sich nicht, den Horst zu verlassen.

Sicher könnte es nicht schaden, etwas Polnisch zu lernen. Was „danke" heißt, weiß ich schon: "dziekuje". Bei der Zimmersuche wäre das polnische Wort für „Zimmer" sicher ganz nützlich.

In Pila, der nächsten größeren Ortschaft, mache ich eine kleine Pause und spreche in einem Park eine junge Frau an, denn ich möchte von ihr wissen, was „Zimmer" heißt und frage sie, ob sie Deutsch oder Englisch spreche. Beides verneint sie. Ich warte auf den nächsten Passanten. Da kommt die

Frau zurück, sie bringt ihren etwa zwölfjährigen Sohn mit. Der kann etwas Englisch. Ich schreibe auf: „room", er schreibt daneben: „pokuj" - also heißt Zimmer auf Polnisch „pokuj". Ich werds mir merken und bedanke mich bei den beiden ganz freundlich.

Ja, die Polen, sehr freundliche Leute! Also, es geht doch. Kein Krieg, nie! Eines ist aber bemerkenswert: die meisten sehen einen gar nicht, du bist einfach gar nicht vorhanden. Einige wenige grüßen zurück: „dzien dobry", und ganz selten grüßen welche von alleine.

In den größeren Ortschaften fällt mir auf, dass viele Menschen, vor allem die Kinder, ganz festlich gekleidet sind. Es ist zwar nicht Sonntag, aber heute ist ein ganz großer und wichtiger Tag für die Schüler: der letzte Schultag vor den großen Sommerferien, lasse ich mir sagen. Und der wird angemessen gewürdigt!

Durch das Tal der Netze komme ich nach Miasteczko. Im dortigen Pensionat, also in einer Pension, nehme ich mir ein Zimmer, obwohl ich auch hinter dem Haus im Garten hätte zelten können. Aber mir ist heute nicht so danach. Ein Zimmer mit Frühstück, das ist genau das Richtige für mich. Nach dem Duschen gehe ich auf Pirsch. Der Gärtner, der gerade mit Rasenmähen fertig ist, spricht deutsch, ein wenig halt, und gibt mir einen Tipp: ich solle den Hügel hinauf gehen, von dort könne man die Gegend von oben anschauen. Klar, das lasse ich mir nicht zweimal sagen und wenige Minuten später bin ich die dreißig Höhenmeter oben. Aussicht gleich Null, alles zugewachsen. Dafür entdecke ich Blumen, die ich zuvor sicher noch nie gesehen habe, gelb und lila blühend (Recherche zu Hause: Hain-Wachtelweizen, gelb die Blüten, lila die oberen Blätter), und einen Buntspecht, der scheinbar ohne mich zu beachten, an einer Böschung nur etwa vier Meter entfernt nach Insekten sucht.

Durch fast leere Straßen komme ich zur Dorfkirche, die auf einer kleinen Anhöhe steht. Dahinter befindet sich der Friedhof. In der Kirche wird gerade eine Messe gehalten. Deshalb schaue ich mir zunächst den Friedhof an. Alle Gräber sind auffallend bunt, zum größten Teil mit Kunstblumen geschmückt. Über Lautsprecher am Dach ertönt jetzt Gesang aus dem Innern der Kirche. Gleich darauf treten in einer langen Reihe Menschen heraus. Viele kleine Mädchen in weißen Kleidern sind darunter. Sie sehen ganz fröhlich aus. Die Prozession schreitet um die Kirche herum und geht dann wieder hinein. Ich frage mich, ob das wohl auch etwas mit dem letzten Schultag zu tun hat?

Laut polnischem Fernsehwetterbericht soll das Wetter die nächsten Tage wieder feuchter werden, aber mit sommerlichen 20 - 24 Grad auch warm. Ich glaube, morgen lasse ich es ruhiger angehen.

Ich könnte wirklich einmal wieder einen Ruhetag einlegen nach jetzt genau 1.422 Kilometern. Aber ausgerechnet in dieser einsamen Gegend?

Samstag, 28. Juni 2014

Ich bekomme ein fürstliches Frühstück, mit Liebe hergerichtet: eine Platte mit zweierlei Käse, vier verschiedene Wurstsorten, verschiedene Brötchen und Brot, eine Schüssel mit bestimmt fünf Rühreiern mit Schinken und Zwiebelröhrchen, Marmelade und eine große Kanne Kaffee. Ich kann es bei weitem nicht aufessen!

In der Pension gibt es normalerweise nur Frühstück. Heute Abend wird hier aber ein runder Geburtstag gefeiert, weshalb der ganze Gastraum schon festlich geschmückt wird. Auf den Tischen sind weiße Decken, das Geschirr hat goldene Ränder, der Blumenschmuck wird gerade angebracht. Das Wirtsehepaar hat ein ganz klein wenig Stress, meine ich zu spüren. Aber sie sind sehr freundlich, beide sprechen gut Deutsch. Ein Restaurant würde sich nicht rentieren, es würden höchstens am Wochenende ein paar Gäste kommen oder wie heute eben bei einem Geburtstag oder so. Die Gegend sei einfach zu menschenleer...

Start ist um 9.00 Uhr. Bin ganz gut drauf. Es ist leicht bewölkt. Mal sehen, wie weit ich komme.

Bis Mrocza habe ich mir vorgenommen, das sind etwa 60 Kilometer. Dort gibt es wohl Zimmer zum Übernachten.

Ich fahre kilometerweit durch Kirschenplantagen, riesige Anlagen. Überall scheinen sie Feste zu feiern, laute Musik ist zu hören und Radau, und das am hellen Vormittag. Sehen tue ich aber niemand. Die sitzen wohl irgendwo zwischen den Bäumen. Auch in den verstreuten Gehöften läuft laute Musik, hin und wieder sind auch undefinierbare Geräusche zu hören und schaurige Angstschreie von Vögeln. Ich nehme es einfach mal so hin, bis ich dann doch eine Erklärung dafür habe: Ganz in der Nähe nämlich plötzlich ein lauter Donnerschlag! Mir dämmerts, klar! Die verscheuchen die Vögel aus den Kirschen. Der Grund für die laute Musik sind auch keine Partys, sondern sie soll die Vögel vergrämen.

In Osiek nad Notecia kaufe ich mir ein Pfund Kirschen für unterwegs. Ich hänge mir die Tüte einfach an den Lenker und esse während der Fahrt.

Weit komme ich aber zunächst nicht, denn am Ortsende weist ein Schild nach links zum Freilichtmuseum. Am Eingang sitzen drei hübsche junge Mädels, ich frage sie nach dem Eintritt. Sie wollen kein Geld. Die jüngste von ihnen holt einen Schlüssel und winkt mir, ihr zu folgen. Das Fahrrad muss ich stehen lassen, es passiere ihm aber nichts. Wie gut ich das doch verstehe, obwohl ich ja gar kein Polnisch kann!

Wir gehen zum ersten Gebäude, ein kleines schnuckeliges Bauernhaus. Unterwegs plappert sie mich voll, ich verstehe kein Wort. Nach einer Weile sieht sie es dann ein, es macht mit mir keinen Sinn. Schade, ich wäre tatsächlich in den Genuss einer Privatführung gekommen. So geht sie aber zurück und ich halt alleine weiter durch das Museumsdorf und schaue mir die Häuser von außen an, hin und wieder kann ich auch durch ein Fenster hineinschauen. Ich bin jedenfalls der einzige Besucher auf dem siebzehn Hektar großen Gelände. Die alten Gebäude sind gut in Schuss, kleine Blumengärten sind angelegt und allerlei Federvieh, sowie Schafe und Ziegen erwecken den Eindruck, als würde das Dorf leben, als sei es noch bewohnt. Selbst ein Pferd schaut zu einem Stallfenster heraus, genau so, wie ich es als Kind in einem Bilderbuch einmal gesehen habe.

Nach einer Stunde fahre ich weiter. Es beginnt zu regnen. Also den Poncho raus, wenigstens ist es warm. In Mrocza suche ich nach einem Zimmer. Es soll hier eine Pension geben, man zeigt mir den Weg. Ich kaufe vorher aber noch ein und als ich aus dem Laden komme, hat es aufgehört zu regnen und es wird heller. Ach was, ich fahr noch weiter. In Koronowo soll es an einem See einen Campingplatz geben, das sind gerade noch etwa dreißig Kilometer. Auf gehts!

Nach einigem Suchen und Fragen finde ich schließlich den gewünschten Zeltplatz, ich hatte sogar zwei zur Auswahl. Er liegt knapp fünf Kilometer außerhalb der Stadt tatsächlich an einem großen See. Fünfzehn Meter vom Ufer kann ich aufbauen. Die Dusche sieht aus wie ein Schlachthaus, und die Technik erst! Etwas marode, wie gehabt, Polski Standard halt.

Der Laden in der Rezeption gibt außer einer größeren Anzahl von Chips-Sorten und Softdrinks nichts her, was zu einem Vesper taugen könnte. Aber ich habe ja noch ein wenig Vorrat, das muss jetzt eben reichen. Und dann zieht ein Gewitter auf, schnell rein ins Zelt und Schotten dicht. Das erste Mal erlebe ich ein Gewitter mit entsprechendem Wolkenguss in diesem Zelt, das ist quasi der Tauglichkeitstest. Wir überstehen die halbe Stunde Weltuntergang aber beide sehr gut, ich bin noch trocken. Die Zeltunterlage darf halt nicht unter dem Zelt hervorschauen, sonst läuft vermehrt Wasser unter das Zelt, das muss ja nicht sein. Alles ist o.k.

Bis tief in die Nacht sitzt ganz in der Nähe eine Gruppe etwas älterer Camper vor dem Wohnwagen und singt, zwei Gitarren haben sie auch dabei. Eigentlich ganz schöne Lieder, auch deutsche Schlager, aber immer wieder dieselben. Wie lange noch? Ich bin müde, möchte gern schlafen. Das Singen wird allmählich leiser... irgendwann wache ich auf, alles ist ruhig. Ich drehe mich um und bin auch schon wieder ganz weit weg.

Sonntag, 29. Juni 2014

Der Mann an der Rezeption sagte mir gestern, heute und bis Dienstag sei stürmisches Wetter vorhergesagt. Muss das denn wirklich sein? Als ich aufwache, tröpfelt es hin und wieder ein wenig. Ich bleibe noch liegen, es ist ja erst 6.30 Uhr. Wie wäre es denn jetzt mit einem Ruhetag? Aber ich fühle mich richtig fit, wozu also? Wenn es regnet, im Zelt herumliegen? Außerdem habe ich nicht genug zu essen dabei für einen weiteren Tag hier, ein Restaurant habe ich auch keines gesehen.

Also irgendwann packe ich zusammen. Es regnet inzwischen leicht. Ich bin fast fertig, da fragt mich der ältere Herr vom Wohnwagen nebenan: „Wollen Sie Kaffee oder Tee?" Ja, ein Kaffee, das wäre jetzt tatsächlich was. „Danke, gerne, noch zwei Minuten!" Ich packe mein Rad vollends fertig. Im Vorzelt ist ein Tisch für drei Personen gedeckt: Wurst, Käse Marmelade, Kuchen. Ich sitze bestimmt anderthalb Stunden bei Joanna und Milosz im Vorzelt bei Kaffee und Kuchen. Habe ja vorhin schon Waffeln und eine Banane gefrühstückt, aber etwas Kuchen geht bei mir ja immer. Beide sprechen sehr gut deutsch, sie waren früher dreizehn

Jahre in Deutschland. Und ich probiere eine echte, selber eingelegte, polnische Essiggurke! Die beiden haben den Standplatz fest gepachtet und auch eine Segeljacht hier liegen. Sie hätten gerätselt, woher ich komme und haben auf Dänemark getippt. Meine Antwort gestern auf ihr „dobre" hätte nicht polnisch geklungen... und sie gehörten zu den Sängern gestern Abend. Sie zeigen mir ihre Liederbücher, bestimmt tausend Lieder sind da drin.

Ich bekomme noch einen Kaffee. Sie meinen auch, dass ich mehr auf die Polen zugehen müsste, wenn ich mit ihnen Kontakt haben wolle. Schade, hätte ich das gestern schon gewusst, dann hätte ich bestimmt mitsingen dürfen. Sie haben in Bromberg ein kleines Haus. Aber bei schönem Wetter sind sie immer hier auf dem Campingplatz. Wiederholt wollen sie mich dazu bringen, noch einen Tag hier zu bleiben. Es gibt auch einen Laden in der Nähe und sie würden mich sogar mit dem Auto zum Einkaufen hinfahren. Aber ich habe doch schon alles gepackt. Und das Wetter sei doch auch nicht so schön zum Radeln, argumentieren sie weiter. Ja, denke ich, wenn jetzt schönes Wetter wäre, vielleicht zusammen eine Runde auf dem Segelboot... schon sehr verlockend...

Im November fahren sie zum Überwintern immer zu ihrer Tochter nach Koblenz. Ihre Tochter findet einfach keinen Mann, „die Kandidaten sind nicht die richtigen, die wollen immer nur Sex," werde ich informiert.

Kurz vor 11.00 Uhr fahre ich schließlich doch los. Das Wetter wird besser, es ist jetzt richtig warm, die Sonne kommt durch. Eine von Landwirtschaft geprägte Gegend, Getreide- und Erbsenfelder, die fast bis zum Horizont reichen, aber auch Wald und Brachland.

Nach 50 Kilometern komme ich an einen Deich, dahinter ist die Weichsel. Etwa sieben Kilometer später wird sie von einer riesigen Brücke überspannt. Sie ist hier knapp 500 Meter breit, ein mächtiger Strom, unheimliche Wassermassen fließen da vorbei. Auf der anderen Seite ist Chelmo, ich fahre hinüber und schiebe das Rad einen Fußweg hoch in die Altstadt. Die Strecke ist extrem steil und immer wieder durch Treppenstufen unterbrochen, eine echte Schinderei. Dann schaue ich mir das Städtchen an. Endlich ist mal was los in Polen, es herrscht reges Treiben hier im Zentrum. Die Straßencafés sind gut besucht, es ist Sonntagnachmittag.

Auch einen Umzug gibt es, eine Gruppe von etwa hundert Menschen in teilweise bunten Gewändern und singend, marschiert durch die Innenstadt.

Leider finde ich kein Restaurant in dem man draußen sitzen kann, Hunger hätte ich nämlich schon so langsam. Und das Fahrrad alleine im Freien lassen, das kommt nicht in Frage. Also suche ich nach einem Laden, aber es gibt hier nur sehr winzige mit entsprechend magerer Auswahl an passendem Proviant. In einem gibt es Backwaren, auch eine Art Brötchen. Ich hätte gerne welche. Irgendwie gibt man mir aber zu verstehen, dass die nicht mehr frisch sind. Sehr nett von denen! Also lass ichs halt.

Am Ortsausgang komme ich an zwei Supermärkten vorbei und kaufe ein, auch frische Brötchen.

In meinen Gepäcktaschen kann ich nicht allzu viel unterbringen, mir fehlt einfach immer der Stauraum. Bananen, Weintrauben und Joghurt bspw. lassen sich schlecht irgendwo hineinstopfen. Bei der nächsten Tour muss ich da etwas ändern.

In Klamry soll es einen Agroturystyczne Camping geben, einen Bauernhof, auf dem man zelten kann. Nach drei Kilometern bin ich dort. Ich biege von der Straße ab, an Fischteichen vorbei gelange ich zu einem Gehöft mit mehreren relativ neuen Gebäuden. Ich werde sofort von einem kläffenden Hund in Empfang genommen. Man weist mir einen Rasenplatz an einem Fischteich zu und bringt mir frische Handtücher. Auch duschen kann ich hier. Außer mir übernachten auf dem Hof noch ein paar Männer in Gästezimmern, wohl Monteure. Ich bin der einzige Tourist hier. Es gibt eine überdachte Sitzecke, wo ich vespern kann. Gut so, denn es tröpfelt inzwischen schon wieder leicht, das Wetter begeistert nicht gerade.

Der Rest der Familie sitzt gerade in Freiburg in der Sonne bei Kaffee und Kuchen, erfahre ich noch via Handy. Ja, und ich genieße jetzt Dosenwurst und Dosenbier.

Später versuchen sich die Monteure beim Angeln. Genauer gesagt zwei von ihnen, die anderen vier stehen drumherum. Ich gehe zu ihnen hinüber. Obwohl sich mein Polnisch bekanntlich in sehr engen Grenzen quasi bei Null bewegt, verstehe ich ganz gut, dass die beiden Angler ob ihres ausbleibenden Fangerfolgs dick mit Spott überzogen werden. Als dann aber einer tatsächlich etwas an der Angel hat, wird es ruhig und die Spannung ist spürbar. Es ist müßig zu beschreiben, wie sich die entlädt, als sichtbar wird, was da angebissen hat: ein alter Fahrradschlauch...

Ich glaub, ich verkrieche mich heute sehr früh im Schlafsack. Ich bin müde, möchte schlafen. Doch daraus wird vorerst überhaupt nichts. Der Hund, der mich vorher begrüßte, ist nicht alleine. Er hat einen Kumpanen. Dieser liegt allerdings auf der anderen Seite des Teiches an der Kette und kann dadurch das ganze interessante Geschehen auf dem Hof nur aus der Ferne beobachten. Bedauernswerter Kerl. Wo er angebunden ist, wächst schon lange kein Gras mehr. Er hat in der weichen Erde einen Graben ausgelaufen, bestimmt einen halben Meter tief und halbkreisförmig. Der Radius entspricht genau der Kettenlänge. Und was soll ein Hund, dem es todlangweilig ist, die ganze Zeit tun außer kläffen? Weit in die Nacht hinein geht das jetzt so, beide kläffen abwechselnd, dann wieder gleichzeitig, ununterbrochen. Soll ich mich jetzt ärgern? Wenn ich das geahnt hätte, wäre ich bestimmt nicht hier abgestiegen. Und wenn ich mich ärgere, sind die dann ruhig? Mir fallen die Tauben an der Havel ein. Stimmt, auch die Hunde waren zuerst hier, gehören mit ihrem Kläffen ohne wenn und aber ganz einfach zum ‚Ist-Zustand' dieses Ortes. Ich gehöre nicht hierher, bin fremd hier, nur ein Beobachter und morgen wieder weg. Wie auch immer, zum Hundefreund werde ich so bestimmt nicht!

Montag, 30. Juni 2014

Es ist ruhig bis etwa 6.00 Uhr, dann höre ich Stimmen, die Monteure brechen wohl auf. Ich dreh mich nochmals auf die andere Seite. Eine Weile gönne ich mir noch, es ist so schön warm im Schlafsack... „Wuff! Wuff! Wuff!" Es geht schon wieder los. Also dann eben raus, packen. Um 7.35 Uhr klingele ich meine Gastgeber aus dem Bett. Ich bezahle meine 20 Zlotys und fahre los, an den Fischteichen vorbei und hinaus auf die Straße. Ich gebe richtig Gas, das Gekläffe wird leiser und leiser.

Es ist bewölkt, etwas frisch, aber ich fahre in kurzen Hosen. Langsam nähere ich mich Grudziadz (Graudenz). Kreuz und quer geht der Weg, durch Wohnsilos, renovierte Plattenbauten, bis ich von einer Anhöhe aus auf die Weichsel hinunter blicken kann. Hosenwechsel, es ist mir doch zu kühl geworden, und Picknick auf einer Parkbank über dem Fluss mit bester Aussicht.

„Bling – bling – bling" es streift irgend etwas am Hinterrad. Ich halte an. Hoffentlich ist es nichts, was Werkzeug erfordert. Da werde ich auch schon angesprochen, ob ich ein Problem hätte. Hinter dem Zaun eines Baumarktes steht ein Mann, der gerade ein Waschbecken in seinen PKW lädt. Er erkundigt sich nach meinem Ziel und ob ich aus Dänemark käme. Er wohnt hier in der Gegend, aber auf der anderen Weichselseite, bietet Reiturlaub an und vermietet Ferienwohnungen, leider etwas abseits des R1-Radwegs. Er kennt diesen auch gar nicht und es gibt dort in der Nähe seines Hauses für einen Radler sowieso keine passende Möglichkeit hinüberzuwechseln, die Brücken sind zu weit weg. Trotzdem reicht er mir eine Visitenkarte seiner Unterkunft - wer weiß, vielleicht ein anderes Mal?

Während unseres Gesprächs habe ich auch die Ursache für das „bling – bling" gefunden: ein Verschlussband meiner Gepäcktaschen hat an den Speichen gestreift...

Graudenz hat eine imposante Kulisse. Ehemalige Speicherhäuser dienten durch ihre geschlossene Front gleichzeitig als Stadtmauer. Ein schönes Fotomotiv. Ich fahr von der Weichsel hinauf in die Altstadt. Eine ganze Straße ist aufgerissen. Es werden wohl neue Leitungen gelegt. Schieben ist angesagt, ich komme mit Mühe durch.

Oben an der Ruine des Schlosses treffe ich zur Abwechslung mal einen Tourenradler. Es ist ein älterer Herr, ein Rentner vermutlich. Er hat eine gelbe Warnweste an und da er im Übrigen lange dunkelblaue Kleidung trägt, sieht er aus wie ein Polizist von der radelnden Truppe in Paris. Er spricht nur polnisch. Wir sehen beide schnell ein, dass eine Unterhaltung nicht möglich ist. Trotzdem gelingt es uns, uns gegenseitig unsere Fahrtrouten zu schildern und das Gewicht unserer Packesel zu vergleichen. Beruhigend ist für mich, dass sein Fahrrad deutlich mehr Gepäck zu stemmen hat als meines. Er wohnt in Südpolen an der tschechischen Grenze und fährt ganz Polen ab. Wir machen noch Fotos voneinander, unsere Wege trennen sich danach wieder.

In der Nähe von Nowe, aber auf dem gegenüberliegenden, rechten Weichselufer, führt ein Fußweg hinauf auf den Deich. Für mich ist das eine willkommene Gelegenheit, eine Aussicht über die Gegend zu bekommen. Die Landschaft ist ansonsten topfeben, man sieht nicht allzu weit. Oben auf dem

Deich steht ein Ehepaar, es redet deutsch. Ich spreche die beiden an. Sie gehören zu dem Reisebus, der unten auf dem Parkplatz steht. Immer mehr Leute kommen herauf. Die Reisegruppe besteht hauptsächlich aus ‚Ehemaligen', die ihre alte Heimat bzw. die ihrer Vorfahren bereisen. Ganz klar, ich stehe jetzt im Mittelpunkt, als sie hören, woher ich komme und was mein Ziel ist. Ich werde befragt und bestaunt und man macht Gruppenfotos mit mir. Sicher würde man sich so eine Radtour alleine nie zutrauen und als Frau ja sowieso nicht. Und jetzt gehts auf keinen Fall mehr, aber früher hätte man sich das auch nicht zugetraut... Es tut richtig gut, sich einmal wieder flüssig auf Deutsch zu unterhalten. Der Bus hupt, sie müssen wieder einsteigen. Wir wünschen uns gegenseitig eine gute Fahrt weiterhin.

Seltsam, die haben keine Ahnung von so einer Radreise und haben sich sicherlich nie Gedanken darüber gemacht, und trotzdem sind sie sich ganz sicher, dass das eine Unternehmung ist, die sie sich nie zutrauen würden...

Drohend dunkle Wolken sind inzwischen heraufgezogen, von drei Seiten kommt eine schwarze Wand auf mich zu. Ob ich die etwa 20 Kilometer bis nach Jarzebina, der nächsten ‚Agro'-Bauernhaus-Unterkunft noch schaffe, bevor es richtig losgeht? Ich will auf jeden Fall noch so weit wie möglich kommen, lege mich auf den Lenker und fahre, was das Zeug hält. Immer wieder komme ich durch lockere Straßendörfer. Im Notfall würde ich sicher irgendwo rasch einen Unterstand finden. Als ich nach einer Weile dann aber aufschaue, um die Lage zu beurteilen, hat sich die ganze Wolkendramatik beruhigt. Es scheint, als würde sich das Unwetter verziehen.

Die Unterkunft soll laut meinem Radführer direkt am Weg liegen. Zur Sicherheit frage ich nach Passieren des Ortsschildes von Jarzebina bei den jungen Leuten nach, die vor einer kleinen Bar sitzen. Es wird beratschlagt und als ich das Wort „aktualne" heraushöre, ahne ich Schlimmes. Ist hier wohl etwas nicht mehr aktuell? Ich werde von der Hauptstraße nach rechts weggeschickt und als ich etwas später am Ortsausgang ankomme, traue ich der Sache längst nicht mehr. Glücklicherweise hält ein Auto in der Nähe: Fragen. Telefonieren. Keine Verbindung. Der freundliche Mann fordert mich auf, ihm zu folgen, es sei nicht sehr weit. Im Windschatten eines Autos auf verheerendem Straßenbelag mit dem schwer beladenen Rad unterwegs zu sein, ist ein ganz besonderes Vergnügen. Aber es geht tatsächlich nicht sehr weit. Das Haus liegt direkt an der Straße in einiger Entfernung von den nächsten Häusern. Es wird von einer jungen Familie bewohnt und ist von einem großen Garten umgeben. Sie vermieten nicht mehr, also deshalb nicht mehr „aktualne". Im Garten sei aber Platz, da könne ich mein Zelt aufstellen. Gut, und Duschen?

Kurzes Zögern – ja, das gehe auch. Wann ich denn duschen wolle? „Halt nach dem Zeltaufstellen", meine ich. Das gehe in Ordnung, ich solle mich dann melden. Und noch etwas weiß ich: heute Abend ist wieder ein Länderspiel, Deutschland spielt. Aber das interessiert sie überhaupt nicht. Ob er das anschaue, könnte er jetzt noch nicht sagen, meint der Hausherr und zuckt mit den Schultern, erst ginge er noch zum Angeln.

Ich stelle mein Zelt auf und melde mich dann an der Haustür zum Duschen. Die junge Frau zeigt mir das Bad, und ich könne die Tür abschließen, meint sie. Ich winke ab, gebe zu verstehen, dass ich keine Angst habe. Eine Minute später, gerade stehe ich im Adamskostüm da, geht die Tür auf und die kleine Tochter des Hauses kommt herein. Sie ist vielleicht drei Jahre alt und möchte sicher mal nach dem Fremden schauen, was der da im Bad so macht... Ihre Mutter hat das aber schnell registriert und ist augenblicklich zur Stelle und zieht die Kleine aus dem Badezimmer.

Dem Duschen steht nun aber wirklich nichts mehr im Wege. Zwischen Kloschüssel und Waschmaschine lasse ich hinter einem Vorhang das warme Wasser auf mich herunterprasseln.

Es ist noch hell und das Spiel wird erst um 22.00 Uhr übertragen. Dann erkundige ich einfach mal die Gegend. Ein Weg aus Betonplatten führt Richtung Weichseldeich. Ich folge ihm, gelange über den Deich, sehe aber die Weichsel nicht, nur sumpfiges Grasland von Wasserläufen durchzogen und einige Buschinseln. Ein paar wenige Blumen, sonst gibt es nicht viel zu bestaunen. Nur die Schnaken quälen einen hier, ich muss ständig in Bewegung bleiben. Währenddessen telefoniere ich wie jeden Abend mit Hanne zu Hause. Sie sitzt am PC und kann, nachdem ich ihr die Koordinaten durchgegeben habe, auf Google-Earth genau sehen, wo ich mich gerade befinde... das Haus mit dem Garten drumherum, der Weg zum Deich, die Wiesen und Wasserläufe dahinter...

Noch vor der Dämmerung lege ich mich ins Zelt. Immer noch habe ich Hoffnung, dass ich zum Fußballschauen geholt werde. Ich wache auf, es ist tiefste Nacht. Denke, die werden gegen Algerien auch ohne mich gewinnen.

Dienstag, 01. Juli 2014

Es scheint schönes Wetter zu werden. Durch die dünne Wolkenschicht blinzelt schon die Sonne. Ich packe. Um kurz vor 8.00 Uhr bin ich fahrbereit. Bezahlen muss ich noch. Aber kein Mensch ist zu sehen. Die schlafen womöglich alle noch?

Ich klopfe an der Haustür, will nicht unbedingt klingeln, falls sie tatsächlich noch schlafen. Aber das Klopfen hat keinen Zweck. Also klingele ich.

Endlich geht die Tür auf, der Hausherr ist noch nicht richtig wach, reibt sich schlaftrunken die Augen: „twenty Zlotys." In Ordnung, ich gebe sie ihm.

Und dann sagt er noch: "Germany" und streckt zwei Finger in die Höhe. „Algeria", er zeigt mir mit der anderen Hand einen Finger. Wie bitte? 2:1?! Er hat also doch zugeschaut und hat mir nichts gesagt... na ja, wenigstens hatte ich damit recht: „die können auch ohne mich gewinnen."

Deutschland ist also weiter und ich muss jetzt auch weiter. So etwas wie das hier, nennt man, glaube ich, eine ‚gottverlassene Gegend'. Vielleicht zwei bis drei Autos begegnen mir da auf fünf Kilometern. Der Straßenbelag ist teilweise eine Zumutung, bestimmt sind manchmal wieder drei bis vier Flicken übereinander gelegt. Aber die Landschaft fasziniert mich, Wasser und Wiesen, Wald und Sumpf und etwas Landwirtschaft, Getreideanbau, dabei schönes Wetter.

Bei Biala Goro nähert sich ein anderer Fluss, die Nogat, bis auf etwa 300 Meter an die Weichsel heran. An dieser Stelle wurde ein Verbindungsstück gegraben und somit über eine Schleuse ein Anschluss an die Weichsel geschaffen. Man hat hier fast den Eindruck, die Weichsel würde sich teilen. Während sie selber weiter in die Danziger Bucht fließt, mündet die Nogat, die ab hier wesentlich mehr Wasser hat, ins Frische Haff.

Irgendwann verpasse ich eine Abzweigung und komme dadurch auf eine relativ schmale Schnellstraße, die von Danzig nach Malbork führt. Schon von weitem sehe ich die Autos und LKWs rasen. Ich ziehe meine Warnweste an, damit ich besser gesehen werde und wage mich mutig in dieses Abenteuer. Glücklicherweise ist der Belag sehr gut, so dass ich gut vorankomme. Außer mir sind noch ein paar einheimische Radler unterwegs. Ein gutes Zeichen für mich, denn ich kann annehmen, dass die Autofahrer die Radler gewohnt sind und wissen, wie man sich ihnen gegenüber benimmt. Und tatsächlich kann ich mich auf den ganzen acht Kilometern bis Malbork auch überhaupt nicht beklagen, es wird wirklich Rücksicht genommen.

Gleich zu Beginn sehe ich die Marienburg, die mich sofort sehr beeindruckt und in ihren Bann zieht. Aber zuerst schaue ich nach der Tourist-Info. Ich möchte mir hier ein Zimmer nehmen und dann morgen einen Tagesausflug mit der Bahn nach Danzig machen. Ich bekomme eines, ganz in der Nähe sowohl des Nebenbahnhofs als auch der Marienburg, alles gut zu Fuß erreichbar und auch zwei Lebensmittelläden sind gleich um die Ecke.

Den Nachmittag verbringe ich rund um die Marienburg und in der Stadt in der Fußgängerzone.

Touristisch ist hier ganz schön was los, kein Wunder, denn die Burg, die hat etwas Anziehendes. Aus dem 14. Jahrhundert stammend, ist sie der größte Backsteinbau Europas. Ich denke, die Menschen konnten sich damals innerhalb der Mauern sehr sicher fühlen. Selbst heute vermittelt mir allein ihr Anblick noch so etwas wie Sicherheit und Geborgenheit.

Als ich direkt an der Burg in einem Gartenrestaurant beim Essen sitze, vertreibt ein Wolkenbruch die meisten Gäste. Der Schirm, unter dem ich sitze, ist jedoch groß genug, um den Regen abzuhalten, ich kann bleiben. Wo sollte ich auch hin, es regnet ja überall. Selbst die Bedienungen kommen nicht mehr her, also warte ich bis es aufhört und bezahle dann.

Auf einer Bank an einem Wasserspiel in der Altstadt beobachte ich das Treiben um mich herum. Ein etwas angetrunkener Penner bettelt um Zigaretten. Er kommt auch zu mir, streicht mir über den Kopf, während er polnisches Lallen von sich gibt. Bei den Leuten nebenan hat er dann Glück, denn von der Frau bekommt er schließlich seinen Glimmstängel. Dafür muss sie eine kräftige Umarmung von ihm hinnehmen, aller Widerstand ist zwecklos. Bin ich froh, dass ich ihm keine Zigaretten gegeben habe... Gut, ich habe ja auch keine dabei.

Mittwoch, 2. Juli 2014

Um 6.30 Uhr klingelt der Wecker. Um 7.53 Uhr fährt mein Zug nach Danzig. Das Wetter scheint schön zu werden, noch ist es leicht bewölkt. Es ist noch alles ruhig, ich schleiche aus dem Haus, möchte niemand aufwecken. Das zwei Meter hohe Eisentor vom Hof zur Straße ist abgeschlossen, aber ich habe ja einen Schlüssel dafür. Doch das nützt mir nichts, das Schloss klemmt. Ich kann machen, was ich will, ich bekomme es nicht auf. Es hilft nichts, ich muss oben drüber. Ich werfe meinen Tagesrucksack über das Tor und übe mich im Klettern. Erinnerungen werden wach an die Klettereinlage in Sevilla, als ich einmal um Mitternacht auf der Flucht vor streunenden Hunden über einen hohen Zaun in das Bahnhofsgelände geturnt bin...

Es ist nicht weit bis zum Bahnhof. Der Zug fährt pünktlich, wegen einer Baustelle ausnahmsweise nicht auf Gleis 2, sondern auf Gleis 1. Auch hier kommen Erinnerungen hoch, so etwas hatten wir doch schon einmal! Diesmal registriere ich das trotz den ausnahmslos polnischen Hinweisschildern noch rechtzeitig.

Die Fahrt ist interessant. Es ist ein Regionalzug, er rumpelt gemächlich durch die Landschaft, hält an jedem noch so kleinen Bahnhof. Arbeiter und Schüler steigen ein, er füllt sich. Es bleibt aber sehr ruhig. Alle schauen still vor sich hin oder spielen mit dem Handy.

Die Gegend ist topfeben und liegt nur knapp über dem Meeresspiegel. Dann ein kleiner Höhepunkt, als auf einer einen Kilometer langen Brücke die Weichsel überquert wird.

Am Bahnhof Glowny in Danzig steige ich aus und orientiere mich in Richtung Osten, dort muss irgendwo die Altstadt sein.

Bald komme ich an einem Obst- und Gemüsemarkt vorbei, nicht aber an den großen dunklen Kirschen, die es dort zu kaufen gibt. Mit einer Tüte voll schlendere ich weiter und schaue einer Taube zu, wie sie sich aus einer Steige Heidelbeeren bedient. Von den Marktleuten scheint sich niemand daran zu stören.

Imposant diese Häuserkulissen. Nach dem Krieg lag Danzig in Schutt und Asche. Es ist schon erstaunlich, wie das alles wieder im alten Stil aufgebaut werden konnte. In der Nähe des Kran-Tores, dem heutigen Wahrzeichen der Stadt angekommen, lasse ich erst einmal alles auf mich wirken: Die Hafenmauer, ein altes Segelschiff und Ausflugsschiffe davor, dahinter die malerischen Giebel der Häuser und die Marktstände, an denen Bernstein-Schmuck angeboten wird. Es herrscht reges Treiben hier, es ist was los in Danzig.

Da auch die Sonne scheint, bekomme ich Lust auf eine Bootsfahrt durch die Werft hinaus zur Halbinsel Westerplatte. Auf dem Sonnendeck das Schiffes esse ich meine Kirschen weiter. Ich erhoffe mir während der Fahrt viele Fotomotive. Doch kaum legt das Schiff ab, ziehen Wolken vor die Sonne und die Farbenpracht ist dahin. Trotzdem ist die Fahrt durch die geschichtsträchtige Danziger Werft sehr kurzweilig. Ganz nah an den riesigen Frachtschiffen und den Docks gehts vorbei. Es ist sehr eindrucksvoll, teilweise aus nächster Nähe zu sehen, wie auf einer Werft gearbeitet wird. Da werden riesige Schiffe mit dem Schweißbrenner auseinandergeschnitten und zerlegt. An anderer Stelle ist ein Schmelzofen in Betrieb, hier werden die Schiffsteile gleich eingeschmolzen. Andere Schiffe werden von Algen- und Muschelbewuchs befreit, weitere bekommen einen neuen Anstrich.

Auf der Westerplatte habe ich etwa eine Stunde Aufenthalt. Ich nutze diese Zeit und gehe noch hinüber an die Küste der Danziger Bucht. Mahnmale und Schautafeln sind hier aufgestellt. Ein Ort, an dem Geschichte stattfand. Hier fielen im Zweiten Weltkrieg die ersten Schüsse: „Seit 5.45 Uhr wird jetzt zurückgeschossen!" klang es am 1. September 1939 aus den deutschen Volksempfängern. Der Krieg hatte begonnen.

Die Ostsee ist spiegelglatt, vor dem inzwischen wieder blauen Himmel türmen sich weiße Wolken, für mich sehr seltene Fotomotive in ganz eigentümlichem Licht. In der Ferne ist Gdynia (Gotenhafen) zu erkennen. Dort in der Nähe ist mein Vater noch kurz vor Kriegsende schwer verwundet eingeschifft worden. Das sind jetzt natürlich auch ganz besondere Gefühle für mich...

Während der Rückfahrt nach Danzig kommen wir durch einen Regenschauer, das Wetter bleibt wechselhaft. Scheint die Sonne, ist es schön warm – verschwindet sie hinter den Wolken, ist es sofort ungemütlich kühl.

Zurück in der Stadt, geht die Besichtigungstour weiter. In einem Straßenrestaurant esse ich schließlich eine Pizza ‚Maximum'. Da ist alles drauf, was die Küche hergibt, dazu trinke ich ein großes Bier und gehe einer meiner Lieblingsbeschäftigungen nach: Leute beobachten. Es ist immer wieder interessant, wie sich die Einheimischen und die Touristen verhalten, untereinander und miteinander. Etwas später verlege ich meinen Beobachtungsposten in ein Straßen-Café an der Uferpromenade und genieße einen Cappuccino Grande. Zum Rumlaufen habe ich keine rechte Lust mehr, irgendwie bin ich gesättigt und mir tun auch ein wenig die Füße weh.

Nach etwas Durchfragerei klappt gegen Abend auch die Bahnfahrt zurück nach Malbork. Der Zug ist brechend voll, aber ich habe einen Platz, einen Stehplatz, von dem aus ich durch den Führerstand nach vorne auf die Gleise sehen kann und wieder geht es über die Weichselbrücke...

Der Wetterbericht im Fernsehen bringt ab übermorgen für Nord- und Ostpolen Sommerwetter!

Donnerstag, 3. Juli 2014

So um 8.00 Uhr gehts wieder los mit Radeln. Das Wetter ist warm, Sonne und blauer Himmel, kurze Hose ist wieder angesagt. Es läuft. Ich verlasse Malbork auf der Straße mit der Nr 504, einer Art Bundesstraße mit lebhaftem Verkehr. Früher war das einmal die Reichsstraße 1. Der Straßenbelag ist gut und es gibt heute mal keinen Gegenwind, was 25 km/h ohne Mühe bedeutet. Das motiviert zusätzlich. Nach knapp einer Stunde biege ich dann rechts ab auf eine Landstraße. Diese ist ein polnischer Flickenteppich wie aus dem Bilderbuch. So richtig vorwärts komme ich jetzt nicht mehr. Dafür ist es sehr, sehr ruhig und ländlich, ganz nach meinem Geschmack.

Auf freiem Feld überhole ich zwei junge Frauen, eine etwa so alt wie ich, die andere vielleicht Mitte zwanzig. Sie sind zu Fuß unterwegs und sehr in Eile. Trotzdem machen sie ein Foto von mir auf dem fahrenden Rad. So viel Zeit muss einfach sein. Leider kann ich mich nicht revanchieren und sie ein kleines Stück mitnehmen...

Elblag braucht mich anscheinend nicht. Einen Stadtgärtner frage ich nach dem Zentrum. Er zuckt mit den Schultern, zeigt in die eine Richtung und in die andere. Also, ich glaube, es gibt kein richtiges Zentrum, auch nicht viel Sehenswertes. Jedenfalls entdecke ich keine Altstadt oder etwas in der Art, obwohl ich noch eine ganze Weile kreuz und quer herumfahre. Elblag ist im Krieg fast vollständig zerstört worden und jetzt eine Industriestadt. Trotzdem oder gerade deshalb finde ich fast nicht mehr hinaus aus der Stadt. Ich möchte Richtung Frombork, und da kann mir niemand den Weg sagen! Ein junger Mann Anfang zwanzig ist sich auch nicht sicher, er schaut auf seinem iPhone nach und weist mir die Richtung. Na ja, es ist die falsche, das habe ich gleich bemerkt. Mir fällt ein, dass ich ja selber ein GPS-Gerät dabei habe. Es ist zwar immer noch kein richtiger Notfall, aber ich schalte es ein, komme sofort klar und fahre kurz darauf zur Stadt hinaus in Richtung Frisches Haff nach Frombork, früher Frauenburg.

Am Ortsrand eines Dorfes jagt mir ein kleiner Hund noch einen gehörigen Schrecken ein. Ich sehe ihn von weitem, sein Herrchen führt ihn Gassi, ohne Leine. Ich bin schon vorbei, als es bei dem Köder irgendwo zündet und er mir laut kläffend nachspringt. Ich denke, sein Herrchen ist genau so erschrocken wie ich. Das schließe ich wenigstens aus dem Theater, das der Mann vollführt bis er den Hund angeleint hat.

Um die Mittagszeit etwa bin ich in Frombork. Ich möchte den Tag heute vollends hier verbringen. Deshalb schaue ich als erstes nach einer Unterkunft. In der Tourist-Info überreicht mir die Dame mehrere Adressen von einfachen Zimmern und mindestens 100 Gramm Prospekte von Sehenswürdigkeiten und Ausflugsmöglichkeiten. Kaum habe ich das Büro verlassen, wird die Tür verschlossen, Mittagspause. Das war knapp.

In der Nähe des Hafens bekomme ich ein Zimmer im Dachgeschoss eines kleineren Wohnhauses. Vom französischen Bett aus sehe ich durch ein winziges Fenster direkt auf das Haff.

Ich verzichte zunächst aufs übliche Duschen und setze mich stattdessen gleich wieder aufs Rad. Zuerst drehe ich eine Runde in Richtung Hafen und hinaus auf die Mole. Von dort sieht man sehr schön auf die Stadt mit der Domburg. Anschließend nehme ich die Route hinaus ans Haff in Angriff, welche mir die Dame von der Info empfohlen hat. Ein paar Kilometer auf der Straße Richtung Braniewo, dann nach einem Bach links weg durch urigen Wald in ein Gebiet mit Feuchtwiesen und Schilf. Von fern ist jetzt der Dom sichtbar, er steht auf einem Hügel und überragt die Gegend. Vom Haff, d.h. vom Wasser ist nichts zu sehen, nur Schilf und nochmals Schilf. Der Weg besteht aus zwei Reihen Betonplatten und führt auf einen Deich und darauf immer weiter hinaus in den Sumpf und schließlich parallel zum Ufer am Haff entlang. Bis zum Wasser sind es noch zwei bis drei hundert Meter, aber es ist nur ein schmaler Streifen davon zu sehen.

Es ist heiß. Kaum ein Wind geht. So fahre ich etwa fünf Kilometer durch die naturbelassene Landschaft. Weit draußen treffe ich auf eine Arbeiterkolonne, Männer und Frauen, die mit Sensen den Deich vom Schilf frei halten. Wie erwähnt, besteht der Weg aus Platten und dazwischen befinden sich Fugen und die sind auf dem Fahrrad deutlich spürbar, gehen an die Bandscheiben. Ich merke das im Nacken. Sie sind außerdem ein echter Materialtest. Bin mir nicht sicher, ob das unbedingt sein muss. Deshalb drehe ich um, bringe das Rad zurück ins Quartier und gehe zu Fuß auf Pirsch.

Ein alter Wasserturm ist zum Café und Aussichtsturm umgebaut worden. Von dort oben hat man einen schönen Rundumblick auf die Stadt, die Domburg, das Kopernikus-Denkmal davor und das Haff. Ganz weit draußen am Horizont ist die Frische Nehrung zu erkennen. Beim Hinabsteigen kann ich von weit oben auf die Tische des Cafés schauen, die unten im Turm stehen. Wie machen die das wohl im Winter mit dem Heizen?

Ich kann mir nur blass vorstellen, wie es damals im Winter 1945 gewesen sein mag, als fast eine halbe Million Einwohner aus Ostpreußen, Männer, Frauen und Kinder, auf der Flucht vor der anrückenden Roten Armee hier über das zugefrorene Haff flüchteten. Dabei sind Zehntausende unter Artillerieund Luftwaffenbeschuss ertrunken oder in Eis und Schnee umgekommen...

Direkt neben dem Turm befinden sich zahlreiche Restaurants, die besten Voraussetzungen also für einen gelungenen Tag.

Auf dem Domhügel besteige ich den Glockenturm mit dem Foucaultschen Pendel. Es hängt von der Decke herab und ist 28 Meter lang und 46,5 Kilogramm schwer, etwa jede Stunde muss es einmal angestoßen werden. Es liefert den Nachweis, dass sich die Erde dreht.

Auch von hier oben ein weiter Ausblick bis zur russischen Grenze, die hier noch zwölf Kilometer entfernt ist. Als ich vom Turm herunterkomme, ist die Aufseherin unten am Pendel in ihrem Sessel eingeschlafen. Das ist bei diesem anstrengenden Job auch nicht verwunderlich.

Leider ist der Dom schon geschlossen. An der Kasse sitzen zwei junge Frauen, die gerade dabei sind, alles aufzuräumen und abzuschließen. Ich solle morgen wieder kommen. Ich erkläre ihnen aber, dass ich mit dem Fahrrad aus Deutschland hier bin und morgen gleich wieder weiter fahre und frage, ob ich nicht kurz für zwei Minuten noch hineinschauen dürfe. Ich darf und das, ohne Eintritt zu bezahlen. Ich beeile mich auch wirklich. Da kommt eine mir nachgelaufen und sagt mir, ich könne mir ruhig Zeit lassen und sie zeigt mir auch noch die Grabstätte von Nikolaus Kopernikus rechts im Kirchenschiff. Dieser hat hier von 1517 bis zu seinem Tod im Jahr 1543 gelebt und gearbeitet. Beim Verlassen der Kirche werde ich von den beiden noch zum Orgelkonzert am Abend eingeladen.

Die Restaurants unter dem Wasserturm haben inzwischen alle zu. Etwas weiter weg haben aber noch zwei geöffnet. Auf der Speisekarte des einen sind keine Preise angegeben. Logischerweise gehe ich zum anderen hinüber. Dort werde ich auf der Terrasse sehr freundlich bedient. Der überbackene Schweinenackenbraten mit Pommes schmeckt hervorragend, ebenso die zwei großen Bier dazu.

Den Abend verbringe ich am Haff auf der Mole. Es ist nicht viel los hier, ein paar Spaziergänger halt und weit draußen ein kleines Fischerboot. Es ist windstill, das Wasser spiegelglatt, alles ruhig. So genieße ich fast andächtig auf einer Bank den Sonnenuntergang, mache mir wieder und wieder bewusst, wo ich hier bin - und vergesse das Orgelkonzert...

Freitag, 4. Juli 2014

Heute versuche ich mal, ein wenig Strecke zu machen. Bis am Wochenende möchte ich in den Masuren sein, die Hälfte der Gesamtstrecke haben.

Um 8.00 Uhr bin ich reisefertig. Von meinen Gastgebern ist nichts zu sehen, alles ist noch ruhig. Ich lege einen Zettel mit ein paar Abschiedsworten und den fünfzig Zlotys auf einen Tisch im Eingangsbereich und mache das Rad fertig. Da kommt doch noch die Chefin des Hauses. Wahrscheinlich hat sie gedacht „sicher ist sicher". Sie hat aber schon meinen Zettel und das Geld in der Hand und wünscht mir eine gute Reise.

Noch kurz nebenan Proviant kaufen, dann gehts um 8.30 Uhr auf die Straße in Richtung Osten an der russischen Grenze entlang. Es ist bewölkt, trotzdem ziemlich warm, ich fahre im T-Shirt. Die Landschaft ist hügelig, viele Alleen. Ich sehe, wie Äcker aussehen, wenn kein Unkraut bekämpft wird: ein Blütenmeer, eine wahre Farbenpracht. Auch an den Straßenrändern wachsen die reinsten Blumengärten, verschiedene Glockenblumen, Margeriten, Kamille - ich kenne die Blumen längst nicht alle. Das war früher einmal die Kornkammer Deutschlands, heute gibt es viel Brachland. Ich sehe auch wieder mehr Störche.

Später fahre ich an einem Wegweiser nach Russland vorbei, es sind noch fünfzehn Kilometer bis zur Grenze.

Immer wieder liegen Friedhöfe direkt neben der Straße, sie sind meist nicht einmal eingezäunt. Manchmal ist auch weder eine Siedlung noch ein Dorf in der Nähe. An einem halte ich an. Es gibt hier ganz frische Gräber, aber auch sehr alte mit deutscher Inschrift auf den Grabsteinen:

„Hier ruht

meine innig geliebte Frau Justina Schröter

gest. 21.5.1921",

steht beispielsweise auf einem.

Die Landschaft bleibt einzig, die Weite, die Natur. Das GPS hilft mir jetzt doch auch ein paar Mal, denn ich finde die Orte auf der Karte teilweise nicht auf den Schildern. Leider schafft es die Sonne nicht, dann beginnt es auch noch zu tröpfeln. Aber ich bin gut drauf, ich mache jetzt langsamer, noch bis Lidzbark Warminski, früher Heilsberg, das reicht mir dann für heute.

Um 14.45 Uhr bin ich schließlich dort, nach knapp 80 Kilometern. Die Sonne scheint inzwischen, es ist doch noch ein recht schöner warmer Sommertag geworden. Durch ein Tor komme ich in die Fußgängerzone. Die Tourist-Info entdecke ich, als ich mich umdrehe, sie befindet sich direkt neben dem Tor. Ich bekomme ein Zimmerverzeichnis. Gleich um die Ecke ist eines der billigeren Hotels. Es ist im zweiten Stock eines alten Stadtreihenhauses untergebracht. Das Fahrrad kommt im Untergeschoss in die Garage. Somit trage ich mein Gepäck drei Stockwerke hoch. Mein Zimmer ist abgedunkelt und kühl, sogar mit Fernsehgerät. Das ist mal wieder wichtig, denn am Abend ist Fußballübertragung aus Brasilien. Anscheinend bin ich heute aber nicht so gut drauf: Ich muss mir die Bedienung des Gerätes von der Frau an der Rezeption erklären lassen. Danach schlendere ich durch die Stadt, ganz nett eigentlich, saubere neue Fußgängerzone. Im Pflaster sind Tafeln aus Metall angebracht mit Motiven von Häuserzeilen mit deutschen Namen darauf. Es gibt ein stolzes Schloss hier, ich staune, alles ist sehr ordentlich hergerichtet.

Langsam bekomme ich Hunger und setze mich in eine Straßen-Pizzeria. Als es nach einer Viertelstunde noch keine Bedienung für nötig gefunden hat, sich nach meinen Wünschen zu erkundigen, stehe ich auf und gehe einkaufen. Ich vespere im Hotelzimmer einen Becher Gemüsesalat, gönne mir dazu zwei Dosen kaltes Bier und schaue der Deutschen Elf zu, wie sie gegen Frankreich mit 1:0 einen Zittersieg landet.

Samstag, 5. Juli 2014

Irgendwie wird es heute 8.30 Uhr bis ich loskomme. Blauer Himmel, Sonne! Ostpreußenwetter? Es ist warm, richtiges Radlerwetter. Trotzdem mache ich keine Strecke. Ist es nur der Gegenwind? Oder sind auch die zwei Bier von gestern Abend etwas daran schuldig? Jedenfalls habe ich ziemlich schwere Beine. Egal jetzt, das Ziel ist heute Ketrzyn. Das liegt in den Masuren! Dort soll es eine NAK geben, das habe ich im Internet recherchiert. Morgen ist Gottesdienst für Verstorbene und den möchte ich dort morgen besuchen. Das Timing, am Samstag an einem der seltenen Orte mit einer NAK anzukommen, passt mal wieder ganz genau. Es sind vielleicht noch 80 oder 90 Kilometer. Und ich habe den ganzen Tag Zeit dafür. Das sind heute Morgen so meine Gedanken...

Die Landschaft ist wieder ‚polenmäßig', d.h. grüne Natur soweit das Auge reicht, nirgends ein Ansatz von Zersiedelung. Auf einer langen Geraden sehe ich weit vorne einen kleinen Punkt. Beim Näherkommen wird deutlich, es ist ein Radfahrer. Tatsächlich, da kommt mir ein richtiger Tourenradler mit schwerem Gepäck entgegen. Wir winken uns kurz zu, dann ist jeder wieder alleine...

Ein Schild macht mich auf die Klosteranlage Stoczek Klasztorny aufmerksam. Ich mache den Drei-Kilometer-Abstecher. Es lohnt sich. Das Kloster liegt sehr abgelegen. Die Anfänge gehen auf das

17. Jahrhundert zurück. In der Kirche spielt jemand auf der Orgel, oder besser gesagt, es probiert jemand etwas aus. Dass man auf einer Orgel so sanft und weich spielen kann? Ich weiß, das sind unfachmännische Begriffe, aber es hört sich sehr angenehm an, wenn keine harten, nervigen Töne dabei sind.

Weiter geht es über Reszel zur nächsten Sehenswürdigkeit: Die Wallfahrtskirche in Swieta Lipka, ‚Heilige Linde', einer der bekanntesten polnischen Marienwallfahrtsorte. Es ist eine wunderschöne Basilika. Die Ursprünge des Kults um die Heilige Linde gehen bis ins 14. Jahrhundert zurück. Der Ort scheint ein Besuchermagnet zu sein, schon an der Straße gibt es zahlreiche Marktstände, an denen man alle erdenklichen Souvenirs kaufen kann. Einige Busse stehen da, es wimmelt von Besuchern.

Eine polnische Familie passt auf mein Fahrrad auf, während ich mir die sehr schöne Kirche von innen anschaue. Habe wohl selten ein so schönes Bauwerk gesehen, wobei mich vor allem auch die Orgel beeindruckt.

Auf dem Rastplatz davor picknicke ich noch und trinke einen Cappuccino, bevor es weitergeht.

Ich erreiche den Ortsrand von Ketrzyn und mache mich gleich auf die Suche nach der NAK. Das ist jedoch gar nicht so einfach. Wen ich auch nach der Adresse frage, es ist erfolglos. Anscheinend kennt hier niemand die Ulica Samulowskiego, wo die Kirche ist. Ein Taxifahrer weiß schließlich Bescheid und skizziert mir den Weg. Aber ich komme nicht ganz klar und gelange wieder aus der Stadt hinaus. In einer Gartenanlage frage ich einen jungen Mann nach dem Weg. Er ruft seiner Mutter und sie fahren im Auto voraus und ich mach mal wieder eine Windschattenfahrt hinterher. Nach gut einem Kilometer und zweimaligem Abbiegen halten sie an einem kleinen Häuschen in einer kleinen Siedlung am Stadtrand an. Und ich erkenne es sofort wieder. Mir fällt ein, dass ich die Ansicht im Internet schon gegoogelt habe. Ich bedanke mich bei den beiden und stehe dann etwas ratlos da. Es ist ein winziges Wohnhäuschen, aber kein NAK-Schild, nirgends ein Emblem, nichts zu sehen.

Ich fahre die schmale Straße weiter bis zum Ende, es ist eine Sackgasse. Aus jedem der kleinen Vorgärten auf beiden Seiten kläffen mich Hunde an, manche so groß wie Kälber! Etwas mulmig ist mir jetzt schon, die Gartenzäune sind nicht gerade sehr hoch! Vor dem letzten Haus steht eine ältere Frau. Die frage ich nach der „Kosciol newa apostolica". Sie begreift sofort und überschüttet mich mit einem Schwall Polnisch. Es tut mir leid, ich verstehe wirklich Null. Sie sagt „Komm!" und geht mit mir in Richtung ‚Kirchengebäude'. Unterwegs spricht uns eine Nachbarin an. Polnische Konversation zwischen den beiden. Ergebnis: Ein Telefon wird geholt, es wird telefoniert und schließlich bekomme ich das Gerät überreicht. Am anderen Ende höre ich einen Mann. Er spricht deutsch, ich kann ihn leidlich verstehen, und er erklärt mir, dass hier sonntags keine Gottesdienste stattfinden, nur mittwochs. Schade. Morgen sei Gottesdienst irgendwo in oder bei Mragowo, gut 25 Kilometer weiter. Zu weit für mich mit dem Rad, sage ich ihm noch. Vielen Dank, tschüss. Ende. Jedenfalls stand im Internet: Sonntags, 10.00 Uhr. Aber da kannst du jetzt nichts machen... von wegen Timing...

Ich habe noch etwas Zeit. In Ketrzyn suche ich jetzt keine Unterkunft, da ich sowieso vorhabe, die Wolfsschanze zu besuchen. Dort in der Nähe in Gierloz soll es einen Campingplatz geben. Deshalb fahre ich weiter. Unterwegs sehe ich Hinweisschilder von Zimmern, „pokuje". Ich fahre ihnen nach, finde jedoch keines. Dadurch komme ich aber in die hintersten Winkel polnischer Bauerndörfer. Ganz interessant, nur etwas unheimlich wegen der vielen Hunde. Ich bin nie sicher, wann ich womöglich angegriffen werde.

Ich überquere ein altes Bahngleis, die Zufahrt zur Wolfsschanze, und komme durch ein Waldgebiet, durchzogen von Wasserflächen und Sümpfen, wirklich unwegsam. Die Bahnlinie ist tatsächlich noch in Betrieb, später höre ich ab und zu einen Zug langsam vorbeifahren.

An der Einfahrt zur Wolfsschanze wird eine Gebühr verlangt: Eintritt für die Besichtigung und fürs Campen. Es gibt auch ein Hotel hier. Bei einer Übernachtung dort würde die Eintrittsgebühr entfallen. Während ich noch überlege, bekomme ich Entscheidungshilfe: Ich werde von Schnaken gepiesackt, und wie. Kann mich ihrer kaum erwehren, bin dauernd am Patschen. Also bei diesen Bedingungen macht das Zelten sicher wenig Spaß.

Da es im Hotel anscheinend keine Einzelzimmer mehr gibt, beziehe ich notgedrungen ein Doppelzimmer, incl. Frühstück. Offensichtlich war dies einmal das Wohngebäude der Leibwache Adolf Hitlers. ‚Safe Place' für mein Fahrrad ist ebenfalls im Doppelzimmer. Ja und? Platz habe ich ja genug und schließlich hat es mich jetzt fast 2.000 Kilometer weit hierher getragen und auch mal etwas Komfort verdient...

Bis zur Dämmerung durchstreife ich anschließend das Areal der Wolfsschanze, dem ehemaligen Führerhauptquartier mit eigenem Bahnhof und Flugplatz. Für die Bevölkerung war es damals eine chemische Fabrik, in Wirklichkeit wurde von hier aus drei Jahre lang der Zweite Weltkrieg geführt. Die Bunker sind zwar alle gesprengt, trotzdem sind die Überreste noch wirklich beeindruckend und ich empfinde sie dazu auch als sehr bedrückend. Allein die Größe, wohl über zehn Meter hoch, die Betondecken sechs bis acht Meter dick. Das Gelände ist riesig, von hohen Bäumen bewachsen, eigentlich ein schöner grüner Wald, fast verlaufe ich mich.

Die Betontrümmer sind teilweise überwachsen, die Natur versucht, sich ihren Teil zurückzuholen. Aber ich habe meine Zweifel, ob sie es hier wirklich schaffen wird. Zu groß sind doch diese Giganten aus Beton.

Eine Schautafel an der Stelle, an der damals die Besprechungsbaracke stand, in der das Attentat am 20. Juli 1944 durch Oberst Claus Schenk Graf von Stauffenberg verübt wurde, zeigt den genauen zeitlichen Ablauf sowie die Positionen der versammelten Personen auf. Von der Baracke sind nur noch ein paar Grundmauern übrig. Wenn ich mir vorstelle, was hier einmal alles los war, dann beschleicht mich eine ganz besondere Stimmung...

Die Bunker sind jetzt eines der größten Fledermaus-Winterquartiere in Europa.

Die Mückenplage ist gehörig, man kann kaum irgendwo stehen bleiben, sofort sind die Plagegeister da. Deshalb verdrücke ich mich dann auch bald freiwillig ins Hotel und freue mich auf die Dusche. Unter dieser beträgt der Unterschied der Wassertemperatur zwischen warm und kalt gefühlt vielleicht 2 Grad Celsius. Die Tendenz geht insgesamt aber jedenfalls gegen kalt, oder positiv gesehen, gegen erfrischend. Liegt das daran, dass mein Zimmer ganz am hinteren Ende des Ganges liegt und das warme Wasser vorher irgendwo auf der Strecke bleibt? Ich bilde mir ein und tröste mich damit, dass die SS-ler damals wohl auch kein wärmeres Duschwasser gehabt haben.

Sonntag, 6. Juli 2014

Ab 8.00 Uhr gibt es Frühstück im ehemaligen SS-Quartier. Kurz vorher hat sich vor der Restaurant-Tür schon eine Schlange gebildet. Punkt 8.00 Uhr wird aufgeschlossen. Der Speisesaal ist recht spartanisch eingerichtet, die Beleuchtung beispielsweise besteht aus Baulampen, entsprechend düster ist es. Decke und Wände sind deutlich sichtbar aus Beton. Das Frühstück kann sich aber sehen lassen. Es gibt Kaffee aus einer großen Kanne zur Selbstbedienung, Tee nach Wunsch. Ich setze mich an einen freien Tisch, werde nach meiner Zimmernummer gefragt und bekomme einen Korb mit Brot sowie einen Teller mit Schinken, Käse, Butter und Marmelade und ein Pärchen heißer Saitenwürste mit Ketchup. Das ist der Standard, erfahre ich noch.

Heute hätte ich den Gottesdienst für Verstorbene besuchen wollen. Es hat leider nicht geklappt. Nichtsdestotrotz bin ich hier an einer historischen Stätte, die auch Einfluss genommen hat auf die jenseitige Welt. Das ist heute ein ganz eigenartiges Gefühl für mich. Von hier aus wurde bestimmt drei Jahre lang der Tod in die Welt hinausgetragen.

Kurz nach 9.00 Uhr fahre ich dann weg. Es ist schon sehr warm. Nicht viel später komme ich an acht Gräbern von russischen Soldaten vorbei, die hier 1914 gefallen sind. Es sind ganz schlichte Erdhügel, ohne jeglichen Schmuck, lediglich mit einfachen Kreuzen versehen... Sie sind nicht vergessen! Ich denke an sie, stellvertretend für die vielen, vielen anderen.

Heute brauche ich mal keine Kilometer machen. Ich halte oft an, um zu fotografieren. Die blau blühenden Flachsfelder sind ein besonderer Blickfang. Habe mir vorgenommen, die Masuren auf mich wirken zu lassen, und nicht nur schnell hindurchzuradeln. Das ginge allerdings auch schlecht, denn der Straßenbelag ist stellenweise sehr holprig, ja manchmal besteht er kilometerweit aus Kopfsteinpflaster. Um den Aufenthalt hier etwas auszudehnen, möchte ich einen Abstecher nach Gizycko, etwas abseits der Route, weiter im Süden machen. An vielen Seen und Wasserläufen vorbei geht die Fahrt. Leider ist oft ein breiter Schilfgürtel zwischen der Straße und dem Wasser, sodass von letzterem nicht viel zu sehen ist. Mit einem Boot unterwegs zu sein, wäre sicher von Vorteil. An den wenigen freien Stellen genieße ich die Aussicht auf die blauen Seen bei strahlender Sommersonne, finde aber leider keinen einladenden Badeplatz. Die Temperaturen würden heute schon passen, es ist richtig sommerlich heiß geworden...

In Gizycko erhalte ich über das Info-Büro die Adresse eines Privatzimmers in einem Einfamilienhaus in einer ruhigen Wohngegend. Ich werde dort telefonisch angekündigt und kurze Zeit später von einem Ehepaar mittleren Alters recht freundlich begrüßt. Leider kann ich mich mit ihnen aber nicht unterhalten, es gibt halt mal wieder Sprachschwierigkeiten. Das Fahrrad kommt eine enge steile Treppe in einen kühlen Gewölbekeller hinab, dort ist es absolut diebstahlsicher untergebracht. Ich bekomme ein eher heißes Dachzimmer. Auf der anderen Seite des Flurs befindet sich die Wohnung meiner Gastgeber. Dort kann ich duschen und die Toilette benutzen. Ich mache mich ausgehfertig und möchte nochmals schnell aufs Klo – aber die Wohnung ist abgeschlossen und keiner mehr da. Na denn, in dem Fall war es doch nicht so dringend...

Im Städtchen ist was los, besonders in der Nähe des Sees, am Strand. Dort ist ein wahres Volksfest im Gange mit Karussells, Hüpfburgen, Go-Cart-Verleih und vielen, vielen anderen Vergnügungsmöglichkeiten. Überall laute Musik, natürlich kommt auch die Gastronomie nicht zu kurz. Ich versuchs wieder mit der bewährten Masche: aus der stillen Ecke beobachten und alles auf mich wirken lassen, das führt zu bleibenden Eindrücken.

Das Treiben lässt dann gegen Abend langsam nach. Ich traue dem Frieden nicht. Wann schließen die ihre Restaurants? Wie lange gibt es hier noch etwas zu essen? Obwohl ich noch gar keinen richtigen Hunger habe, bestelle ich vorsichtshalber schon mal eine Pizza ‚Mexicana'. Die Portion ist zu groß, ich schaffe sie nicht, die zwei Bier dazu aber locker. Ich könnte auch noch gut ein drittes trinken, aber da denke ich gerade noch rechtzeitig an meine morgigen Beine.

Die Sonne ist weg. Wolkentürme spiegeln sich auf dem glatten Wasser, ganz schön romantisch. Überall am Ufer sitzen die Menschen, überwiegend junge Leute, und schauen auf den See hinaus. Kommt ein Gewitter auf? Es gibt noch ein paar schöne Stimmungsfotos mit Schwänen auf dem spiegelglatten See, im Hintergrund die wirklich viel zu laute Musik. Sie wirkt jetzt störend wie Krach...

Langsam gehe ich in Richtung Quartier und nehme den Weg am Kanal entlang, der hier in den See mündet. Da tönt mir ganz andere Musik entgegen, zwar auch laut, aber Klassik, eher meine Richtung. Direkt am Kanal neben der Drehbrücke ist eine Bühne aufgebaut. Darauf spielt ganz professionell ein Orchester und eine Dame mit Rubensfigur singt gerade ein Solo. In welcher Sprache, das kann ich nicht heraushören. Über tausend Zuhörer schätze ich. Ich geselle mich dazu und bleibe bestimmt noch eine Stunde. Als ich gerade gehen will, gibt es sogar noch ein Feuerwerk. Und das alles in einer lauen Sommernacht in Masuren...

Aber irgendwann muss ich dann doch mein Dachzimmer aufsuchen. Au weia, ich bin ja an Sauna gewöhnt, aber diese Nacht wird heiß werden...

Montag, 7. Juli 2014

Es war halb so wild und mit offenem Fenster einigermaßen auszuhalten. Auch die Schnaken verzichteten auf Attacken.

Um 7.00 Uhr stehe ich auf und packe. Im Haus ist es noch ruhig. Nachdem ich aber die Radtaschen die Holztreppe herunter getragen habe, tut sich etwas. Die Frau des Hauses deutet mir an, dass ich ja noch nicht bezahlt habe. Nur keine Angst. Woher soll sie auch wissen, dass das bei mir kein Problem ist. Zur Not hätte ich halt wieder einen Zettel zum Abschied geschrieben und das Geld irgendwo hinterlegt.

Dann wie üblich einkaufen, diesmal noch zur Post, um Ansichtskarten zu verschicken. In der Schlange warte ich eine gefühlte Ewigkeit, habe während der Zeit keinen Blick auf mein Rad und das Gepäck. Riskiere ich jetzt wegen der Ansichtskarten womöglich mein Fahrrad?! Ich werde leicht unruhig. Endlich bin ich an der Reihe, schiebe die Karten durch den Schalter und schaue geduldig zu, wie genüsslich die Briefmarken draufgeklebt werden. Dann noch bezahlen und schon bin ich wieder draußen auf der Straße... das Rad steht noch da! Trotz Polen! Und bis ich schließlich richtig weg komme, ist es bereits 8.30 Uhr.

Gegenwind, schlechte Straßen, auch hier das Übliche. Sehr schöne Landschaft ohne jeden Zweifel, leicht hügelig, immer wieder Seen und Sümpfe mit abgestorbenen Wäldern. Auf der Straße fühlt man sich fast einsam. Alle paar Minuten kommen mal zwei oder drei Autos vorbei, dann ist man wieder alleine.

In Goldap suche ich nach einer Altstadt im Zentrum. Vergeblich, denn Goldap ist im Zweiten Weltkrieg zu 90 % zerstört worden. Es gibt einen großen Marktplatz und einen Park mit einem Teich, der von einem Steg überspannt wird. Dort mache ich eine Pause und vespere, nachdem ich ganz in der Nähe in einem Supermarkt eingekauft habe. Neben dem Eingang ein Zelt, in dem Blumen angeboten werden. Es ist nichts los, die Verkäuferin hockt gelangweilt davor und strickt. Ich bitte sie, auf mein Fahrrad aufzupassen, solange ich im Supermarkt einkaufe. Das ist soweit in Ordnung. Ich gehe einkaufen und packe ein paar Weintrauben extra ein. Die möchte ich ihr nämlich als Dankeschön fürs Aufpassen geben. Nur, als ich wieder herauskomme, ist von ihr nichts zu sehen. Sie hat Kundschaft bekommen und ist im Zelt verschwunden. Mein Fahrrad ist aber noch da...

Einen längeren Aufenthalt mache ich hier nicht und fahre weiter. Unterwegs halte ich in einem kleinen Flecken kurz an, um mich anhand der Karte zu orientieren. Da werde ich von einem Mann angesprochen, auf Deutsch. Er kommt aus Schlesien, deshalb kann er etwas Deutsch. Er habe „großen Kollegen" in Celle und einen in Hannover, erzählt er mir. Und er sei froh, dass Polen in der EU ist: „Sehen Sie, wir haben Licht", er zeigt auf die Straßenlampen...

Ich kann mir das Kartenstudium sparen, er erklärt mir den weiteren Weg. Ja, und einige Kilometer weiter, in einem kleinen Laden, gibt es nette und freundliche Verkäuferinnen, die auch lächeln, wenn sie merken, dass man nicht polnisch kann.

Die Landschaft besteht weiter nur aus Natur, Feldern, Wald und Wiesen, kleinen Dörfern, einzelnen Gehöften, ganz malerisch. Dann, allmählich türmen sich Gewitterwolken auf, vor mir in meiner Fahrtrichtung ist es ganz schwarz. Weiter hinten regnet es schon. Da sehe ich ein Schild mit der Aufschrift „Do Miejsca Biwakowania", rechts weg. Nach gut hundert Metern durch den Wald komme ich an einen See, knapp zweihundert Meter breit und zwei Kilometer lang, mit Badeplatz und Liegewiese. Da könne man biwakieren, sagen mir ein paar Badegäste. Die schwarzen Wolken am Himmel, ich überlege nur kurz und bleibe. Am Rand der Wiese nahe an den Büschen baue ich schnell mein Zelt auf, bevor es anfängt zu regnen. Eine Unterkunft mit Seeblick mal wieder. Mittlerweile haben sich die Wolken aber fast vollständig verzogen, es ist knallheiß. Der Schweiß läuft an mir herunter und schon bin ich im Wasser. Herrlich das Schwimmen in so einem See, ganz allein, mittendrin in der Natur! Ich schwimme ein ganzes Stück hinaus, schaue zurück zum Ufer, das Zelt und das Rad immer im Blick. Es ist ein Genuss! Ringsherum Wald und ein paar Wiesen, ein Stück weiter ein einzelner Bauernhof. Ob der See überhaupt einen Namen hat? Auf alle Fälle ist er warm und sauber. Ja, manchmal denke ich, die Radtour muss ich schon deshalb machen, um diese Badeerlebnisse zu haben...

Später kommt noch ein Tourenradler an, voll beladen. Er geht erst mal schwimmen. Ob er auch hier übernachtet? Er rasiert sich am Wasser, lädt dann sein Rad ab, aber nur teilweise. Ich gehe zu ihm hin, frage ihn, woher und wohin? Er spricht nur Polnisch, kein Wort Deutsch oder Englisch. Eine Unterhaltung ist absolut unmöglich. Trotzdem erfahre ich, dass er hier mit dem Rad unterwegs ist, um Elche zu suchen. Und er will auch hier übernachten. Erstaunlich, was man sich nur mit Händen und Füßen alles sagen kann...

Morgen ist wohl mein letzter Tag in Polen. Wenn ich so überlege, wie oft ich zu Hause vor einer Reise alleine in dieses Land gewarnt worden bin. Das hat bei mir sicher auch anfangs etwas Unbehagen hervorgerufen. Ich bin jetzt überzeugt, das war unberechtigt. Inzwischen ist alles hier zur Gewohnheit geworden, ich fühle mich durchaus wohl in Polska. Und nun ist es fast schon wieder vorbei...

Jetzt sitze ich hier in der Rominter Heide auf diesem halbwilden idyllischen Zeltplatz ohne viel Proviant. Durch das drohende Unwetter habe ich die Tour heute einfach zu schnell abgebrochen, bin nicht mehr zum Einkaufen gekommen. Die nächste Ortschaft ist kilometerweit weg. Ich muss eben mit dem auskommen, was ich noch habe: zwei Äpfel, Kekse, Nüsse, Wasser und Granatapfelnektar - und ein Päckchen Kaugummis. Morgen wird dann der erste Tante-Emma-Laden ein riesiges Glück haben, wenn der hungrige deutsche Radler zum Frühstücken vorbei kommt.

Es ist ein warmer Sommerabend. Inzwischen sind alle Badegäste verschwunden, ich bin mit dem polnischen Radler allein. Jedoch nicht allzu lange. Nach und nach kommen Jugendliche herbei, gehen aber weiter an einen Badesteg etwa hundert Meter weiter hinten im Wald. Sie haben Plastiktüten mit Flaschen dabei. Ich habe langsam den Eindruck, das ist der Jugendtreff von ganz Nordost-Polen.

Auch hier am Biwakplatz wird es belebter, zuerst lauter Jungs, später kommen noch einige Mädchen dazu. Es sind bestimmt zwanzig bis dreißig Leute. Ein paar springen ins Wasser. Wenn da mal kein großes Saufgelage draus wird! Hoffentlich geht das gut! Habe keine Lust auf eine Auseinandersetzung mit besoffenen Halbstarken, dazu noch in der hintersten Ecke von Polen. Ich ahne jetzt auch, weshalb der polnische Radler sein Zelt noch nicht aufgeschlagen hat. Noch ist Zeit einzupacken und abzuhauen. Aber wohin? Es wird bald dunkel. Vorsichtshalber meide ich jeden Blickkontakt mit den Jugendlichen. Wenn die die richtige Menge Alkohol intus haben, dann... Aber es bleibt erstaunlich ruhig, es gibt überhaupt kein Geschrei, nur leises Gelächter.

Ich bin müde und verkrieche mich ins Zelt. Nach einer Weile höre ich, wie der Pole Zeltheringe einschlägt. Das beruhigt mich dann doch ein wenig. Er braucht eine halbe Ewigkeit dazu. Noch bevor er aber fertig ist, bin ich im Reich der Träume...

Dienstag, 8. Juli 2014

Ich habe gut geschlafen, werde um 6.00 Uhr richtig wach. Es ist absolut ruhig. Ich ziehe den Reißverschluss vom Zelt auf und schaue hinaus. Von den Jugendlichen ist nichts zu sehen, der See liegt spiegelglatt da, die Sonne scheint und es ist schon richtig warm. Es wird ein schöner Tag.

Der Pole ist auch schon auf. Ich baue ab und packe gemütlich zusammen. Um halb acht fahre ich los und winke dem Polen zu. Er winkt zurück. So ist das halt.

Die Strecke überrascht mich, es ist sehr hügelig, wie im Allgäu könnte man meinen. Und die Natur hier – einzig. Wald, Lichtungen, Sümpfe, Seen, dazu blauer Himmel und eine Ruhe... so gut wie kein Verkehr. Ich warte auf Wölfe, Bären und Elche, aber nichts ist zu sehen. Sicherlich müsste man sich da an der richtigen Stelle auf die Lauer legen.

Am Drei-Länder-Eck gibts was für Touris: Einen Grenzpfahl auf einer Pflasterfläche mit den Markierungen der Grenzverläufe von Polen, Litauen und Russland. Auf den russischen Teil darf man nicht treten, steht auf einem Schild. Man darf auch nicht das russische Gebiet fotografieren. Etwa zwanzig Meter weiter hinten ist ein hoher Gitterzaun mit Stacheldraht, auf einem Masten ist eine Kamera angebracht. Ein polnisches Paar macht fleißig Fotos. Ich mache sie darauf aufmerksam, dass hier doch Fotografierverbot herrsche. Sie werden kurz stutzig und die Frau meint nur: „o.k. - with a little adrenalin..."

Wir kommen ins Plaudern, machen noch gegenseitig Fotos, mit Adrenalin eben, und gehen zurück zum Parkplatz. Dort sehen sie mein Fahrrad und plötzlich bin ich mindestens so interessant wie die Grenze.

Sie können es kaum glauben, was ich hier gerade mache... Ich bekomme einen Bildband über Polen überreicht, den sie beide herausgegeben haben... eifriges Winken zum Abschied als sie weiterfahren. Später sehen wir uns unterwegs noch einmal, und wir winken uns zu wie alte Bekannte.

An der Grenze habe ich auf einer Schautafel eine Straße entdeckt, die von hier direkt nach Litauen führt. Auf meiner Karte ist aber nirgends ein Grenzübergang eingezeichnet, nur Wald und Sumpfland. In der nächsten Ortschaft frage ich nach einer nahen Verbindung Richtung Litauen. Kein Mensch kann mir da jedoch Auskunft geben, weder in einem Laden noch Straßenarbeiter. Wenn es hier aber tatsächlich inzwischen eine Verbindung über die Grenze geben sollte, müsste ich keinen so großen Umweg machen, es wäre eine Einsparung von mindestens einem Tag und ich müsste nicht auf die belebte A5, die von Suwalky nach Kaunas führt.

Dann entdecke ich doch noch einen Wegweiser mit der Aufschrift „Litwa". Ich wage es, fahre ihm nach. Die Straße ist sehr gut, ganz neu. Sie führt zunächst nur knapp zwei Kilometer an der russischen Grenze entlang. Dann komme ich zur Grenze nach Litauen, erkennbar nur am blauen EU-Grenzschild „Lietuvos Respublika". Kurzer Fotostopp und ich lasse Polen hinter mir, ich atme litauische

Luft. Das nächste Kapitel meines Abenteuers hat also begonnen.

Ich habe das Gefühl, ich bin alleine auf der Welt. Keine Menschenseele weit und breit. Na ja, ab und zu ein einzelnes Auto, mehr nicht. Die Grenze zu Russland muss hier ganz in der Nähe verlaufen. Überall sehe ich Beobachtungstürme über dem Wald herausragen. Am besten ich bleibe mal schön brav auf der Straße. Nach ein paar Kilometern zeigt sich auf der linken Seite ein See, es ist der Viskyneckoe-See, er bildet die Grenze zu Russland. An seinem nördlichen Ende fahre ich einen Weg hinunter an einen Badeplatz. Ein paar Badegäste sonnen sich da auf einer Wiese, ein paar wenige sind im Wasser.

Keine fünf Minuten später schwimme ich hinaus und nähere mich Russland auf dem Wasserweg, es wären nur noch ein paar hundert Meter. Der See ist größtenteils von Wald umgeben. Der Wind, der von Westen herüberweht, lässt die Wellen sich kräuseln. Natürlich kehre ich nach einigen Metern wieder um. Es ist herrlich, hier zu schwimmen, das Wasser ist angenehm warm und sauber.

Ich setze mich auf einen abgestorbenen Baumstamm und lasse mich trocknen. Da werde ich von einer Frau Anfang sechzig auf Deutsch angesprochen. Auch sie möchte wissen, woher ich komme. Sie ist mit ihrer Enkelin hier und erzählt mir, dass sie immer im Wechsel für acht Wochen in München in einem Haushalt arbeitet und danach wieder nach Litauen zurückkehrt. Ihre Nichte wohne auch in München. Aber das sei teuer, die Miete betrage tausend Euro im Monat. Aber Litauen sei auch nicht billig, im Gegenteil. In München würden ihr fünfzig Euro in der Woche reichen, hier in Litauen nicht. Da kommt bei mir aber Freude auf. Ich glaube, ich mache ein richtig langes Gesicht, bin fast ein wenig geschockt. Sollten für mich nach den günstigen Preisen in Polen jetzt tatsächlich die fetten Zeiten vorbei sein? Wird es jetzt womöglich richtig teuer?

Wir wünschen uns gegenseitig alles Gute und ich schiebe mein Fahrrad über die Wiese zur Straße und fahre weiter Richtung Norden, die Grenze immer fast in Sichtweite.

In Kybartai verläuft sie am Stadtrand entlang. Kurz vor der Grenzstation biege ich nach Norden ab und verlasse die Stadt. Zuvor aber wird noch an einem Bankautomaten litauisches Geld abgehoben und im Supermarkt nebenan teilweise wieder ausgegeben. Danach bin ich beruhigt, die Preise haben mich vorerst nicht umgehauen, sie sind durchaus im Rahmen.

Es sind noch etwa zwanzig Kilometer bis nach Naumiestis. Dort habe ich vor, nach einem Zimmer mit TV zu schauen, da ich heute Abend beim Fußballspiel Deutschland gegen Brasilien dabei sein möchte. Die Straße verläuft schnurgerade. Ich komme gut voran, trotz der Affenhitze, lasse mich einfach treiben. Der Belag ist sehr gut im Vergleich zu Polen, es läuft...

Es ist eine nette Stadt. Aber es gibt hier weder ein Hotel, noch eine Pension oder etwas ähnliches, auch keinen Campingplatz. Man schickt mich weiter nach Sakiai. Das sind nochmals gut fünfundzwanzig Kilometer. Ja, was bleibt mir schon anderes übrig? Ich decke mich in einem Supermarkt mit frischem Obst und Wasser ein. Das brauch ich jetzt. Die Hitze plagt mich schon ein wenig. Ich mag gar nicht an ein kühles Zimmer und eine erfrischende Dusche denken...

Vor dem Markt dann ein letzter Versuch, ich frage eine Frau, ob sie ein Zimmer irgendwo wüsste. Au Backe, die versteht mich überhaupt nicht. Sie scheint irgendwo auf dem Feld gearbeitet zu haben, so schmutzig und verschwitzt wie sie ist. Sie redet wie ein Wasserfall und auch die Lautstärke entspricht den Niagara-Fällen. Ich verstehe absolut Null und habe den Eindruck, sie ist ärgerlich deshalb. Irgendwo hat sie aber auch recht. Da reist einer in ein fremdes Land, kann kein Wort von der Sprache und erwartet, dass die Einheimischen ihn verstehen oder wenigstens englisch mit ihm reden. Gut, wie soll ich ihr denn klar machen, dass ich derzeit fünf verschiedene Länder mit fremden Sprachen bereise und es mir unmöglich ist, diese zu lernen. Wenn ich nur wenigstens ein paar Worte Litauisch könnte...

Vielleicht erzählt sie mir auch was ganz anderes und ich bilde mir ihren Ärger nur ein. Egal, jetzt kommt ihr Mann und sie steigen in einen alten Audi ein und es ist wieder Ruhe.

Ich überstehe auch die knapp anderthalb Stunden bis Sakiai. Etwas ausgelaugt komme ich an. Hier soll es also ein Hotel geben, ist mir gesagt worden. Ich frage zwei Teenis danach, die gerade daher kommen. Sie schauen sich an, beraten sich und überlegen, schütteln den Kopf und gehen weiter... Ich glaube das einfach nicht. Mir reicht es langsam, wo bin ich denn hier hingeraten? Ich bin doch nicht irgendwo in der Pampa, das ist doch eine Stadt, da muss es doch bitteschön ein Zimmer geben?! Mein Blick wandert umher und ich sehe keine fünfzig Meter weiter das Schild eines Hotels. Na, also! Und warum wissen die beiden ‚dummen' Teenis das nicht?

Ich bekomme ein Zimmer, ein ganz nobles sogar, mit richtig schweren Möbeln. Sowieso ist das Hotel nicht gerade ein einfaches. Mich interessiert noch, wie heiß es heute ist, möchte wissen, wie viel Grad es hat und frage das Zimmermädchen. Sie scheint verstanden zu haben. Ich denke, sie geht nachschauen und hole derweil mein restliches Gepäck herauf ins Zimmer. In der Zwischenzeit hat sie mir einen Ventilator ins Zimmer gestellt – auch nicht schlecht. Hm, was interessieren die Celsius-Grade, wenn es im Zimmer schön kühl ist?

In der Nähe kann ich einkaufen. Kühle Getränke sind heute sehr wichtig.

Ich schalte den Fernseher ein und registriere, dass ich die Uhr eine Stunde vorstellen muss. Auch gut, dann beginnt der Kick eben erst um 23.00 Uhr. Das Aufbleiben lohnt sich. Den historischen Sieg gegen Brasilien bekomme ich natürlich nur auf Litauisch geliefert. Schade nur diesmal, dass ich die ganzen Kommentare nicht verstehe. Und so kommt es, dass ich bei einem Tor meine, die Wiederholung zu sehen und erst verspätet begreife, dass es ein weiterer Treffer ist. Ich kann mein Glück mit niemandem teilen, muss alleine damit fertig werden. Aber das ist mir wirklich egal! Wir sind im Endspiel!

Mittwoch, 9. Juli 2014

Um 8.30 Uhr litauischer Zeit geht es bei herrlichstem Wetter los. Noch ist es nicht heiß. Der Straßenbelag ist gut, Kurven gibt es freilich auch kaum und der Wind kommt von der Seite. Ein Tag zum Strecke machen. Die Landschaft beeindruckt wie gehabt. Ich überquere die Memel auf einer langen Brücke bei Jurbarkas. Sie ist hier knapp dreihundert Meter breit. Die Stadt streife ich nur am Rande. Auch danach geht es meist schnurgerade weiter durch den Wald, etwas ‚alaska-like' ist das.

Unterwegs überholt mich ein junger Litauer. Er hat einen Triathlon-Lenker und auch ziemlich Gepäck dabei. Wir fahren kurz nebeneinander her. Leider verstehe ich ihn kaum, von Kaunas kommt er her. Dann tritt er heftig in die Pedale und ist bald nur noch als kleiner Punkt weit vorne zu sehen.

Einige Zeit später ist fast am Horizont wieder ein kleiner Punkt zu sehen. Mit dem Näherkommen erkenne ich ein Fahrrad, das sich dann nach einer Weile als voll bepacktes Tandem entpuppt. Ein junges Paar kommt mir da entgegen. Wir winken uns zu, lachen einander an und schon im nächsten Moment sind wir aneinander vorbei und wieder alleine in dieser einsamen Radlerwelt. Ja, so läuft das eben ab.

In Viesvile, einer kleinen Ortschaft knapp zwei Kilometer entfernt von der Memel, die hier die Grenze zu Russland bildet, kaufe ich in einem kleinen Laden ein. Mein Kleingeld halte ich der hübschen jungen Verkäuferin an der Kasse mit der Hand hin. Sie kennt die Münzen besser als ich und kann sich schnell heraussuchen, was sie braucht. Dieses Verfahren hat sich schon in Polen oft bewährt. Doch diesmal ist es ein wenig anders. Ich weiß nicht, vielleicht liegt es auch daran, dass ich den Handschuh noch anhabe, jedenfalls muss die junge Frau herzhaft lachen, als sie mir das Geld aus der Hand liest. Sicherlich kommt sie sich vor wie bei Aschenputtel. Ich finde es schließlich auch lustig und am Ende lachen wir beide...

Im Schatten der Bäume neben dem Laden trinke ich meine Cola, esse einen Joghurt und eine Art Hefezopf dazu. Da vernehme ich aus der Ferne Stimmen. Ich verstehe kein Wort, aber die Sprachmelodie ist mir vertraut. Eine ältere Frau und ein kleines Mädchen kommen daher. Dann jedoch verstehe ich das Wort „Erdbeer-Eis". Ja, hör ich richtig? Das ist ja tatsächlich deutsch! Natürlich mische ich mich in das Gespräch ein. Es ist doch die Gelegenheit, mal wieder deutsch zu reden und nicht immer nur deutsch zu denken. Die Oma wohnt hier in Litauen, das Enkelchen ist aus Köln und verbringt die Ferien bei der Oma, die noch ganz gut deutsch kann. Auf ihre Frage versichere ich ihr, dass mir Litauen gefällt und ein schönes Land ist. Das freut sie sichtlich und sie wünscht mir eine gute Zeit „in unserem scheenen Litauen".

Ich fahre durch Silute, das frühere Heydekrug. Verweile mich nicht groß. Kaufe nur kurz etwas zu trinken und ein wenig Obst, die Hitze erfordert das. An einer Parkbank mache ich Pause, genieße die Weintrauben und ein süßes Stückchen. Da werde ich von einem etwas alkoholisierten Halbstarken angesprochen. Irgendetwas will er von mir. Ich verstehe natürlich absolut nichts, sage nur „ja, ja" und deute ihm an, er solle mich in Ruhe lassen. Ich finde ihn ganz schön lästig. Glücklicherweise werde ich von ihm schließlich verstanden und er trollt sich.

Ich möchte ins Memeldelta und dort dann nach einer Möglichkeit schauen, wie ich auf die Kurische Nehrung hinüber kommen kann. Bei meinen Reisevorbereitungen übers Internet bin ich nicht recht schlau geworden, von wo aus ein Schiff fährt. Aber in der Gegend hier wird man es wohl wissen. In Rusne soll sogar ein Campingplatz sein, es ist jedenfalls einer auf der Karte eingetragen. Ich fahre ein paar Kilometer weit durchs Delta, komme zur Memelbrücke und sehe davor ein Schild „Kemping". Nach hundert Metern gabelt sich der Schotterweg, links oder rechts jetzt? Kein weiterer Hinweis ist zu sehen. Ich drehe um und fahre mal lieber über die Brücke und nach Rusne hinein. Doch dort stellen sie sich an wie vom Mond. Keiner sagt mir, wo man hier in der Gegend zelten könnte. Ich fülle sicherheitshalber mal meine Essensvorräte auf. Denn wer weiß, wo ich heute noch lande...

Endlich finde ich ein Privatgrundstück am Ortsrand direkt an der Memel. Hinter einem Wohnhaus gibt es hier einen großen Rasenplatz und einen Bootsanleger, es scheint eine Art Campingplatz zu sein. Außer einem kläffenden Hund ist aber niemand zu sehen. Am Haus stehen alle Türen offen. Ich gehe durch eine hinein und komme in einen Aufenthaltsraum mit großen Tischen und Bänken.

Niemand zu sehen. Auch der Nachbar kann mir nicht weiterhelfen. Er zuckt mit den Schultern, seltsam, dass niemand da ist. Auf der anderen Seite der Memel könne ich es auch noch versuchen, meint er. Gut, dann gehe ich halt wieder.

Also zurück über die Brücke und gleich bin ich wieder an der Gabelung von vorhin. Ich denke, es muss rechts irgendwo am Fluss sein, dort habe ich von der gegenüberliegenden Seite ein paar Leute gesehen. Auf einem Schild steht „1,8 km". Ich quäle mich im Schritttempo die sandig-kiesige Piste entlang, kann mich kaum auf dem Rad halten. Auf beiden Seiten die reinste Wildnis, ab und zu unterbrochen von einer Weide mit Pferden. Ein Auto kommt mir entgegen, eine riesige Staubfahne hinter sich herziehend. Ich halte es an. Der junge Mann skizziert mit dem Finger den Weg zum Zeltplatz in den Sand. Es ist nicht mehr weit. Nach fünf Minuten entdecke ich direkt am Ufer ein großes Grundstück mit mehreren Blockhütten, einem Volleyballplatz und ein paar Grillstellen. Aber auch hier ist kein Mensch zu sehen. Lediglich vor einer der Blockhütten steht ein Passat mit litauischem Kennzeichen.

Ich hol jetzt erst mal eine Dose Bier aus der Tasche, bevor sie warm wird. Außerdem habe ich Hunger. Deshalb setze ich mich an eine der Grillstellen und vespere. Vielleicht kommt ja inzwischen jemand.

Und nach dem Vesper geht es nicht lange und ich plansche in der Memel. Das Wasser ist richtig warm, gerade noch erfrischend. Weit hinaus traue ich mich aber nicht. Sechs bis sieben Meter vom Ufer weg ist die Strömung bereits so stark, dass ich ernsthaft dagegen anschwimmen muss. Genau 140 Rad-Kilometer waren es heute und über sieben Stunden war ich bei dieser Hitze im Sattel, da tut das Schwimmen wirklich gut.

Die Sonne steht schon tief. Weit draußen, etwas stromabwärts, beobachte ich ein Fischerboot. Es ist ein schönes Fotomotiv im Gegenlicht. Die warmen Farben, die absolute Ruhe, es fasziniert mich immer wieder aufs Neue. Am sandigen Ufer versammeln sich Schwalben und Bachstelzen. Die pure Idylle!

Etwas später legt das Boot hier am Ufer an. Zwei Männer steigen aus. Ich frage sie nach dem Chef des Platzes oder wo ich mich anmelden könne. Sie seien nur zu Besuch hier, der Chef komme nur am Wochenende, aber er telefoniere mit ihm, sagt mir der eine. Kurz darauf gibt er mir zu verstehen, dass ich die Camping-Gebühr, 30 Litas oder 10 Euro bei ihm bezahlen könne. Ganz schön teuer, entgegne ich, zumal ich weder Dusche noch Toilette hier habe. O.k., dann würden 20 Litas genügen, meint er und ich bin in dem Moment überzeugt, dass die nicht weitergegeben werden. Aber mir ist es letztlich egal. Hauptsache ich habe das Gefühl, mein Soll erfüllt zu haben.

Sie putzen den Hecht, den sie gefangen haben und lassen sich ihn am Feuer schmecken.

Mit den Schnaken gehts eigentlich, sie sind nicht sehr lästig. Am Ufer schaukelt ein großes Motorboot in den Wellen. Ich gehe einfach mal an Bord und trinke noch ein Feierabendbier in einem der Plastiksessel auf dem Deck. Um das Boot herum schwimmen jede Menge Fische. Es herrscht absolute Stille. Der ganze Himmel färbt sich in die verschiedensten Rottöne. Seele baumeln lassen, so sagt man wohl dazu...

Die restliche Zeit verbringe ich mit Fotografieren. Der Sonnenuntergang am Wasser liefert genug Fotomotive.

Aus dem Außenbordmotor des Fischerbootes läuft Öl aus. Es bilden sich meterlange, farbige Schlieren, die sich anfangs langsam und widerwillig, dann aber doch immer schneller mit dem Strom ins Haff tragen lassen. Das stört hier niemanden... Auch das sind Fotomotive, wenn auch recht zweifelhafte.

Im Zelt ist es sehr warm, eigentlich viel zu warm zum Schlafen, aber irgendwann bin ich dann doch weg und schlafe ganz gut diese Nacht.

Donnerstag, 10. Juli 2014

Um 7.00 Uhr stehe ich auf. Da steht plötzlich einer der beiden Angler am Zelt und sagt mir, dass ich Dusche und Toilette der mittleren Blockhütte benutzen könne: „it is for you, dusch and toilett!" Klar nutze ich das Angebot. Das Duschen lasse ich zwar ausfallen, ich war ja gestern Abend ausgiebig in der Memel... Die Hütte hat ein großes Wohnzimmer mit Küchenecke und sogar eine kleine Sauna und im Obergeschoss stehen vier Betten.

Die beiden, Juzas und Jonas, bieten mir dann noch einen Kaffee an und wir unterhalten uns ganz nett. Sie wohnen in der Nähe von Vilnius und kommen öfter hierher zum Angeln. Sie geben mir noch (unsichere) Infos über Fährmöglichkeiten nach Nida und decken mich zudem mit Tourenvorschlägen für das Delta ein. Sowohl hier von Rusne aus, als auch ab Uostadvaris weiter draußen im Delta, würden wohl Schiffe zur Nehrung fahren. Dann werde ich bestimmt eines finden. Sie telefonieren noch mit jemandem und bekommen bestätigt, dass ab Rusne täglich um 9.00 Uhr ein Schiff fährt.

Während sie ihren Kombi beladen, schreibe ich am Tourentagebuch weiter. Es gibt noch ein gemeinsames Abschiedsfoto und dann bin ich wieder mal alleine auf der Welt, weitab von jeglicher Zivilisation, könnte man fast meinen. Nur die Putzfrau schaut noch nach dem Rechten, nimmt aber kaum Notiz von mir.

Ich fahre nun zum dritten Mal über die Memelbrücke. Unten tuckert ein Ausflugsboot flussabwärts. Abfahrt in Rusne war sicher um 9.00 Uhr. Dieser Zug ist mir jetzt also raus... egal. Ich möchte mir doch sowieso erst noch das Delta anschauen. Durch Rusne hindurch nach Pakalne komme ich auf guter geteerter Straße. Dann aber wirds anders. Kilometerweit fahre ich im Schritttempo auf der wellblechartigen Schotterpiste. Schotter wäre vielleicht noch gut, das hier ist mehr ein Gemisch aus Kies und Sand. Oft muss ich absteigen, weil die Räder keinen Halt haben und ich wegrutsche. Viehweiden mit schwarzbunten Rindern und Störchen, kleine Gehöfte, Alleen, Buschland und Schilf wechseln sich ab, alles flaches Land.

Das GPS zeigt mir minus zwei Meter an! So weit bin ich also schon heruntergekommen, das ist jetzt quasi der Tiefpunkt der ganzen Reise, wenn man so will...

Dann werde ich von Seeschwalben fast angegriffen. Vermutlich bin ich ihrem Brutgebiet zu nahe gekommen, oder habe ich einfach ihre Neugier geweckt? Gut möglich, dass sie in ihrem Leben noch nie einen Radler gesehen haben. Jedenfalls bildet sich im Nu ein Schwarm von bestimmt zehn bis fünfzehn Vögeln, die über mir laut schreiend kreisen und fünf bis sechs Meter über mir im Rüttelflug stehen bleiben. Ich bleibe auch stehen, Angst habe ich als alter Vogelfreund keine, habe ja auch den Radhelm auf, und mache den Foto klar. Aber bevor mein Autofokus scharf gestellt hat, verflüchtigt sich der ganze Auflauf wieder. Irgendwie ein bisschen schade.

Ich kämpfe mich durch nach Uostadvaris, einem kleinen Flecken bestehend aus ein paar Häusern und zerfallenden Gebäuden, vermutlich ehemaligen Ställen. Es ist schon trostlos hier, trotz der asphaltierten Straße. Kaum bin ich im Ort, sehe ich schon das Ortsendeschild vor mir, und wo ist eigentlich die Schiffsanlegestelle?

Ich fahr mal in die entgegengesetzte Richtung. Das GPS zeigt mir etwas an, was wie ein Anleger aussieht, könnte eine Mole sein. Dann sehe ich in der Ferne einen Leuchtturm. Richtig, ich erinnere mich. Die beiden Litauer heute Morgen haben was von einem Leuchtturm gesprochen. Kurz davor frage ich eine Familie nach dem Schiff. Sie kennen sich nicht aus: "We tourist". Aber am Leuchtturm gäbe es zwei Frauen...

Tatsächlich. Die beiden sind schon etwas älter, sprechen auch deutsch. Sie sagen mir, dass von hier aus, und nur von hier aus und niemals von Ventaine, nein niemals von dort, betonen sie, ein Schiff zur Nehrung fahre. In zwei Stunden käme die „Forelle" von der Nehrung herüber, bleibe zwei Stunden hier und fahre dann wieder zurück. Da könne ich mitfahren, mit der „Forelle" sei auch schon Adolf Hitler gefahren... Also gut, bevor ich gar nicht nach Nida komme - aber ich hätte eigentlich schon gerne noch Minija in der Nähe hier besucht. Das liegt beiderseits eines Kanals und gilt als das Venedig des Nordens oder so ähnlich. Nun, dann halt nicht. Es entwickelt sich eine nette Unterhaltung mit den beiden auf der Bank vor dem kleinen malerischen Leuchtturmwärterhäuschen. Die eine sagt dauernd, dass sie in vier Jahren achtzig werde.

Zwischendurch darf ich auf den Turm hinaufsteigen und mir die Gegend von oben anschauen. Unten fließt die Memel vorbei. Mein Blick geht über das Delta hinüber aufs Haff, ganz hinten ist die Kurische Nehrung mit den Sanddünen zu erkennen.

Die ‚Baldachtzigerin' hat zwölf Jahre lang einen offenen Fuß gehabt. Sie zeigt ihn mir: "Sähen Se, dorten warr alles offen gewääsen..." Man habe amputieren wollen. Aber „ich hatte für mich gedenkt gehabt, ich bin doch nich bleede, niemals, nein..." Es ist alles verheilt und sie hat noch viele Jahre bei der „Alten Leipziger" geschafft, jetzt heißt alles „Ergo". Die „Allianz" kennt sie auch. Von der „Allianz" waren früher auch hohe Herren hier. Einer war sogar ein ganz feiner...

Plötzlich sagt sie: "Dorten kommt noch ein anderes Schiff. Mit dem können Se auch faahrn". Ich solle den Käptn fragen, ob er mich mitnimmt.

Ein kleines Ausflugsboot wendet und legt an. Eine Touristengruppe geht an Land und besteigt den Leuchtturm. Ich will hinunter zum Kapitän und fragen, ob ich mitfahren könne. Sie rät mir, ich solle warten, er komme nachher herauf ans Haus. So ist es tatsächlich, und sie fragt ihn dann selber und ich habe meine Fähre:

Der Kapitän der „Lana" bietet mir an, zusammen mit der Touristengruppe das Pumpwerk nebenan zu besichtigen, sie würden dann anschließend nach Minija hinüber fahren, dort einen Spaziergang machen und zum Schluss auch noch picknicken. Oder aber ich müsse hier am Leuchtturm warten und sie würden mich dann später hier abholen. Nicht eine Sekunde zögere ich jetzt, das nennt man eine Glückssträhne... eine Schifffahrt durchs Delta und auch noch nach Minija und sogar noch etwas zum Essen, das wird schön!

Das Pumpwerk ist nicht mehr in Betrieb. Früher hat man damit das Wasser aus dem tiefer liegenden Delta praktisch in die Memel hochgepumpt. Heute geschieht dies durch moderne automatische Pumpen. Die meisten in der Gruppe sind Deutsche, weshalb die Führung auf Deutsch abläuft, sehr schön.

In Minija bin ich bei der Ortsbegehung dabei, ein alter Friedhof und die ehemalige Schule sind die hauptsächlichen Sehenswürdigkeiten. Danach gibt es in einem Garten aus der Gulaschkanone Hühnersuppe mit Kartoffeln und viel Dill, sowie heiße Würstchen, rohes Gemüse und Brot, dazu lauwarmes Bier.

Auf der Überfahrt über das Kurische Haff werde ich dann fast zur kleinen Attraktion, als man mein Fahrrad vorne am Bug endlich wahrnimmt. Man will das Übliche wissen, woher ich komme und wohin die Reise geht. Immer wieder kommt jemand her und fragt mich. Dann darf ich noch Modell stehen, sie wollen ein Erinnerungsfoto für zu Hause. So einen Abenteurer trifft man schließlich nicht alle Tage. Mit einer netten Frau aus Leipzig unterhalte ich mich dann etwas länger und erzähle ihr, dass ich von meinen Töchtern angehalten worden bin, nicht nur zu fotografieren, sondern alles fein säuberlich in einem Tagebuch aufzuschreiben. Daraufhin möchte sie meinen Namen wissen, falls ich wirklich mal ein Buch schreibe und veröffentliche, damit sie es dann auch kaufen könne. Das würde sie schon interessieren... und ich freue mich!

Die Ankunft in Nida vom Wasser her beeindruckt mich sehr, besonders die Hohe Düne links im Hintergrund, und ich bin jetzt gleich tatsächlich auf der Kurischen Nehrung! Ist es anmaßend, wenn ich mich frage, ob die Amerika-Auswanderer damals bei der Ankunft in New York vielleicht ähnliche Gefühle hatten?

In Nida bekomme ich übers Tourist-Büro die Unterkunft meines Lebens. Zugegeben, ich habe nach einem einfachen Zimmer gefragt. Unterm Dach eines Einfamilienhauses nächtige ich in einer Kammer, anderthalb Meter breit und knapp vier Meter lang mit schräger Wand und einem kleinen dreieckigen Fenster an der Stirnseite. Im Vermittlungsbüro sagte man mir noch, falls ich nicht zufrieden sei, könnte ich ja noch einmal vorbeikommen, sie hätten noch zwei Stunden geöffnet... Also, für eine Nacht o.k., aber ich wollte eigentlich zwei Nächte in Nida verbringen, ob ich das so mitmache? Zwei Betten stehen da, hintereinander, eines zum Schlafen, eines als Gepäckablage, mehr Platz gibt es nicht.

Ich schlendere durch das Städtchen in Richtung Hohe Düne. Über steile Treppen im Wald kommt man hinauf. Als ich oben aus dem Wald trete und den steilen Weg im Sand weitergehe, meine ich fast, ich besteige einen Dreitausender. Der helle Sand, der bis in den blauen Himmel reicht, erinnert sehr an einen Schneehang im Hochgebirge. Die Aussicht von da oben muss ich erst eine Weile auf mich wirken lassen. Auf der einen Seite der Düne das Haff, auf der anderen die Ostsee, weißer Sand und blaues Wasser, weiße Wolken und blauer Himmel.

Ich fotografiere ohne Ende bis dann aus heiterem Himmel ein Wolkenbruch dem Ganzen doch ein schnelles Ende bereitet. Sicher sind um die hundert Menschen hier oben, keiner hat mit diesem Regen gerechnet. Unter jeden Baum drückt man sich, steht eng beieinander, aber es nützt nicht viel, die Kiefern halten kaum etwas ab, wir werden alle nass.

Und dann versuche ich, in meiner engen Dachkammer die Nacht rumzukriegen. Seltsamerweise muss ich die ganze Zeit an einen früheren Fußballstar denken...

Freitag, 11. Juli 2014

Die Nacht ist ganz gut vorbeigegangen. Ich habe sogar geschlafen und entschließe mich, noch eine Nacht zu bleiben. Warum soll ich aus Nida flüchten? Einmal im Leben hier sein, das Zimmer brauch ich ja nur zum Übernachten. Und das geht ja zur Not... Aber irgendwie habe ich den Eindruck, dass ich die Suppe gestern beim Picknick nicht recht vertragen habe. Jedenfalls kommt mein Darm nicht mit ihr klar.

Das Wetter ist heute mal nicht so sommerlich wie die letzten Tage. Es fehlt die Sonne und mit ihr die Farben. Ich bin froh, dass ich gestern gleich zur Hohen Düne gegangen bin. Dann mach ich heute mal einen Ruhetag und erkunde die Gegend um Nida. Zuerst ist der Strand drüben an der Ostsee dran. Ein kühler Wind weht, die Sonne kämpft verzweifelt. Wenn sie mal zwischen den Wolken durchkommt, ist es gleich ganz angenehm. Es gibt einzelne Badende, das sind absolut keine Weicheier. Mich bringt aber heute keiner ins Wasser. Ich setze mich in den Sand und beobachte das Treiben und mache mir bewusst, wo ich eigentlich bin. An der Ostsee auf der Kurischen Nehrung, mit dem Fahrrad, ich zwicke mich in den Oberschenkel, ich träume nicht, es ist Wirklichkeit!

Eine junge Frau kommt am Wasser entlang. Ich sage „hallo", keine Reaktion. Ich versuchs mit „Seniora". Sie schaut her und lacht, als sie mich erkennt. Es ist die junge Spanierin, die gestern auch auf der „Lana" war. Sie setzt sich zu mir in den Sand. Sie stammt aus der Gegend von Santiago de Compostella, arbeitet aber in Litauen und wohnt in Vilnius. Der Liebe wegen ist sie in Litauen geblieben, das hat sie gestern auf dem Schiff verraten. Sie ist irgendwie in der Entwicklung tätig und war beruflich schon in Asien. Heute ist ihr letzter Urlaubstag, am Nachmittag fährt ihr Bus. Deshalb ist sie nochmals ans Meer gegangen, um sich von ihm zu verabschieden...

In der Nähe des Hafens treffe ich dann doch noch richtige „Radl-Touris". Ein junges Pärchen aus Minden. Sie sind mit einem Frachter von Kiel aus nach St. Petersburg gefahren und jetzt auf dem Weg nach Hause. In St. Petersburg waren sie ein paar Tage, zwei hätten ihnen aber auch gereicht. Sie klingen nicht gerade begeistert... Ein paar Litas, die sie übrig haben, lassen sie mir da. Sie fahren ja nach ein paar Kilometern gleich über die russische Grenze nach Kaliningrad.

Es führt ein sehr schöner Radweg nach Norden. Ich möchte mir die Tote Düne anschauen. Ein schottriger Weg führt durch den Wald bis ganz nach oben. Die Aussicht ist grandios. Der Blick geht übers Haff bis zum Festland, die Wälder der Nehrung und über die Ostsee. Schade nur, es ist inzwischen hoffnungslos bewölkt, alles mehr oder weniger grau in grau.

Ich fahre weiter Richtung Preila und ahne nicht, als ich mich dazu entschließe, dass ein absolutes Highlight der Tour auf mich warten sollte. Auf dem asphaltierten Weg geht es meist geradeaus durch den Kiefernwald. Nur wenige Radler sind unterwegs. Weit vorne sehe ich einen Mann stehen, er schaut ganz bewegungslos in den Wald hinein. Schon bin ich an ihm vorbei, da sehe ich keine fünfzehn Meter vom Weg entfernt einen jungen Elchbullen stehen. Wahnsinn! So ein Glück! Schnell, aber mit ruhigen Bewegungen hole ich den Foto heraus. Der Elch hat die Ruhe weg, frisst ungestört Blätter von den Büschen, schaut ab und zu herüber zu uns. Weitere Radler bleiben stehen, aber das ist ihm völlig egal. Absolute Stille. Es ist ein Erlebnis, so einem großen Tier in freier Wildbahn aus nächster Nähe beim Fressen zuschauen zu können.

Preila reißt mich nicht vom Hocker, sicherlich liegts auch am grauen Wetter. Es ist richtig stürmisch geworden, im Wald hat man das gar nicht bemerkt. Auf der Rückfahrt biege ich in einen Waldweg ein, der zum Haff führt. Ich gelange an einen Grillplatz direkt am Ufer, der Wind kommt aus Osten vom Festland und peitscht das Wasser in hohen Wellen durch das Schilf. Auch das ist ein beeindruckendes Naturerlebnis, das durch die Einsamkeit noch verstärkt wird...

Ganz in der Nähe meiner Unterkunft steht das Thomas-Mann-Haus. Eine ganze Busladung Menschen drückt sich hinein. Anscheinend muss man das gesehen haben, wenn man nach Nida kommt. Am Kiosk beim dazugehörenden Parkplatz kaufe ich eine Ansichtskarte samt Briefmarke und schaffe es, mit dem beginnenden Regen gerade noch rechtzeitig nach Hause zu kommen.

Am Tisch vor dem Haus sitzt meine Gastgeberin unter einem kleinen Vordach und isst Suppe. Ob ich auch einen Teller Fischsuppe wolle, fragt sie mich. Sie sei selbst gemacht und sie sieht auch ganz lecker aus. Doch mir ist derzeit nach fast allem, nur noch nicht nach Suppe. Aber wie mache ich ihr das verständlich? Ich zeige auf meinen Bauch und ziehe die Nase hoch, ich hätte gestern schon eine Suppe gehabt... „I have a great problem". Sehr schade, für eine Suppe bin ich sonst immer zu haben.

Samstag, 12. Juli 2014

Es ist vorbei mit dem schönen Wetter. Die ersten Tropfen fallen, als ich das Rad packe. So gegen 9.00 Uhr verlasse ich Nida. Die Fahrt geht heute 60 Kilometer auf der Nehrung nach Norden.

Mir ist die Suppe vorgestern beim Picknick definitiv nicht bekommen... also sie hat gut geschmeckt, etwas gewöhnungsbedürftig war sie durch den vielen Dill... aber für meinen Darm war sie nichts. Wie soll das jetzt gehen? Regenhose an und Poncho darüber, dazu das Gehoppele auf dem Fahrrad, und dann pressierts womöglich plötzlich noch!... Ich rufe für mich den Notfall aus und schlucke zwei Tabletten, die mir mein Hausarzt für diesen Fall verschrieben hat. Die Folge ist, mein Darm beruhigt sich nicht nur, ich habe den Eindruck, er stellt seine Tätigkeit komplett ein.

Soweit ist alles klar. Nur das Wetter bietet bis zur Mittagszeit Dauerregen, nicht stark, aber doch so, dass man recht nass wird. Der Radweg ist hier auf der Nehrung sehr schön angelegt, abseits der Straße mit vielen Kurven und leichten Anstiegen und Abfahrten, meist durch Kiefernwald und manchmal auch durch Heide am Deich entlang. Lange Zeit sehe ich keinen Menschen. Denke mal wieder, ich bin hier ganz allein auf der Welt. Erst als später der Regen aufhört, sind noch einige Radler mehr unterwegs.

Ab und zu steige ich eine der Treppen hinauf auf den Deich, genieße die Aussicht aufs Meer, oder gehe auf der anderen Seite hinunter an den menschenleeren Strand und genieße die Einsamkeit inmitten rauer Natur...

Schließlich erreiche ich die Personenfähre, die von Smiltyne nach Klaipeda (Memel) hinüber fährt. Bestimmt 300 Leute fahren da mit. Wo die alle plötzlich herkommen? Die Überfahrt dauert nur wenige Minuten. Eine Menschenmenge wie nach einem Fußballspiel bewegt sich anschließend Richtung Innenstadt. Ich lasse mich mittreiben und finde die Tourist-Info schnell. Ein Quartier im Zentrum wäre mir jetzt ganz recht...

Doch zuerst mache ich mich auf die Suche nach der NAK. Etwa vier Kilometer folge ich einer stark befahrenen Straße und finde sie schließlich weit außerhalb des Zentrums. Eine sehr große Kirche, fast ein wenig stolz steht sie da. Ein älterer Mann sammelt auf dem nicht abgezäunten Grundstück Papier auf. Am Eingang hängt ein Schild mit den Gottesdienstzeiten, aber wer übersetzt mir das? Ich spreche den Mann an, verstehe kein Wort. Da kommt eine jüngere Frau heran. Ich frage sie, ob morgen, wie ich vermute, um 10.00 Uhr Gottesdienst sei. Ja, sie versichert es mir mehrmals leidlich auf Englisch. Und das um 15.00 Uhr sei „for the old", also Senioren-Gottesdienst, und erst im

August... Das reicht mir. Ich fahre los zur Tourist-Info.

Ich bekomme ein Zimmer gleich um die Ecke in einem kleinen schmucken Hotel. Etwas teuer, aber mit Frühstück und im Zentrum, in der Altstadt. Und mit Fernseher, denn morgen Abend ist doch großes Finale, das WM-Endspiel Deutschland gegen Argentinien. Ich buche gleich für zwei Nächte. Auch wegen meiner leidigen Darmgeschichte, im Zimmer ist nämlich auch eine Toilette.

Nach dem Duschen schlendere ich durch die Stadt und bereits nach zwei Stunden habe ich das Gefühl, das meiste gesehen zu haben. Es regnet nicht mehr, aber es ist kühl. Man kann jedoch an windgeschützten Stellen schon noch gut draußen sitzen. Ich nehme am Hafen auf einer Terrasse Platz. Der junge Kellner kann mir nicht erklären, was heute die Tagessuppe ist, jedenfalls ist es nichts mit Fisch. Ich bestelle eine und dazu noch handgemachte Fleischbällchen aus Rindfleisch mit Bratkartoffeln. Nach einer Weile serviert er mir als erstes einen Teller mit einem Burger und Pommes und gleich dazu einen mit der Suppe. Ich mache wohl ein sehr verdutztes Gesicht, denn bevor ich etwas sagen kann, erklärt er mir, dass ich hätte sagen müssen, zuerst die Suppe und als zweites das andere Essen. Er weiß also sehr wohl, dass es so nicht in Ordnung ist. Ich diskutiere nicht, das bringt nichts, schüttle nur den Kopf. Für mich steht fest, dass er noch viel lernen muss, er ist ja noch jung... und esse zuerst die warme Suppe und als zweites den Burger und die Pommes, inzwischen zwar nicht eiskalt, aber halt lauwarm. Eiskalt ist später nur der Verzicht aufs Trinkgeld. Dafür bekomme ich dann logischerweise eine ganze Handvoll Rückgeld, lauter kleine Münzen...

Sonntag, 13. Juli 2014

In der Nacht ist es immer wieder sehr laut auf der Straße, Geschrei bis in den hellen Morgen. Nun gut, dafür wohne ich in der Altstadt. Meine Darmgeschichte ist noch nicht vorbei. Schade, am Frühstücks-Buffet muss ich mich sicherheitshalber doch etwas zurückhalten.

Um 9.15 Uhr gehe ich los, es regnet gerade nicht, und nehme mir am Theaterplatz beim Denkmal des „Ännchen von Tharau" ein Taxi zur NAK. Entsprechend früh bin ich dann auch da und werde auf Deutsch begrüßt. An was erkennen die eigentlich immer, dass ich Deutscher bin? Der Dienstleiter wünscht mir „ein schönes Gottesdienst". Nachdem ich gestern noch den Anschlag an der Türe bzgl. des Senioren-Gottesdienstes gesehen habe, bin ich voller Erwartungen hierher gekommen und bin jetzt über die wenigen Besucher in der riesigen Kirche überrascht. So eine große Kirche... es sind vielleicht zwanzig Personen hier, überwiegend ältere und es ist ein Geschnatter wie auf einem Marktplatz. Selbst als in der ersten Reihe fünf Frauen und ein Mann anfangen zu singen, wird weiter geplappert. Die Orgel bleibt unbesetzt. Andere Länder eben...

Nach und nach singen auch die anderen. Und so laut bisher das Geplapper, so leise später dann das „Amen" zwischendurch. Von der Predigt verstehe ich kein Wort. Am Schluss singt der „Chor" dann noch ein Lied. Das ist für mich halt der Gottesdienst. Es hat sich gelohnt. Ich werde verabschiedet mit „alles Gute", es geht mir auch wirklich gut. Ja, so ist das eben, das kenne ich inzwischen: Der Geist, der Verstand hat nicht viel mitbekommen, aber die Seele freut sich richtig!

Es ist bewölkt, regnet aber nicht mehr. Während dem Gottesdienst waren die Fenster ganz geöffnet, draußen hat es eine zeitlang richtig gekübelt. Nach einer Stunde Fußmarsch bin ich wieder im Hotel.

Stadtschlendern steht nun wieder auf dem Programm. Der Weg führt ins Bernsteinmuseum in der Nähe. Da gibt es eine Menge zu bestaunen. Was man aus Bernstein alles machen kann! In Schaukästen, die mit Vergrößerungsgläsern versehen sind, kann man die verschiedensten Einschlüsse betrachten. Fotografieren ist leider verboten. Fast alles wird auch zum Kauf angeboten. Aber das scheidet für mich aus, ich habe keinen Platz für ‚großes' Gepäck...

Heute ist der 32. Tag meiner Reise. Habe 64 Tage kalkuliert für die ganze Strecke. Laut Radführer sind es noch 1.310 Kilometer. Ich bin ganz gut unterwegs. Mein Taschenrechner zeigt es mir an: noch 41 Kilometer pro Tag oder eben 80 Kilometer und 16 Ruhetage....

Am Hafen gibt es eine Drehbrücke, die von Hand bedient werden muss. Zwei Männer sind dafür zuständig, ein junger und ein alter, Lehrling und Lehrmeister, so könnte man meinen. Das ist schon mal eine Attraktion. Aber es gibt an der Brücke noch eine zweite: Zuerst sehe ich nur einen Schatten vorbeihuschen, aber dann ganz genau: ist es tatsächlich ein Fischotter? Ich sehe zwar deutlich die Schwimmhäute zwischen den Zehen, aber ich glaube, es ist eher ein Mink, ein Amerikanischer Nerz. Die soll es hier nämlich auch geben. Er turnt im Gestänge unter der Brücke herum, taucht mal hier auf und mal da. Sofort ist eine ganze Schar Schaulustiger versammelt. Väter erklären ihren Kindern, das sei ein Marder, andere wissen aber, es ist ein Frettchen. Auf alle Fälle ist er ganz putzig, der Kleine.

Ein Angler kommt daher und jetzt ist auch klar, worauf das Tier gewartet hat. Aus einem Eimer bekommt es einen kleinen Fisch zugeworfen, schnappt ihn und verschwindet damit unter der Brücke, um kurze Zeit später wieder zu erscheinen und den nächsten Fisch in Empfang zu nehmen. So lässt es sich natürlich gut leben.

Die Sonne kommt hervor, sofort sieht alles ganz anders, viel farbiger und freundlicher aus. Zwei große Schiffe fahren hinaus auf die Ostsee, eines kommt herein in den Hafen. Und zahlreiche kleine Personenschiffe laufen ein, vollbesetzt wie Flüchtlingsboote. Sie kommen von der Nehrung herüber. Also dort muss ja was los gewesen sein heute.

In einem Straßenrestaurant unweit des Hotels gibts Gutes zu essen, auch ein Pancake mit Bananu zum Nachtisch ist noch drin.

Und danach ist Fußball angesagt. Ich verfolge das Spiel im Hotelzimmer. Irgendwann dann draußen auf der Straße lauter Torjubel, dort ist anscheinend Public Viewing, und Sekunden später schießt Argentinien ein Tor. Schock! Glücklicherweise gilt es nicht, es war Abseits! Trotzdem bin ich über den Jubel überrascht, in Litauen ist man wohl für Argentinien?! Und mich stört noch etwas: den Jubel draußen habe ich mindestens drei bis vier Sekunden früher gehört, als ich das Tor im Fernseher gesehen habe. Mein Fernseher hier hat wohl eine lange Leitung...

Es gibt Verlängerung. Und in dieser läuft Schürrle mit dem Ball am Fuß am linken Flügel nach vorne... „Tor! Tor! Tor!" Wieder Jubelschreie auf der Straße... Sekunden später endlich kommt die

Flanke und Götze schießt das Traumtor zum Sieg. Und jetzt könnte auch ich jubeln, wenn ich es nicht schon lange, mindestens drei bis vier Sekunden vorher gewusst hätte... das mit dem Tor. Mich freut aber auch, dass ich nicht der einzige hier bin, der sich freut, wenn Deutschland ein Tor schießt. Noch ein paar lange Minuten und dann ist das Spiel aus. Wir sind Weltmeister! Wer hätte es gedacht?!

Montag, 14. Juli 2014

Blauer Himmel, dann wolkig und später noch Regen. So präsentiert sich das Wetter heute. Um 9.30 Uhr fahre ich zur Stadt hinaus. An einer Tankstelle versuche ich, etwas Luft aufzupumpen. Das klappt an dem hochmodernen Automaten nicht richtig. Aber ich habe nach Ende des Versuchs wenigstens genauso viel Druck drauf wie vorher und bin zwangsläufig damit zufrieden.

Die Strecke führt nun durch den Wald und einen ehemaligen Truppenübungsplatz der Roten Armee. Lichte Kiefernwälder und Heidelandschaft mit Strandflieder, dahinter die Dünen. Ein Hubschrauber russischer Bauart kreist im Tiefflug und macht einen riesigen Krach, absolut unpassend für die Gegend hier.

Bei Karkle fahre ich links ab in die Dünen und mache eine einstündige Strandwanderung bei leich-

tem Regen. Vielleicht finde ich einen Bernstein...
Es hört auf zu regnen, das Wetter wird sommerlich sonnig.

In Palanga reihe ich mich später in den Touristenstrom ein. Doch den Eingang zum Bernstein-Museum im Schloss findet niemand, obwohl er mehrfach ausgeschildert ist. Keine Tür ist offen, alles ist versperrt. Es sieht auch alles sehr nach Baustelle aus. Sicher wird innen kräftig renoviert, da können sie keine Besucher brauchen.

Von der Hauptstraße weg führt eine Fußgängerzone einen Kilometer weit hinab ans Meer, auf beiden Seiten flankiert von Restaurants und Souvenirläden. Ein wenig Erinnerung an Mallorca kommt auf. Ich schlängle mich durch die Menschenmassen hinunter zu den Dünen und zum Strand und fast 400 Meter auf die Landungsbrücke hinaus, bis es nicht mehr weiter geht. Ein interessanter Blick tut sich mir dort auf. Ungewohnt die Perspektive vom Meer draußen auf den Strand und den Wald dahinter.

Es herrscht reger Badebetrieb. Wie überall an der Ostsee, wo ich bisher am Strand war, ist es sehr flach. Bestimmt muss man über hundert Meter weit hinauslaufen, bis das Wasser tief genug zum Schwimmen ist.

Da die Bernsteinsuche am Strand bis dato erfolglos war, versuche ich mein Glück in einem schmucken

Juwelierladen. Dass ich nicht ohne Bernstein nach Hause kommen würde, ist mir von Anfang der Reise an klar und ich werde fündig. Seit heute habe ich also einen im Gepäck, samt Halskette dran.

Die restlichen Litas reichen noch für ein Grilled Pork und ein Light Beer in einem Restaurant an der Hauptstraße, wo ich mir auf der Terrasse einen schattigen Platz ergattere. Ja, es ist wieder Sommer geworden an meinem letzten Tag in Litauen.

Sventoji ist ein belebter Urlaubsort. Es gibt hier keinen Campingplatz für Zelte. Nur ein Areal mit Ferienhäuschen aus Holz kann ich entdecken. Also weiter. Dann gibts am Ortsende einen Stau an einer Hängebrücke, die über einen Bach führt. Sie ist so schmal, dass fast keine zwei Personen aneinander vorbeikommen, und ich mit meinem Packesel habe erst recht keine Chance. Ununterbrochen kommen Menschen herüber. Aber Geduld zahlt sich meistens aus, irgendwann entsteht eine Lücke und ich schiebe mich auf den schwankenden Untergrund. Jetzt müssen halt die anderen warten bis ich drüber bin...

Auf einer breiten Fernstraße, mäßig befahren, aber mit gutem Belag, erreiche ich nach fünf Kilometern die Grenze nach Lettland. Die Grenzhäuschen stehen völlig verlassen an der Straße. Kein Mensch weit und breit. Ich halte nur an, um das schöne Grenzschild „Latvijas Republika" zu fotografieren.

Nach etwa einer halben Stunde gelange ich zu drei auffallenden Hinweisschildern, die den Weg weisen zum zehn Kilometern entfernten Campingplatz im Naturpark Pape direkt an der Ostsee. Das wird bestimmt interessant. Ich tausche die Fernstraße gegen eine ganz miserable Kiespiste ein. Ich komme kaum vorwärts und werde total durchgeschüttelt. Es ist wieder der reinste Materialtest. Von den Autos, die hier ausnahmslos mit hohem Tempo vorbeirasen und keine Rücksicht auf einen Radler nehmen, werde ich von oben bis unten eingestaubt. Bereits nach wenigen Kilometern sehen meine Packtaschen aus wie Mehlsäcke und ich wie ein Müller. Ich verliere zusehends die Lust an der Sache. Morgen muss ich ja die ganze Strecke wieder zurück... ich wäge minutenlang ab und drehe dann um. Vielleicht verpasse ich dadurch ja etwas. Naturpark direkt an der Ostsee, schon irgendwie verlockend. Aber ich habe jetzt einfach genug.

Zurück an der Hauptstraße fällt mir sofort ein kleines Schild auf, das ich vorhin wohl übersehen habe: „Bed & Breakfast, 500 m". Passt! Am Ortsrand von Rucava ist das Ziel erreicht. Durch einen großen schönen Garten komme ich zu einem Haus, das verglichen mit dem Garten, doch etwas renovierungsbedürftig erscheint. Empfangen werde ich mit lautem Hundegebell, ein Kettenhund an einem Schuppen weiter hinten. Ein Zimmer frei? Nein, ich bekomme eine ganze Wohnung. Und die ist vom Feinsten, tipptopp renoviert im Landhausstil.

Ich werde in einem großen Schlafzimmer mit bestimmt 30 Quadratmetern schlafen wie ein Fürst: Rustikaler Dielenboden, weiße Wände und hier und da etwas Stuck, ein verschnörkeltes weißes Doppelbett mit einer roten Tagesdecke darauf. Das Frühstück ist inbegriffen.

Meine Gastgeber sind ein älteres Ehepaar, die Tochter ist in Berlin verheiratet und gerade mit ihrer Familie im Urlaub hier. Sie spricht fließend deutsch, was die Konversation recht einfach macht. Der Senior rät mir, mich von dem Hund fern zu halten, der möge Fremde nämlich nicht, und schiebt mein Fahrrad an ihm vorbei in den Schuppen. Dort ist es jetzt sicher gut bewacht.

Nach dem Duschen gehe ich zu Fuß auf Erkundungstour. Rucava ist ein kleiner Flecken mit einer Kirche und einem Heimatmuseum, vor dem ich ein Schild mit deutscher Schrift entdecke „Eintritt frei". Es ist aber leider verschlossen. Sonst ist nichts los. Hinter einem Holzschuppen haben sich einige überwiegend junge Männer versammelt. Den vielen Flaschen nach zu urteilen, die um sie herumstehen, ist das so eine Art Dorf-Stammtisch. Auf einen Kontakt mit ihnen bin ich nicht scharf und gehe deshalb möglichst unauffällig vorbei. Die Menschen hier, denen ich sonst noch begegne, haben alle einen Bändel anhängen. Es gibt Folklore mit Tanz heute Abend, so sagt man mir. Klar, da bin ich dabei! Auf so etwas habe ich ja fast gewartet.

Im Laden um die Ecke gehe ich mir ein Vesper kaufen. Auch hier schocken mich die Preise nicht, allerdings ist das Sortiment etwas eingeschränkt. So finde ich beispielsweise weder Joghurt noch Wurstkonserven, dafür aber einen guten Gemüsesalat mit Kartoffeln in einem schmackhaften Dressing. Den kenne ich so ähnlich schon aus Polen...

Ich esse in der wunderschönen Küche und mache mich dann auf zum Festplatz am Dorfrand. Unterwegs treffe ich zwei ältere Herren, einer hat eine russische Ziehharmonika dabei, der andere Kastagnetten. Die wollen wohl Musik machen. Mit dem Harmonikaspieler kann ich mich etwas auf Deutsch unterhalten. Er war früher wegen Stalin in Sibirien. Es sind noch ein paar Musikanten hier und eine Trachtengruppe und vielleicht hundert Zuschauer. Die Musik ist sehr schön, die Gesänge auch. Aber mit der Zeit ist alles etwas langweilig, da viel geredet und vorgelesen wird und ich kein Wort verstehe.

Es ist eine laue Sommernacht, die Schnaken fressen mich hier schier auf, denn ich habe vergessen, mich mit Mückenschutz einzuschmieren. Dann wird auf dem Platz eine große Tafel gedeckt, die Zuschauer scharen sich eng um sie und bekommen alle ein Getränk aus einem großen Topf ausgeschenkt. Inzwischen ist es fast Mitternacht, ich mache mich auf den Heimweg.

Dienstag, 15. Juli 2014

Dass ich gut geschlafen habe, ist klar, in so einem fürstlichen Zimmer! Um 8.00 Uhr bringt mir der Senior das Frühstück in die Küche. Auch das ist fürstlich, verschiedene Wurst und Käse, Marmelade, Honig, Tomaten und Gurken, Brot, Eier und eine große Kanne Kaffee... ich werde nicht fertig damit.

Er nützt anschließend die Gelegenheit, sein Deutsch zu üben. Wir unterhalten uns lange. Er gibt mir Tipps für meine Route. In Estland die Südost-Ecke Richtung Russland würde er an meiner Stelle meiden, dort seien die Menschen komisch, etwas zu russisch... Seine Frau hat den Garten unter sich und er ist fürs Rasenmähen zuständig. Sie habe aber gesundheitliche Probleme, Magenkrebs, das sei aber schon sieben Jahre her. Aber sie jammere auch immer wegen dem Unkraut. Nebenan ist früher noch ein Haus gestanden, man sieht noch die Treppenstufen vom Hauseingang. Es ist von den Russen genutzt worden, aber dann abgebrannt. Die haben nämlich ihre nassen Stoff-Gamaschen etwas zu lange über dem Ofen getrocknet...

Sein Handy klingelt, man bittet ihn hinunter zum Frühstück. Er geht sofort und ruft mir noch zu, dass er während seiner Militärzeit in Sibirien war... da ist Gehorsam nichts Neues.

Mein Fahrrad steht bereits vor dem Haus. Nachdem wir noch ein Foto gemacht haben, gehts für mich weiter, es ist inzwischen 10.00 Uhr. Das Wetter: warm, etwas Wolken, aber kurze Hose und T-Shirt.

In Liepaja, der nächsten größeren Stadt, gibts wohl keinen Camping-Platz. Ich habe Zeit genug. Wo ich übernachte, kann ich ja dann immer noch schauen, eventuell eben in einem Zimmer in der Stadt.

Die kleine Ortschaft Nica hat laut meinem Reiseführer ein schönes Ortsbild. Das stimmt zwar, schöne Blumen- und Sträucherrabatten, aber sonst ist gar nichts los. Ein alter russischer Traktor steht da. Ich fotografiere. Der Handwerker, der nebenan an der Tourist-Info die Treppe repariert, kommt her und spricht mich an. Der Traktor ist Baujahr 1990, für mich sieht er aber eher aus wie ein richtiger Oldtimer, und hat „40 horses". Wir unterhalten uns eine halbe Stunde. Er ist selbstständig, macht diese und jene handwerklichen Tätigkeiten, geht auch in den Wald und macht Brennholz. Seine Frau arbeitet in Liepaja und verkauft dort in einem Laden Seife und solche Dinge...

Ich strample noch ein paar Kilometer, dann biege ich ab und fahre durch Kiefernwald bis an die Dünen. Urig ist es hier, kein Mensch zu sehen. Das wäre doch ein traumhafter Ort zum Zelten, oberhalb der Dünen unter den Bäumen, mit Meerblick. Nur leider ist der Boden so sandig, dass meine Zeltheringe unmöglich Halt finden würden. Proviant müsste ich auch noch einkaufen. So genieße ich einen ausgiebigen Spaziergang am Wasser und in den Dünen. Mir unbekannte Pflanzen finde ich, auch Orchideen sind darunter. Und die Wolken verziehen sich, blauer Himmel, farbige Landschaft. Klasse!

Ich steuere eine Art Campingplatz an. Dort sagt man mir, dass der nächste Shop in Nica (7 km) sei, da komme ich gerade her, oder eben doch in Liepaja (14 km). Ich fahre weiter, noch ein paar Kilometer. Immer wieder sehe ich Hinweisschilder von Campingplätzen. Aber ich pokere ein bisschen. Ich möchte zwar noch vor Liepaja einen Platz finden, aber möglichst nahe an der Stadt dran, damit ich nicht so weit zum Einkaufen habe. Das Pokern zahlt sich aus: Plötzlich ein Schild, darauf steht: „CAMPING" und „RESTAURANT". Volltreffer! Ein sehr schöner zweigeteilter Platz im Wald mit einem netten Restaurant, dahinter gleich traumhaft die Dünen und kilometerlanger Sandstrand.

Das Wasser lädt zum Baden ein, und so wird der Rest des Tages zum Badetag.

Am Abend esse ich mit Herrn Reischert, Tischler aus Thüringen, hervorragenden Lachs mit Kartoffeln und Salat. Er reist alleine zwei Wochen mit Auto und Zelt durch Litauen und Lettland, auch ein Fahrrad hat er dabei. Wir geben uns gegenseitig Tipps. Aber ich muss aufpassen, dass ich ihn oder besser gesagt seinen Dialekt verstehe.

Dann gehe ich nochmals durch die Dünen an den Strand. Kein Mensch mehr da, dafür Wolken und kühler Wind, also kein malerischer Sonnenuntergang heute. Um 23.30 Uhr liege ich im Zelt, es ist noch nicht dunkel.

Mittwoch, 16. Juli 2014

Sodele, und heute ist der 35. Tag, Halbzeit! Kilometerstand 2.624 Kilometer. In 34 Tagen geht mein Flug, und es sind (nur) noch etwa 1.200 Kilometer. Ich bin zu schnell unterwegs und muss mir deshalb langsam etwas überlegen: laufend Ruhetage einlegen oder die Tour ausweiten...?

Die Nacht war gut, alles ruhig. Kurz nach 8.00 Uhr gehe ich vor zum Restaurant und möchte einen Kaffee trinken. Aber da ist auch noch alles ruhig. Ich setze mich in die Sonne und schreibe Tagebuch. Um 9.00 Uhr ist immer noch alles ruhig, kein Mensch zu sehen, außer einem jungen Mädchen, das die Spielhütten der Kinder ausfegt... Um

9.35 Uhr bekomme ich einen guten Kaffee – endlich!

Ich beschließe, hier noch einen Tag zu bleiben. Gegen Mittag mache ich eine Einkaufsfahrt nach Liepaja. Nach sieben Kilometern finde ich am Stadtrand einen SB-Laden.

Und dann packt mich auf der Rückfahrt noch der Entdeckertrieb. Etwa drei Kilometer landeinwärts ist auf der Karte ein See eingezeichnet, der Liepajas ezers, zu deutsch Libauer See. Ich möchte mal ausprobieren, ob ich da hinkomme.

Den nächsten verheißungsvollen Weg fahre ich in Richtung Osten. Nach einer Weile gelange ich an einen kanalähnlichen Wasserlauf, umgeben von einem breiten Schilfgürtel. Etwas erhöht führt ein unbefestigter sandiger Weg daran entlang. Ich folge ihm durch ein unendlich erscheinendes Schilfmeer, ein See ist jedoch nirgends zu entdecken. Sicher ist er komplett mit Schilf zugewachsen und verlandet. Und nach knapp drei Kilometern ist dann auch Schluss, der Sand ist zu weich und tief, an Radfahren ist nicht mehr zu denken. Das GPS zeigt mir an, es sind unter Umständen noch über vier Kilometer bis ich wieder in die Zivilisation komme. Also kehre ich notgedrungen um. Ein Erlebnis ist es allemal, inmitten dieses riesigen Sumpfgebiets ganz allein unterwegs zu sein...

Es folgt ein Bad in der frischen Ostsee bei richtig schönen Wellen. Ach, das tut gut! Und nach einem Nickerchen in den Dünen gehts nochmal in die Wellen. Das muss einfach sein. Wie ist das Radlerleben doch so schön! Der Himmel ist inzwischen wolkenlos, es ist warm, nur von der Ostsee her weht ein frischer Wind.

Nach dem Abendessen, Lachs gibt es heute keinen, dafür Schaschlik mit Pommes und Salat, gehe ich wieder an den Strand. Ich halte es lange aus und werde mit einem grandiosen Sonnenuntergang belohnt. Genau, so heißt es doch: „...wenn bei Liepaja die Sonne im Meer versinkt,... ziehn die Fischer mit ihren Booten aufs Meer hinaus... usw." Das ist jetzt das Feeling.

Heute sind auf dem Campingplatz wesentlich mehr Leute als gestern, wahrscheinlich wegen des guten Wetters. Ich mache dem Chef des Platzes ein Kompliment, sage ihm, dass der Platz o.k. ist und dass „we do not find any better one in Germany" oder so ähnlich. Jedenfalls versteht er mich und sagt sichtlich erfreut „thank you". Er gibt mir auch zu verstehen, dass sie hier täglich dran arbeiten, um alles in Schuss zu halten und zu verbessern. Gut, wenn ich ihm sagen würde, dass man in Deutschland wohl keine Plumpsklos mehr findet, wäre er sicherlich noch motivierter... hier stehen nämlich schon noch genug davon herum...

Donnerstag, 17. Juli 2014

Das Wetter ist wieder gut, es ist Sommer im Baltikum.

Um 8.00 Uhr aufstehen, packen, Kaffee trinken, 10.00 Uhr ist Abfahrt, „bye, bye!"

Fahre heute nur die 16 Kilometer bis Liepaja ins Zentrum. In der Tourist-Info bekomme ich ein billiges Hotelzimmer vermittelt, direkt am Tirdzniecibas-Kanals. Der Einteilung nach könnte es früher einmal eine Kaserne gewesen sein. Nachdem ich mein Fahrrad im Treppenhaus am Geländer abgeschlossen habe, finde ich mein Zimmer am Ende eines langen in verschiedenen Rottönen gestrichenen Flurs im 1.OG. Die Ausstattung ist recht spartanisch: Bett, Nachttisch, Waschbecken, eine Lampe pendelt an der Betondecke, kein Schrank. WC und Dusche befinden sich in der Mitte des Flurs. Ich bin nicht empfindlich, aber zum Schlafen werde ich heute meinen Schlafsack benutzen. Für die eine Nacht... das ist mir einfach lieber.

Zunächst wird kurz Wäsche gewaschen. Zum Trocknen spanne ich eine Leine von einem Kleiderhaken zur Lampe, das hält. Dann nehme ich das Rad und fahre nach Karosta, der einstmals geschlossenen Stadt, die schon seit der Zarenzeit bis 1994 als russischer Kriegshafen diente. Zuletzt waren hier über 20.000 Marinesoldaten mit 30 Atom-U-Booten und 140 Kriegsschiffen stationiert. Seit dem Abzug der russischen Truppen verwahrlost der Ort zusehends. Karosta zerfällt vor sich hin, es ist eine Geisterstadt. Ich kann mir schon vorstellen, welch ein reger Betrieb hier einmal war. Und jetzt ist alles so friedlich leer und verlassen.

Einen nachhaltigen Eindruck vom damaligen Leben der Sowjets erhalte ich bei einer Führung im ehemals russischen Militärgefängnis. Zusammen mit einem finnischen Paar lasse ich mir von einem jungen Letten, der eine russische Uniform trägt, den Gefängnisalltag in englischer Sprache schildern. Beeindruckend ist zu linde ausgedrückt, eher schockierend ist, was ich da erfahre, obwohl ich wirklich nicht alles verstehe. Dazu ist mein Englisch einfach zu verstaubt. Wegen bagatellhaften Disziplinarvergehen mussten die armen Soldaten oft die übelsten Strafen und Schikanen über sich ergehen lassen. Es könnte einem beinahe schlecht werden. Erniedrigend auch die Gemeinschafts-Toiletten ohne Zwischenwände, genau so, wie man sie in alten römischen Ruinen noch sehen kann. Und wenn ich mir vorstelle, dieses Gefängnis war bis in die 1990er-Jahre in Betrieb...

Etwa einen Kilometer weiter steht die St.Nikolaus-Marine-Kathedrale, die größte orthodoxe Kirche in Lettland. Mit ihren goldenen Zwiebeltürmen ist sie wirklich ein Prachtsbau. Am Zaun, der sie vollständig umgibt, ist ein Plakat angebracht, worauf unter anderem steht, dass man das Territorium bitte nicht mit bösen Gedanken und Wörtern, aber auch nicht im Badeanzug und anderen ungehörigen Kleidern betreten solle. Zusammen mit einem jungen Schweden, der ebenfalls eine kurze Radlerhose trägt, scheitere ich beim Versuch, ins Innere zu gelangen. Energisch werden wir von einer Nonne hinausgeschickt. Einen kurzen Blick in das Kirchenschiff kann sie aber nicht verhindern und auch ein heimliches Foto gelingt.

Später erkundige ich die Stadt per pedes. Mein Gastgeber von der fürstlichen Wohnung in Rucava hat mir unbedingt den ‚Rosenplatz' empfohlen, der sei auf alle Fälle sehenswert. Ich möchte seinen Stolz auf keinen Fall schmälern, aber solche Rosenbeete gibt es bei uns in Deutschland in fast wirklich jeder Kleinstadt. Ansonsten kann mich hier nicht viel begeistern.

Die Füße tun mir langsam weh. Ich gönne mir ein paar Minuten Verschnaufpause in der angenehmen Kühle der lutherischen St. Anna-Kirche und genieße die Stille zusammen mit ein paar weiteren Besuchern, die zum Teil tief ins Gebet versunken sind. Die Kirche ist die älteste in der Stadt, beeindruckend auf alle Fälle der Holzaltar, fast 10 Meter hoch und etwa 6 Meter breit.

In einem Hinterhof ist eine Gartenwirtschaft. Als ich mein Essen bekomme, höre ich vom Nachbartisch „Guten Appetit!" Es ist ein junger Schweizer aus Luzern. Er ist vier Monate mit seiner „Frieda", einem VW-Bus unterwegs. Er war am Nordkap und fährt jetzt nach Rumänien zu seinem Cousin. Wir tauschen Ratschläge aus, er erzählt vom Nordkap, von Rangeleien dort mit Franzosen, wie er einem Bauern in Norwegen bei der Heuernte geholfen hat und möchte schließlich wissen, warum die Deutschen im Gegensatz zu den Schweizern ihre Nationalflagge nie oder kaum zeigen.

Gute Frage. Genieren wir uns, haben wir ein schlechtes Gewissen wegen der Nazi-Zeit, oder haben wir womöglich sogar Angst...? Vor was eigentlich? Wir können doch nichts dafür, was vor über 70 Jahren geschehen ist. Nicht nur früher, auch heute noch, geschieht in vielen Ländern schlimmes Unrecht. Laufen deshalb deren Staatsangehörige auch so oft derart duckmäuserisch durch die Welt wie wir Deutschen...? Oder wollen wir uns einfach nicht aus den anderen Völkern hervorheben, sind wir schon so sehr Europäer?

Freitag, 18. Juli 2014

Um 8.30 Uhr geht es heute los. 2.680 Kilometer liegen jetzt hinter mir. Schönes Sommerwetter, ohne Überlegung: T-Shirt und kurze Radlerhose sind wieder angesagt. Dank GPS ist es kein Problem, aus Liepaja rasch hinauszufinden. Es läuft. Unterwegs ein seltener Anblick: Auf einer gemähten Wiese neben der Straße wird noch mit einer

Hungerharke, einem Pferderechen, das Heu zusammengerecht, im Schlepptau zwei Störche. Der alte Mann hoch oben auf seinem Sitz nimmt eine stolze Haltung ein, als er sieht, dass ich den Foto auf ihn richte. Auch das Pferd schaut zu mir herüber. Ein klein wenig Nostalgie!

Ich komme weiter gut voran und erreiche Pavilosta. Das sei ein schöner Ort an der Küste, auch einen Zeltplatz gäbe es dort, habe ich gelesen. Ich fahre durch ein Straßendorf und gelange, der Straße an einem Flüsschen entlang folgend, direkt ans Meer. Am breiten Sandstrand ist reger Badebetrieb. Beach-Volleyball ist hier wohl Volkssport. Der Zeltplatz ist eher trostlos, eine reizlose Wiese, zwei Wohnmobile stehen drauf. Auf dem Flüsschen kommt ein Kahn herunter, besetzt mit dem Käpt'n und sechs froh gelaunten Teenis. Ich vespere auf der Mole, habe aber keinen rechten Hunger, es ist einfach zu warm, und schaue dem Treiben zu. Später trinke ich vor einem Café noch einen Cappuccino. In der Nähe sind in einem Park einige zum Teil sehr große Findlinge zu sehen, Reste aus der Eiszeit. Das ist eigentlich schon alles. Ich fahre weiter.

Noch zwanzig Kilometer, dann führt die Route bei Jurkalne weg von der Küste ins Landesinnere und quer durch Kurland zur Rigaer Bucht. Ich plane, vorher noch einmal an dieser Küste zu übernachten und das schöne Badewetter auszunutzen. Kurz vor

Jurkalne sehe ich auch schon das insgeheim erhoffte Schild mit dem Campingsymbol und dem Zeichen für Restaurant.

Durch den Wald gelange ich zu einem schwach belegten Campingplatz. Er liegt wunderschön auf einer drei oder vier Fußballfelder großen Lichtung. Diese ist von jungen Kiefern so bewachsen, dass der Platz in kleine Areale für zwei bis etwa sechs Zelte unterteilt ist. Am westlichen Ende stehen hohe Kiefern, dahinter fällt das Gelände fast senkrecht fünfzehn Meter ab zum zwanzig Meter breiten Sandstrand. Die sanitären Anlagen bestehen aus einzelnen kleinen Hütten, deren Dach bis zum Boden reicht. Darinnen befinden sich Plumpsklosetts. Die Duschen sind in einem größeren Schuppen untergebracht. Weiter drinnen im Wald stehen bestimmt ein Dutzend Ferienhäuschen und ein nettes Restaurant ist auch ganz in der Nähe.

Ich suche mir eine kleine Nische mit Feuerstelle und einer Sitzgarnitur und baue das Zelt auf. Dann hält mich nichts mehr. Klar, dass ich eine Runde schwimmen gehe und anschließend mache ich ein kurzes Nickerchen auf einem angeschwemmten Baumstamm.

Im Restaurant bin ich später der einzige Gast. Die Speisekarte gibt das Übliche her, Pork oder Chicken mit Fritten und Salat oder so ähnlich eben, auch Fisch und Soljanka, und Pivo (Bier) natürlich, und gar nicht teuer. Ich bestelle ein überbackenes

Schweineschnitzel mit „fries and fresh salad". Bezahlen tut man hier an der Theke.

Meine Zeltnachbarn sind aus Lettland. Es ist ein Ehepaar, das mit seinem Enkel hier Urlaub macht. Sie kochen in einem großen Topf über dem Lagerfeuer Nudeln und Würstchen. Beide verstehen ganz gut deutsch. Sprechen ist sehr viel schwieriger, erklären sie mir. Sie gehen viel in die Berge zum Wandern, waren schon auf der Halbinsel Kola, in den Karpaten, den Pyrenäen und in den Dolomiten...

Der Sonnenuntergang hier ist ein Akt, fast eine Zeremonie. Er kündigt sich natürlich schon lange an, die Farben der ganzen Landschaft ändern sich, werden wärmer. Der Himmel färbt sich rot und violett. Ein paar einzelne Wolken machen das Ganze noch interessanter. Ich bin hier nicht alleine. Bestimmt zwanzig Leute kommen herzu, verteilen sich in Grüppchen an der Klippe, um das Naturschauspiel zu beobachten. Trotzdem ist es mucksmäuschenstill, nur die Wellen sind leise zu hören. Und dadurch wird die ganze Sache zum unvergesslichen Erlebnis. Die Stimmung hier... es ist richtig feierlich. Ich lasse das auf mich wirken! Werde ich so etwas je irgendwann noch einmal erleben?

Samstag, 19. Juli 2014

Allmählich ergreift mich wohl der baltische Schlendrian. Erst um 8.00 Uhr werde ich richtig wach und um 10.00 Uhr ist endlich Abfahrt. Es ist schon richtig heiß heute Morgen. Ich habs gern so, keinen Gedanken muss ich verschwenden, was ich anziehen soll, im Zweifel eben immer sommerlich kurz...

Heute verlasse ich die Ostsee vorerst einmal, jetzt geht es quer durch Kurland nach Osten. Die Strecke führt zum großen Teil durch einsame Wälder und Brachlandschaften. In Edole fahre ich zum Schloss hoch, um einen guten Platz zum Fotografieren zu suchen. Da werde ich am Eingangstor von einer Frau, die den Hof davor kehrt, eingeladen, doch durchs Tor hineinzugehen. Im Innenhof die nächste Dame, diese zeigt mir die Kasse, wo ich meine drei Euro für die Besichtigung bezahlen kann. Und schon komme ich in den Genuss einer sprudelnden Einweisung auf Englisch. Das Schloss war bis 1920 in deutschem Besitz und ist jetzt Museum.

Ich darf alle offenen Räume alleine besichtigen, auch den Turm und am Schluss die Kellerräume. Die Zimmer sind alle möbliert und ausgestattet, als wenn sie derzeit noch bewohnt wären. In einem Bücherregal stehen auch deutsche Bücher, unter anderem mehrere Bände ‚MEYER'S KLEINES KONVERSATIONS-LEXIKON'. Überall hängen

Gemälde an den Wänden. Ich bin überrascht, als ich einige von der Zugspitze sehe.

In einem der letzten Zimmer ist eine Spielzeugsammlung untergebracht. Auch hier staune ich nicht schlecht, als ich unter einigen Modellhäuschen ein Stellwerk entdecke, genau das gleiche, wie ich es zu Hause bei meiner Modelleisenbahn habe.

Vom Turm aus kann ich die durchradelte Gegend einmal von oben betrachten. Das hilft ungemein zu realisieren, wo man sich eigentlich gerade befindet.

Dann komme ich in Kuldiga an. Es ist einiges los hier, es geht zu wie in einer Großstadt. Richtung Zentrum wird es immer voller. Ich suche die Info, komme aber zunächst an eine Straße in der Innenstadt, da ist wohl Markt und kein Durchkommen. Es soll hier einen Platz zum Zelten geben. Aber wie üblich, kann mir da keiner weiterhelfen. Erschwerend kommt noch hinzu, dass mir alle sagen, sie seien nicht von hier, sie seien „Tourists". Also gilt es, Einheimische zu fragen. Woran erkennt man diese? Auf der anderen Seite des Flusses, der Venta, finde ich dann, was ich suche. Direkt am Ventas Rumba, dem europaweit breitesten Wasserfall, gibt es eine ‚Tourismus-Station' mit einer kleinen Wiese zum Zelten. Sieben Zelte stehen da schon auf knapp Tennisplatzgröße zusammen, quetsche mich noch dazu. Hoffentlich ist es da einigermaßen ruhig heute Nacht.

Der Wasserfall ist sehenswert, ein kleines Naturwunder, nur etwa zwei Meter hoch, aber mit 249 Metern doch recht breit. Massen von Menschen wandern, besser tasten sich vorsichtig am oberen Rand entlang von einem Ufer zum anderen. Das Wasser ist warm, in den Seen oberhalb und unterhalb geht es zu wie in einem Freibad. Und für manche ist der Wasserfall die ideale Nackenmassage. Man braucht sich nur darunter zu stellen und das Wasser aus einem Meter Höhe arbeiten zu lassen...

Später mische ich mich in der Altstadt unters Volk. Einmal im Jahr ist Stadtfest, und genau dieses Wochenende habe ich erwischt. Es ist proppenvoll. Ich glaube fast, ganz Lettland ist hier. Allerlei Darbietungen, Marktstände, Musik und natürlich Essen und Trinken. Statt Bratwürste oder Döner gibt es hier Schaschlik-Spieße mit Pommes und Grünzeug, frisch frittierte Kartoffelchips, spiralenförmig auf Spießen und jede Menge Zuckerwatte in verschiedenen Farben. Gegen Abend sammeln sich die Menschen am Straßenrand, es findet noch ein Umzug statt.

Danach gehe ich zurück zum Zelt, bin müde. Die Backsteinbrücke, über die man kommt, wenn man die Stadt verlässt, ist 164 Meter lang und die längste Autobrücke dieser Art in Europa. Sie hat auch schon öfters als Filmkulisse gedient. Heute wird sie für romantische Hochzeitsfotos genutzt und mir dient sie als Beobachtungspunkt, von dem aus ich einem Storch zuschaue, der unten im Fluss ungeachtet der vielen Menschen in der Nähe durchs Wasser schreitet und nach Fressbarem sucht.

In Balingen hats heute 37 Grad, und in Kurland läuft der Teer auf der Straße... das nennt man einen Sommer!

Die Nacht in Kuldiga fängt heute spät an. Zunächst führen vor dem Nachbarzelt zwei junge lettische Pärchen recht freudig eine laute Unterhaltung, mit Schlafen ist da nichts. Um Mitternacht gibt es dann noch ein Feuerwerk. Anscheinend habe ich aber doch schon geschlafen gehabt, wache nämlich an der Knallerei auf. Aber ich bin zu müde, um rauszuschauen.

Sonntag, 20. Juli 2014

Dafür wache ich früh auf. Irgendein Fahrzeug lässt den Motor laufen. Ich drehe mich nochmals um und schlafe bis 8.00 Uhr.

Dann mache ich mich fertig, noch Zähneputzen und runter an den Wasserfall, die Chance nutzen für ein paar Fotos von ihm allein, ohne Menschenmassen. Am Camp-Eingang steht ein Radlerzelt, das gestern Abend noch nicht da war. Es gehört einem Rentner. Wir begrüßen uns: „Hallo!" - „Ah, auch aus dem Schwabenländle?!" - „Ja, aus Balingen, und selber?" - „Aus Ravensburg".

Er ist seit sieben Wochen unterwegs und fährt auch nach St. Petersburg. Er ist aber durchs Kaliningrader Gebiet gefahren, mit einem Geschäftsvisum, das hat ihn angeblich 200 € gekostet. Seine Tagesetappen sind so bei 40 bis 50 Kilometer, meist richtet er sich nach den Campingplätzen, erklärt er mir. Unterwegs hat er Leute getroffen, die ihn nach Riga eingeladen haben. Ja, und dann stellt sich da noch etwas heraus: Wir werden beide am genau gleichen Tag, nämlich am Dienstag, 19. August, St. Petersburg verlassen, er mit der Fähre nach Lübeck, ich mit dem Flieger über Kopenhagen nach Stuttgart.

Nebenan ist eine Gruppe Letten beim Grillen. Am hellen Sonntagmorgen wird da schon Fleisch gegrillt und wie deutlich zu hören ist, auch Hochprozentiges dazu getrunken. Während wir uns noch unterhalten, kommt eine Frau herüber und bietet uns Kaffee an, d.h. wir könnten ihn uns in der Küche machen. Und sie hätten noch genügend Fleisch übrig, wir könnten auch zum Grillen kommen. Während der Ravensburger gerne annimmt, mache ich mich auf den Weg in die Stadt.

Ich möchte ins Schulzentrum zur NAK. Doch ich habe es ja fast geahnt, in der Schule regt sich nichts. Ich warte bis nach 10.00 Uhr, gehe mehrmals um die Schule herum, kein Hinweis auf einen

Gottesdienst. Ein paar Kirchgänger hat es ja schon hier, aber die gehen alle in die Evangelische Kirche nebenan.

In der Fußgängerzone, der aktuellen Festmeile, kann ich ebenfalls noch Fotos machen ohne die Menschenmassen. Ich setze mich in ein Café zu einem Cappuccino und zwei süßen Stückchen. Danach habe ich vorerst genug von der Stadt und ich geh zurück zum Zelt. Der Ravensburger ist schon weg. Dann gehe ich mal schwimmen. Oberhalb des Wasserfalls bildet die Venta einen kleinen See mit herrlichem Wasser und schön warm. Gewitterwolken sind am Himmel, es donnert. Eine besondere Atmosphäre, wenn man dabei im Wasser ist... aber rechtzeitig bevor es regnet, bin ich dann im Zelt und mache meinen Mittagsschlaf. Ach, ist das Leben schön!

Später ziehts mich nochmals in die Stadt, ich habe Hunger bekommen. In einem der alten Holzhäuser haben sie im Obergeschoss ein Restaurant eingerichtet. Es gibt dort auch eine überdachte Terrasse mit kleinen Tischen, passend für Einzelpersonen. Ganz nett hier oben, man hat einen guten Blick auf das Treiben unten auf der Festmeile.

Am Tisch nebenan sitzt ein junges Paar, Engländer oder Amerikaner, jedenfalls sprechen sie englisch. Der junge Mann hat eine laute, markige Stimme. Man hört ihn bestens, nur verstehen tut ihn hier wohl niemand. Jedenfalls wird er trotz seiner Lautstärke nicht groß beachtet. Als die junge hübsche Bedienung die Bestellung der beiden aufgenommen hat und noch nicht recht im Restaurant verschwunden ist, meint er zu seiner Begleiterin: „She is very lovely!" Ja, und jetzt wird aber plötzlich von allen Seiten zu ihm herübergeschaut, man hat ihn sehr wohl verstanden. Hm, vielleicht habe ich das gleiche gedacht wie er, aber gesagt hätte ich das nicht, keinesfalls so laut...

Abschließend lausche ich noch einige Minuten dem Abschlusskonzert auf dem Marktplatz. Schwere klassische Musik, nicht so mein Geschmack. Ich stehe dann lieber in einem kleinen engen Laden in einer endlosen Schlange an. Diese beginnt bereits außerhalb der Ladentür und in ihr kann ich nur hoffen, an etwas Brauchbarem vorbeigeschoben zu werden. Ein Zurück gibt es nicht. Aber ich komme an Chips und Wasser vorbei, damit begnüge ich mich heute.

Die Platzwirtin meint später: „Festival is vorbei, Camping empty". Ja, wie recht sie hat, ich bin alleine übrig geblieben mit meinem Zelt. Nur ein Wohnmobil mit Hamburger Kennzeichen ist noch da. Das ältere Ehepaar hat sein Fahrzeug heute beinahe geschrottet. Wegen der schottrigen Wellblechpiste ist sie, die Frau, mit einem Rad auf dem Randstreifen gefahren. Der hat dann plötzlich nachgegeben. Und sie hingen mit 45 Grad Schräglage fest. Teile vom Unterboden lagen überall verstreut herum, der muss ganz schön was abbekommen haben. Mit einem Traktor und mehreren PKWs konnten sie aber nichts ausrichten. Erst ein LKW mit seinen vier Tonnen schaffte es dann, das Wohnmobil wieder auf die Straße zu bringen.

Die beiden waren heute auch auf dem Abschlusskonzert. Sind von der Platzwirtin extra dazu eingeladen worden. Jetzt sind wir alle der gleichen Meinung: die Musik war nicht passend für so ein heiteres Fest, auch nicht zum Abschluss. Ich denke für mich, das wäre doch eine Chance gewesen für fetzige lettische Folklore. Aber jetzt ist es vorbei...

Montag, 21. Juli 2014

Heute Nacht hats geregnet. Jetzt ist wieder strahlend blauer Himmel. Kurz nach 9.00 Uhr gehts los. Grober Asphalt, ziemlich Gegenwind und auch hügelig. Es wird zunehmend heiß. Ich möchte heute mindestens bis Kandava kommen, das sind gut 60 Kilometer.

Nach 25 Kilometern erreiche ich Renda. Dort gibt es eine Kirche zu sehen, allerdings nur von außen, und daneben die beeindruckenden Ruinen eines Herrenhauses. Etwas weiter kaufe ich ein. Als ich den Laden verlasse, stehen draußen zwei Tourenräder, ein junger Mann ist dabei. Er ist Australier und mit seiner Partnerin, die soeben auch aus dem

Laden kommt, unterwegs. Wir unterhalten uns auf Englisch. Aber gleich bemerkt das Mädchen, dass ich Deutscher bin und wechselt mitten im Satz in fließendes Deutsch. Sie stammt aus Kiel. Sie sind beide mit der Fähre von Kiel aus nach Riga gefahren und radeln jetzt in drei Wochen zurück, außen herum um Kaliningrad. Da haben die beiden aber ganz schön was vor, denke ich. Sie raten mir ab vom Camping in Kandava. Sie hätten unterwegs einen Radler getroffen, der habe ihnen erzählt, dort gäbe es keine Duschen und nur Plumpsklos. Aber genau bis dahin wollte ich ja eigentlich und fange an zu überlegen. Doch noch weiter fahren bei der Hitze? Hinter Kandava soll nämlich auch noch eine heftige Schotterstrecke kommen...!

Es geht weiter durch die Natur, wie gehabt Wald und Wiesen. Ein Schild an einem Parkplatz zeigt nach rechts weg zu einem Wasserfall, dem Abavas Rumba. An einer Schranke bezahle ich meinen Eintritt und fahre die paar hundert Meter durch den Wald bis zum Fluss. Dort ist eine große Liegewiese mit Spielgeräten. Am knapp zwei Meter hohen Wasserfall tummeln sich ein paar Wasserratten. Schwimmen geht hier nicht, aber in die Stromschnellen kann man sich legen... ich ziehe jedoch mein obligatorisches Mittagsschläfchen vor und beginne auf der Wiese zu träumen... Irgendwann trifft eine Familie mit Kindern ein, die mich dann durch ihren Lärm wieder in die Wirklichkeit zurückholen.

In Kandava gehe ich zuerst in die Tourist-Info. Die junge Dame dort kann Deutsch. Sie sagt mir, dass es nicht weit von hier auf beiden Seiten eines Sees einen Campingplatz gibt und auch ein Restaurant dort sei und die Schotterstrecke dahinter gut zu befahren wäre. Jedenfalls war sie erst dort und die Strecke gefalle ihr. „Ja, wenn das so ist", antworte ich ihr, „dann gefällt sie mir sicher auch!" Sie lacht.

Im Supermarkt etwas weiter kaufe ich vorsichtshalber aber noch ein. Und während ich vor dem Laden meinen Joghurt esse, höre ich plötzlich lautes Reifengequietsche auf der Straße. Ein junger Opelfahrer kann gerade noch vor einem Linksabbieger anhalten. Sein Fahrzeug stellt sich aufgrund der Vollbremsung quer und eine Rauchwolke steigt auf. Es riecht nach verbranntem Gummi. Das war richtig knapp, ist nochmal gut gegangen. Ein schlimmer Unfall, das hätte noch gefehlt.

Neben dem Restaurant, direkt am Ufer des kleinen Badesees kann ich unter Bäumen mein Zelt aufstellen. Sehr romantisch, ringsherum Kiefernwald. Ich bin der einzige Camper hier. Duschen gibt es tatsächlich keine, aber im See darf man ja schwimmen. Toiletten gibt es im Restaurant und den Schlüssel dazu auch.

Am gegenüberliegenden Ufer scheint ebenfalls ein Zeltplatz zu sein, es sind aber weder Zelte noch Wohnwagen zu sehen. Wenn die badende Schulklasse nicht hier wäre... alles wie ausgestorben. Der Sprungturm ist ein Magnet und passendes Objekt für Mutproben der jungen Burschen. Na ja, ich bin auch noch nie vom Zehner gesprungen... Ich beobachte das Treiben aus nächster Nähe vom Rand des Sprungbeckens aus. Plötzlich werde ich nass gespritzt. Zwei der Jungs sind vom Dreier direkt neben mich ins Wasser gesprungen. Ihre Freude ist riesig über den gelungenen Spaß. Mir bleibt auch nichts andres übrig, als mitzulachen.

Fünfzig Meter weiter oben ist ein zweiter, etwas größerer See. Zwischen Wald und Schilf verläuft ein Trampelpfad. Dem folge ich und komme wie erhofft an eine kleine Badestelle. Dort schwimme ich eine Runde zwischen den Teichrosen im warmen Wasser. Einfach genial!

Das Bier schmeckt leicht säuerlich, aber die Chicken mit Fries und Salad kann man gut essen. In dieser Einsamkeit habe ich nicht unbedingt mit solchem Essen gerechnet. Es erinnert doch schon ein wenig an ein Grillteller. Ich sitze auf der überdachten Terrasse am See und genieße den Abend, die Luft und das Essen, das saure Bier diesmal halt etwas weniger.

Da höre ich von hinten jemand herankommen. Es ist der Ravensburger. Er ist schon den zweiten Tag hier, weil es so schön ist. Sein Zelt steht auf der anderen Seite des Sees. Er ist dort der einzige Camper und ich auf dieser Seite. Und jetzt hat er auch Hunger. Wir trinken noch ein weiteres Bier miteinander. Dieses schmeckt deutlich besser. Er erzählt mir, er habe unterwegs ein Pärchen aus Kiel getroffen und ihnen gesagt, dass es hier keine Duschen und nur Dixi-Klos gäbe... Ha!Ha!Ha! So klein ist also die Welt!

Wir verabreden, morgen gemeinsam weiter zu radeln, da wir ja beide an der Ostsee übernachten wollen.

Dienstag, 22. Juli 2014

Schönes Sommerwetter. Halb zehn wollen wir losfahren. Ich stehe um 8.00 Uhr auf, packe und gehe eine Runde im spiegelglatten oberen See schwimmen. Herrlich, in so einem Waldsee, im warmen Wasser. Das ist einfach mit das Größte!

Dann starten wir. Gerhard aus Ravensburg hat ein GPS mit großem Display dabei. Er fährt vorne draus. Ich kann mich an ihn dranhängen. Zur Abwechslung ist das auch mal schön, wenn man selber nicht nach dem Weg schauen muss. Die Schotterpiste! Die Frau in der Info hat recht gehabt, sie ist relativ gut zu befahren und landschaftlich sehr schön. Wir kommen gut voran. Unterwegs schauen wir beide nach Soldatenfriedhöfen aus, besonders interessieren uns die deutschen. Jedoch, wir werden nicht so fündig, wie im Reiseführer beschrieben und erhofft. An russischen, teilweise ganz unscheinbar im Wald gelegen, kommen wir immer öfter vorbei.

Nach knapp 50 Kilometern erreichen wir die Küste bei Klapcalnciens an der Rigaer Bucht. Ein Campingplatz ist schnell gefunden. In einem Kiefernwald direkt an der Küstenstraße zelten wir. Der Verkehr ist nicht sehr stark, der Lärm hält sich in Grenzen. Nur der Sanitärbereich ist etwas, na sagen wir mal, post-sowjetisch. Sogar ein Restaurant gibt es auf dem Platz. Das lettische Bier und die ‚Kalte Suppe' schmecken vorzüglich, das ideale Essen bei diesen hohen Temperaturen.

Den Rest des Tages verbringen wir am kilometerlangen Sandstrand. Das Wasser ist warm, aber voller Algen, eine rechte Gemüsebrühe. Aber was solls, das macht uns nichts aus, wir sind doch richtige Naturburschen. Weiter draußen ist es besser, es hat schöne Wellen...

Wenn ich mir nun vorstelle, an der Rigaer Bucht im Sand zu liegen, in Kurland! Das ist mir eher bekannt aus Berichten über den Zweiten Weltkrieg. Wie mögen die deutschen Landser damals das Meer, die Bucht und den Sandstrand gesehen haben? Emotionen? Ja, das Gefühl ist ein ganz besonderes – mein Vater war damals auch einer der Landser...

Auch das Restaurant wird scheinbar noch wie zu Sowjetzeiten geführt. Die könnten am Abend mit zwei deutschen Radlern noch jede Menge Umsatz machen - eine Halbe Bier kostet beispielsweise nur € 1,60 und ein Essen, wie etwa Schnitzel mit Pommes oder Kartoffeln und Salat € 5,40 - aber die machen lieber rechtzeitig Feierabend. Gut, dass wir frühzeitig hier sind, als wenn wirs geahnt hätten.

Mittwoch, 23. Juli 2014

Gerhard packt. Er fährt nach Riga. Er ist ja eingeladen von Leuten, die er unterwegs getroffen hat. Ich bin eine Weile unentschlossen, was ich tun soll. Wir verabschieden uns voneinander. Vielleicht sehen wir uns ja mal wieder irgendwann und irgendwo, eventuell auf dem City-Camp in Riga? Entschließe mich dann aber, auch aufzubrechen. Nach Riga möchte ich noch nicht, mich interessiert die Küste hier an der Bucht. Weiter im Nordwesten ist auf der Karte ein Hafen eingezeichnet, da fahr ich jetzt einfach mal hin.

Die Straße ist breit mit wenig Verkehr und der Belag ist auch gut. Die meiste Zeit geht es durch den Wald. Ab und zu komme ich an parkenden Autos vorbei. Sie gehören Beerensammlern. Heidelbeeren wachsen hier im lichten Kiefernwald in rauen Mengen, auch Pfifferlinge. Immer wieder kleine Verkaufsstände am Straßenrand. Das macht Appetit. Ich gehe selber sammeln, bis mir eine Zecke am Arm hochkrabbelt. Dann lasse ich es eben...

Dafür fahre ich einen Fußweg zum Strand hinüber. Ich wate in dem warmen Wasser bestimmt wieder gut hundert Meter hinaus, bis es mir bis zur Hose geht und schwimme ein wenig. Auffallend viele und große Findlinge liegen im Wasser, echt malerisch. Aber es hat auch scharfkantige Felsbrocken unter Wasser, da heißt es bei diesem niedrigen Wasserstand aufpassen. Das Wasser erfrischt nicht wirklich. Also fahre ich bald wieder weiter.

Ab und zu komme ich an Fischräuchereien vorbei, die qualmen vor sich hin und nebeln die Straße ein. An einem kleinen Café steige ich ab, ich habe Lust auf einen Kaffee oder so etwas. Es gibt Cappuccino, die Tasse für einen Euro. Ich schaue zu, wie er zubereitet wird. Aus einer Dose kommt Pulver in ein großes Kelchglas. Wasser wird mit einem Tauchsieder erhitzt, darüber geleert und angerührt und schon ist das gute Getränk fertig. Dazu esse ich eine Banane und einen Pflaumenjoghurt aus dem SB-Markt nebenan. Ich habe keine Wünsche sonst...

Von dem anvisierten Hafen ist nichts zu sehen. Also kehre ich um und lande schließlich nach weiteren 30 Kilometern wieder auf dem alten Campingplatz.

Die etwas ernste und wortkarge Bedienung im Restaurant erkennt mich auch gleich wieder. Schade, sie versteht weder Deutsch noch Englisch, da kann überhaupt keine Verständigung, geschweige denn ein Gespräch zustande kommen. Glücklicherweise springt eine junge Lettin sofort als Übersetzerin ein und ich kann etwas zu essen bestellen. Nach einer Weile bekomme ich es dann von der Bedienung auf der Terrasse serviert. Jetzt probiere ich bei ihr mal mein Lettisch aus, habe es extra vorher auswendig gelernt: „Paldies!" heißt danke. Und prompt antwortet sie mir ganz freundlich fast perfekt auf Deutsch: "Gut Appetit!" Ist das nicht der Anfang von Völkerverständigung?! Wirklich, nur über die Sprache gehts.

Später schwimme ich in den diesmal recht hohen Ostsee-Wellen. Ein echtes, schon etwas sportliches Vergnügen. Danach gönne ich mir an der Strandbar einen halben Liter ‚Fizz Cider', den ich in Kuldiga bereits kennengelernt habe. Wirklich spritzig, das Getränk. Statt Bier heute eben Apfelwein, warum nicht? So kann man es hier sehr gut aushalten und noch eine Weile den Beach-Volleyballern zuschauen und einfach das Leben, die Ruhe genießen...

Endlich, es ist schon dunkel, krieche ich ins Zelt und kann nicht schlafen, weil es so heiß ist und weil die Nachbarn an ihrem Lagerfeuer bis um Mitternacht plaudern.

Donnerstag, 24. Juli 2014

Wieder ist schönstes Sommerwetter. Ich packe zusammen, trinke noch einen Becher ‚Coffee Black' für € 1,-- auf der Terrasse und fahre dann um 9.00 Uhr los, an den Strand. Der Sand direkt am Wasser ist hier so fest, dass man darauf radeln kann. Das reizt mich schon seit zwei Tagen, ein Stück weit wenigstens darauf zu fahren. Irgendwo werde ich schon wieder vom Strand herunterkommen. Alles ist menschenleer, nur eine Spaziergängerin kommt auf mich zu. Gerade recht, ich brauch jetzt jemanden, der mich fotografiert. Ich rufe ihr zu, sie wehrt ab, geht weiter. Ja, mach ich denn so einen erschreckenden Eindruck? Ich zeige ihr meinen Foto, dann lächelt sie und kommt her. Die Fotos, sie macht gleich vier, gelingen. Bingo. Und so erfülle ich mir einen kleinen Traum: Strandradeln mit Gepäck. Ich komme jedoch nicht weit. Der Bach, den man überquert, wenn man an den Strand geht, mündet hier keine 200 Meter weiter ins Meer. Mit dem schweren Rad traue ich mich nicht durch. Deshalb geht die Fahrt in die andere Richtung, noch etwa zwei Kilometer mutterseelenallein nach Nordwesten, nur so zum Spaß. Dann kommt die vorausgeahnte Schwerstarbeit bis ich meinen Packesel durch den tiefen weichen Sand wieder nach oben in den Wald geschoben habe. Aber auch das wird bewältigt und über einen Damm aus Holzbohlen gelange ich wieder auf die Küstenstraße.

Unterwegs Schautafeln im Wald. Darauf ist dargestellt, wie hier im Ersten Weltkrieg in den Stellungen und Schützengräben gekämpft worden ist. So zerfurcht wie der Wald hier oberhalb des Strandes aussieht, kann man sich das ganz gut vorstellen.

Nach einer Stunde dann Wegweiser nach Süden zum Kemeri-See. Das ist doch dieser Naturpark, der auf der Karte eingezeichnet ist?! Auf Asphalt fahre ich zwei Kilometer durch die Pampa, Wald und Feuchtgebiete. Die Straße endet an einem Bootsverleih, eine Art Hauptquartier für Angler. Daneben steht ein Aussichtsturm mit Schautafeln. Ich staune, wie vielfältig die heimische Fauna und Flora hier ist. Vom Turm aus blicke ich auf weite Wasserflächen umgeben mit breiten Schilf- und Moorzonen. Etwas weiter führt ein schmaler Holzsteg durch das Schilf hinaus. Ich gehe darauf einige Minuten und bin begeistert. Immer wieder durchziehen Wasserläufe das Schilfdickicht. Überall sind Silberreiher, Kormorane, und Enten zu sehen... und Bremsen, Bremsen, Bremsen. Trotz des Super-Insektenmittels, das mir Julia, eine meiner beiden Töchter, mitgegeben hat, sind die Plagegeister nicht zu bremsen. Ich kehre schweren Herzens um, möchte auch das Rad nicht allzu lange alleine lassen. Hier gäbe es sicher noch manches zu entdecken.

Die automatische Scharfstellung bei den Nahaufnahmen scheint nicht mehr zu funktionieren. Liegt es am verschmutzten Objektiv? Ich putze es mal und gleich auch die Sonnenbrille. Plötzlich: War da nicht etwas? Eine Bewegung im Augenwinkel? Tatsächlich, da steht ein Fuchs keine zwei Meter entfernt von mir und schaut mich neugierig an. Ist das jetzt ein richtiger Kulturfolger oder hat er womöglich die Tollwut? Ich bin skeptisch. Er kommt noch näher und setzt sich einen Meter neben mich. Da ist jetzt aber Vorsicht geboten. Schnell ein paar Fotos geschossen. Da reißt er sein Maul auf und zeigt mir sein ganzes Gebiss. Ich sag ihm auf bestem Schwäbisch, dass ich kein Zahnarzt sei. Als ob er das verstanden hätte, trottet er davon. Dinge erlebt man hier...

Nach 40 Kilometern ist heute Feierabend. In Jurmala gibt es einen Campingplatz in der Stadt. Er liegt unter hohen Bäumen und ist nur durch Wald und die Dünen vom Meer getrennt. Ich bleibe hier, habe gerade mal 200 Meter durch den Wald zum Strand. Ich möchte das Badewetter noch einmal auskosten. Das ist auf der Tour wahrscheinlich auch der letzte Tag so richtig am Meer. Bei dieser Hitze ziehts mich nicht nach Riga in die Großstadt. Also, gibt es heute wieder ausgiebiges Strandleben.

Da ich kein Restaurant in der Nähe finde, gehe ich in einen Laden. Au Backe, da ist alles in der Kühltheke, auch die Konserven. Die Auswahl ist minimal. Das meiste muss wie bei Tante Emma verlangt werden und dann überwiegt noch die russische Beschriftung. Auf einer der Dosen ist ein Fisch abgebildet. Ich zeige darauf. Also gibt es heute Fisch. Doch ich werde nicht richtig satt davon. Glücklicherweise habe ich noch eine Packung Black Bred und zwei große Dosen Pilzenes (Bier) gekauft, das muss heute eben reichen.

Freitag, 25. Juli 2014

Schönes, heißes Sommerwetter. Los gehts um 9.30 Uhr. Es sind noch 26 Kilometer bis zum City-Camp in Riga. Gut anderthalb Stunden Fahrtzeit braucht es dazu. Der Platz befindet sich auf einer Insel in der Düna gegenüber der Altstadt auf einem Ausstellungsgelände. Es gibt keinen Schatten, dafür ist er eingezäunt und bewacht. In etwas Abstand zu den Messehallen bei ein paar anderen kleinen Zelten baue ich auf. Viele Motorräder hat es hier, aber auch jede Menge Wohnmobile, auch deutsche. Einige sind gerade am Aufbrechen, sagen noch „good morning", aber ich habe mein Tagespensum bereits geschafft.

An der Rezeption frage ich nach Gerhard, man findet ihn nicht im PC, er war nicht da. Gut, dann hat er sicher bei den Rigaern übernachten können. Zu zweit fahren und zu sein, war auch nicht schlecht. Wir haben schon grob zusammengepasst, was man nach anderthalb Tagen so resümieren kann. Aber allein ist auch was. Man muss ebenfalls überlegen, was man unternehmen soll und will. Wenn jedoch etwas daneben geht, weil sich die Entscheidung als nicht ganz die richtige herausstellt, dann hat man weniger Stress, dann ist das jetzt eben so, wie es ist. Das ist auch ein Stück Freiheit, absolut!

Bis in die Altstadt sind es etwa zwei Kilometer. Ich nehme das Fahrrad, möchte mir einen Überblick verschaffen. Es gefällt mir gut hier, obwohl sehr viel Betrieb ist. Das ist normal, eine schöne Stadt und das bei diesem Wetter, klar, dass es da nur so von Touristen wimmelt. In einer Gartenwirtschaft esse ich ganz fein: Schweinemedaillons mit Pfifferlingen und Kartoffelpüree mit angebratenem Schinken, dekoriert mit kleinen bunten Blüten.

Für die zweite Nacht in Riga suche ich mir ein Zimmer, denn Aufladen der Akkus und Wäschewaschen ist angesagt.

Für die Ansichtskarten gibts im Touristbüro Briefmarken. Und da ich schon mal dort bin, erkundige ich mich gleich nach einer Unterkunft. Nach einigem hin und her klappt es dann auch. Das Hotel liegt wunschgemäß außerhalb des Zentrums im Norden der Stadt. In dieser Gegend muss auch die NAK irgendwo sein. Also ziehe ich morgen um.

Es ist kurzweilig in der Stadt, Abwechslung zur einsamen Landschaft der letzten Tage. Auf der

Düna werden Schiffsrundfahrten angeboten. Das würde ich schon gerne machen. Ich werde auch gleich von der Crew eines der Schiffe angesprochen. Nachdem geklärt ist, dass sogar für mein Fahrrad an Bord Platz ist und es nicht alleine zurück bleiben muss, lasse ich mir anderthalb Stunden lang Riga und die Umgebung vom Wasser aus zeigen. Währenddessen komme ich mit zwei schweizer Paaren ins Gespräch. Sie sind auf eigene Faust hier, machen eine Städtereise. Haben alles individuell gebucht. Ja, das ist auch eine Idee.

Mit dem Sonnenuntergang radle ich zurück zum Camping. Später fahre ich nochmals zu der Brücke über die Düna, um von der beleuchteten Silhouette der Stadt Fotos zu machen. Wieder zurück, möchte ich das Rad gerade hintern Zelt am Zaun festschließen, da steht plötzlich einer ganz in schwarzer Kleidung hinter mir und sagt, ich solle das Rad nicht am Zaun, sondern drüben am Pavillon festmachen, dort sei es sicherer. Nicht schlecht, dieser Service, es ist der Nachtwächter vom Platz.

Samstag, 26. Juli 2014

Ein aufregender Tag, aber erst gegen Ende. Deshalb der Reihe nach: Wetter wie gehabt, sommerlich warm. Um halb zehn sehe ich ein Thermometer, 25° C. Gehe zu Fuß über die Vansu-Brücke in die Stadt und steuere den Zentralmarkt an. Er ist riesig, allein der Fischmarkt, eine große Auswahl an Fischen, gigantisch. Und es ist was los hier. In den Galerien unterm Bahnhof esse ich in einem SB-Restaurant eine Soljanka als Ergänzung zu der Dose Ananas, die ich zum Frühstück hatte.

So gestärkt fahre ich mit dem Aufzug hoch zum 15. Stock des Kulturpalasts und steige noch zwei weitere Etagen zu Fuß hinauf. Riga von oben! Ein deutsches Ehepaar ist auch heraufgekommen. Die beiden machen ebenfalls eine individuelle Städtereise und haben sich auf Riga intensiv vorbereitet. Gerne erklären sie mir alle möglichen Bauwerke, die man von hier aus sehen kann.

Am Nachmittag liege ich wie viele andere im Park und mache ein Mittagsschläfchen. Es ist eine Knallhitze.

Um halb vier dann packe ich auf dem Campingplatz zusammen und fahre quer durch die Stadt zum gebuchten Hotel „Annabella". Dort wartet man schon seit gestern auf mich. Nein, ich hatte in der Tourist-Info deutlich gesagt, ab heute, Samstag, möchte ich das Zimmer und habe es auch gleich mit Kreditkarte bezahlt. Nun, es ist kein Problem, sie haben noch frei, alles in Butter.

Die NAK ist gut drei Kilometer entfernt an einer Kreuzung. Die Koordinaten habe ich von zu Hause bekommen und ins GPS eingegeben. Ich fahre mal hin und schaue, wie lange ich für die Strecke morgen brauchen werde und vielleicht kann ich gleich irgendwo einkaufen. Auf einer ziemlich stark befahrenen Straße gehts stadtauswärts.

Und dann mache ich einen Fehler: Ich nehme eine Abkürzung über eine verkehrsärmere Straße und komme von der anderen Seite an die Kreuzung. Doch ich sehe dort keine NAK. Nun gut, vielleicht sind die Koordinaten ja nicht genau oder eventuell auch gerundete Werte. Ich fahre mal in jede Richtung ein Stück weit, auch in die Seitenstraßen, nichts zu sehen. Eine Katholische Kirche entdecke ich. Kann es sein, dass das mal die NAK war? Und es jetzt gar keine mehr gibt?

Zu Hause erreiche ich auch niemand, die sind beim Gala-Dinner, zu dem die Balinger „NAK-Jugend" heute eingeladen hat. Ich bin total frustriert, zumal im Internet ein Foto von der Kirche mit einem kleinen Türmchen existiert. Also dann doch die Katholische? Die hat einen Turm... Ich gebs auf! Schade, wieder einmal.

In der Nähe ist ein großer Supermarkt. Ich gehe jetzt einkaufen. Dummerweise habe ich mein Fahrradschloss im Hotel vergessen. Das unbepackte, nackte Rad vor dem Markt unabgeschlossen am Radständer abzustellen, ist mir zu riskant. Ich nehme es einfach mit rein und stelle es in der Nähe der Kassen an einer Palette mit Grillkohle ab. Die fünf Minuten wird das schon gehen. An der Salattheke fehlt die Bedienung, da muss ich später also nochmal hin, das kalte Bier finde ich auch nicht auf Anhieb, die Zeit verrinnt. Doch dann stehe ich endlich an der Kasse in der Schlange, stelle mich auf Zehenspitzen und schaue mal nach dem Rad - ich sehe es nicht! Ich traue meinen Augen nicht, aber das Rad ist weg! Den Einkaufskorb stehen lassen und nach vorne rennen, ist eins. Ich lauf zum Ausgang, gehe hinaus zum Radständer, nichts! Es bleibt dabei, das Rad ist wirklich weg. Das, was während der ganzen Tour von Anfang an nie hat eintreten dürfen, ist jetzt doch passiert, ich stehe ohne Fahrrad da. Der Super-GAU! Ich kann das gar nicht realisieren. Da muss mich jemand beobachtet haben, diese Saukerle! Aber ich bin ja selber schuld, war diesmal einfach zu vertrauensselig, ja richtig leichtsinnig! Ganz weit hinten liegt Plan B, ebenfalls von Anfang an: Bei Radverlust wird nicht aufgegeben und nicht heimgefahren, sondern ein neues Rad gekauft. Aber es ist jetzt Samstagabend. Das und tausend andere Gedanken fliegen mir durch den Kopf. Ich will am liebsten laut schreien, aber ich weiß gleichzeitig, das bringt nichts... ich gehe wieder in den Markt, schaue mich dort nochmals um, ohne große Hoffnung...

Und während ich verzweifelt überlege, was ich jetzt zu tun habe, kommt mir ein großer uniformierter Herr entgegen. Könnte der mir helfen? Ich spreche ihn in meiner aufkommenden Verzweiflung an, er versteht mich anscheinend nicht. Ob er Englisch verstehe? Kopfschütteln. Aber ich meine plötzlich zu bemerken, dass sich seine Augenwinkel etwas bewegen. Ja ganz klar, der hat doch ein verstecktes Grinsen im Gesicht. Und dann grinst er offen und geht an mir vorbei auf eine Türe zu. Diese öffnet sich in diesem Moment und ein weiterer Uniformierter erscheint. Ich meine zu träumen! Dieser schiebt mein Fahrrad heraus!! Mir werden fast die Knie weich, träume ich oder ist das jetzt wirklich wahr?

Ich bin sowas von erleichtert, das kann ich nicht beschreiben, es ist wie Weihnachten. Ich muss das Rad aber sofort vor den Laden stellen. Mein Einwand, ich hätte kein Schloss dabei, nützt gar nichts. Ich bitte die beiden, doch noch eine Minute auf mein Rad aufzupassen bis ich an der Kasse bezahlt habe. Wieder Kopfschütteln. Die sind gnadenlos. Gut, auch egal. Ich frage eine junge Frau mit einem Kinderwagen. Die ist bereit, wenn es nicht zu lange dauert. Nach zwei Minuten bin ich zurück. Sie bekommt einen Euro von mir, will ihn aber nicht haben. Ich gebe ihn ihr aber trotzdem, auch ich bin ein wenig gnadenlos in meiner totalen Erleichterung. Jedenfalls bin ich der glücklichste Radler in ganz Riga, nein, in ganz Lettland, das ist sicher.

Ich radle zurück zum Hotel, lasse diesmal die Abkürzung weg und fahre den längeren Weg auf der viel befahrenen Straße. Was sehen meine Augen da? Ein hübsches NAK-Kirchlein mit einem kleinen Türmchen, direkt neben der Straße! Jetzt ist für mich zu Weihnachten sogar noch Ostern dazu gekommen. Hätte ich doch die Abkürzung vorhin nicht genommen...

Kaum zu glauben, was da in der letzten Stunde alles abgegangen ist. Wirklich ein ereignisreicher Samstag.

Sonntag, 27. Juli 2014

Um kurz vor halb zehn starte ich, radle zur Kirche. Ich versuche, langsam zu fahren, damit ich nicht so sehr schwitzen muss. Nach zwölf Minuten bin ich da. Eine alte Frau sitzt im Kirchenraum, ganz alleine. In einem anderen Raum werden auf einer Orgel pausenlos Lieder gespielt. Ein Diakon kommt herein und unterhält sich mit der Betagten. Mich sieht er gar nicht, schaut auch nicht her und verschwindet wieder. Um 10.00 Uhr sind wir dann incl. Dienstleiter und zwei Kindern neun Personen. Die Orgel im Kirchenschiff ist wohl defekt, jedenfalls spielt niemand darauf. Der Dienstleiter stimmt ein Lied an, es geht auch ohne Musik... Dann nach dem Eingangsgebet und dem Textwort fragt er mich: „Verstehen deutsch?" und dann noch: „Aus Deutschland?" Ich nicke und er nimmt eine zweite Bibel und liest gebrochen den Text auf Deutsch! Ich verstehe es kaum, bin jedoch zutiefst berührt und freue mich riesig. Nach dem Gottesdienst entschuldigt er sich für sein schlechtes Deutsch. Ich sage ihm „alles in Ordnung, alles gut und danke für deutsches Wort". Er möchte wissen, aus welcher Stadt ich komme. Ah, Stuttgart, das kenne er. „Gruß an Stadt, Gemeinde!" Ich entgegne ihm, dass ich den gerne überbringe und ich mich über den Gruß freue. Das freut auch ihn sichtlich... „Auf Wiedersehen, Bruder", verabschiedet er mich.

Von der Predigt habe ich nichts, gar nichts verstanden. Aber sehr glücklich fahre ich ins Hotel zurück. Mein derzeitiger Lieblings-Ohrwurm meldet sich, ich summe das „IKT-Lied" wieder.

Dann packe ich mal wieder meine sieben Sachen zusammen und verabschiede mich von der netten jungen Frau an der Rezeption, wir sagen einfach beide „bye, bye!" Und schon geht es los.

Wider Erwarten finde ich ganz gut aus Riga hinaus. Es folgt eine elf Kilometer lange schnurgerade Straße durch den Wald. Immer wieder Schilder an den Bäumen mit Warnungen vor Zecken. Das scheint hier ein ernstes Problem zu sein. Es ist sehr heiß, der Teer läuft auf der Straße. Als ich einmal kurz anhalte, um zu fotografieren, trete ich in einen klebrigen Teerflicken und fülle mir das ganze Profil. Mist, die neuen Schuhe!

Ich komme nach Sigulda. Auf der Karte sind drei Campingplätze zu sehen. In der Tourist-Info bekomme ich einen empfohlen, der habe sanitäre Anlagen, die anderen nicht, das seien nur Wiesen. Direkt an der Gauja unten, einem wildromantischen Fluss, liegt der Platz. In der Nähe ein Freizeitpark mit einer Sommerrodelbahn und anderen Einrichtungen für alle möglichen Aktivitäten. Sogar einen Sessellift gibt es hier, der Hang wird im Winter zum Skifahren genutzt. Zelten kann man unter Bäumen in einem hügeligen Gelände direkt am Sandstrand an der Gauja. Das gegenüberliegende Ufer ist bewaldet. In der dazugehörenden Kanustation gibt es Boote zu mieten für ein- oder mehrtägige Paddeltouren.

Nachdem mein Zelt steht, fahre ich die 11-prozentige Steigung wieder hoch und esse fast fürstlich in einem SB-Restaurant. Außen ist angeschrieben „SB-Pizzeria" und drinnen überrascht mich eine riesige Warmtheke. Ich werde freundlich gefragt, was ich denn haben wolle. Auf meine Antwort, ich müsse erst schauen, was sie haben, wird mir alles gezeigt: acht verschiedene Sorten Fleisch, verschiedene Kartoffeln, Gemüse, Saucen, Salate und im Nu füllt die nette Dame den Teller des beim Anblick der vielen Speisen immer hungriger werdenden Radlers. Dazu kommt noch ein großes Bier vom Fass und ich setze mich in den urig möblierten Garten und genieße mal wieder das Leben... Es ist immer noch sehr warm, richtig schön einfach.

Zurück auf dem Campingplatz unterhalte ich mich noch eine Weile mit einer Familie aus Leipzig. Ihnen hat man an der Rezeption gesagt, dass es hier Füchse gibt und man nichts Essbares vor dem Zelt liegen lassen solle. Und während wir uns noch unterhalten, kommt die kleine Tochter angerannt und verkündet ganz aufgeregt, sie habe gerade einen Fuchs gesehen. Ich nehme es ernst mit dem Essbaren nicht liegen lassen, alles kommt ins Innenzelt. Auch die Schuhe bleiben heute nicht draußen. Ich habe da so meine Erfahrungen mit Füchsen. Zu Hause klingelte nämlich einmal ein Nachbar an der Tür und zeigte mir meine Gartenschuhe, die er auf seiner Terrasse gefunden hatte... auch bei uns sind Füchse unterwegs.

Ich schlafe leidlich gut, es ist zu warm im Zelt, alles patschnass vom Kondenswasser. Und dann Motorengeräusch, erst ganz leise von ferne, dann immer lauter werdend. Denke erst an Motorboote, aber auf der Gauja, diesem netten Flüsschen? Sind es Hubschrauber? Dann kommt noch deutlich Geklapper dazu – klar, das könnte eine „Taiga-Trommel" sein. In der Nähe sind doch Bahngeleise. Der Spitzname „Taiga-Trommel" ist für diese schweren russischen Lokomotiven irgendwie logisch. Unglaublich dieser Lärm, angeblich sind welche sogar ohne Schalldämpfer unterwegs?!

Montag, 28. Juli 2014

Das Wetter ist wie gehabt. Was tun heute? Ich fahr mal wieder in die Stadt hinauf, diesmal zur Fahrradwerkstatt, und lasse die Speichen nachziehen. Hinten ist es ganz notwendig. Vorne, wo ich es eher gedacht habe, ist es nicht so schlimm.

Der Mechaniker schaut noch nach der Kette. Ich: „It's o.k.?" Er: „It's not o.k." und schüttelt den Kopf. Aber ich müsste nicht nur die Kette wechseln, sondern auch die Kettenräder und Ritzel. Das hat man mir zu Hause vor der Tour schon gesagt, aber das investiere ich nicht mehr. Plane ja sowieso, das alte Fahrrad in St. Petersburg zu lassen. Bis dorthin sind es noch 900 Kilometer, so weit muss es einfach noch halten.

Insgesamt 30 Kilometer radle ich heute in und um Sigulda herunter. Als erstes schaue ich die Bobbahn an. Sie wird derzeit renoviert. Sonst könnte ich mir mal das Vergnügen einer Sommerbob-Fahrt gönnen... in Begleitung eines erfahrenen Piloten natürlich, die Attraktion hier.

Weiter fahre ich zum ‚Malerblick' und zum ‚Kaiserblick', beides Aussichtspunkte auf das Gauja-Tal, danach auf die andere Talseite hinüber zur Burg Turaida. Eine imposante Anlage und auf alle Fälle sehenswert. Im Innern gibt es informative Ausstellungen, teilweise auch auf Deutsch beschrieben. In all den Räumen, fernab vom Tageslicht, selbst in den entferntesten Turmstübchen, sitzen den ganzen Tag Aufseherinnen tatenlos herum und behalten die Besucher im Auge, dass ja keiner etwas mitnimmt oder womöglich vandaliert. Wie langsam geht da die Zeit vorbei?! Das Warten auf den Feierabend, eine echt langwierige Angelegenheit, sie tun mir ein bisschen leid...

Vor der Burg eine Gruppe Radler, fünfzehn Personen, Deutsche und Italiener. Sie sind ohne Gepäck unterwegs, haben nämlich einen Begleitbus und fahren jeden Tag so um die 30 km hinter ihrer Führerin her... einfach geil! Ich komme gerade mit einer ganz und gar anderen Radler-Welt in Berührung! Nie würde ich freiwillig ein Tauschangebot annehmen... Aber jeder machts halt so, wie er will und kann.

Es ist sehr schwül, Gewitterwolken bilden sich, aber nichts passiert. Später gibts wieder Sonne und blauen Himmel.

Schwimmen in der Gauja steht als nächstes auf dem Programm. Man kann sich schön mit der Strömung hinunter treiben lassen und dann am Rand im flachen Wasser wieder hoch laufen. Es ist auch bemerkenswert, dass es hier recht ruhig ist, es kein Geschrei gibt, obwohl viele Menschen am Strand sind. Etwas später kommt dann noch mein Bart dran. Er ist mir inzwischen lästig geworden und ich bearbeite ihn so mit einer Schere, dass es sich richtig lohnt. Wie es hinterher aussieht, ist mir relativ egal, es kennt mich hier ja keiner und ich selber sehe es ja gar nicht.

Der Abend ist auch verplant, ich freue mich schon drauf: Ich lasse mir wieder in meinem Lieblings-SB-Restaurant „Zalumnieku piestatne" den Teller füllen...

Dienstag, 29. Juli 2014

Das gleiche Sommerwetter, es ist der Wahnsinn. Also über das Wetter brauche ich mir wirklich keine Gedanken machen. Um 8.00 Uhr fahre ich ein weiteres, aber nun letztes Mal die zwei Kilometer den Berg hinauf nach Sigulda, zur Abwechslung einmal mit vollem Gepäck. In einer Bäckerei gibts einen Cappuccino und eine kleine Pizza, das ist das Frühstück heute. Ich gönne mir die Stärkungspause gleich am Anfang des Tages, denn laut meinem Radführer liegt jetzt eine 27 Kilometer lange Schotterstrecke vor mir.

Anfangs ist alles asphaltiert und ich hoffe schon, dass das mit dem Schotter inzwischen gar nicht mehr stimmt. Aber dann wirds doch Wirklichkeit: Kies und Sand. Das Gemisch scheint erst frisch aufgebracht worden zu sein, es ist ganz eben, aber vier bis fünf Zentimeter tief und weich. Nichts ist festgefahren, ich sinke ein. Das Fahren erfordert die ganze Konzentration. Ab und zu muss ich auf ebener Strecke absteigen. Ein Blick für die Landschaft ist meist nur aus den Augenwinkeln möglich. Radlerglück sieht wirklich ganz anders aus. Am besten lässt es sich noch am Rand fahren, dort ist es etwas fester, aber auch nicht immer.

Das wird mir beinahe auch noch zum Verhängnis. An einer Stelle, an der ein Bach bis ganz an die Straße herankommt, ist der Randstreifen recht abschüssig. Und es kommt, wie ich es eigentlich kommen sehe: das Hinterrad findet keinen Halt, rutscht in dem sandigen Kiesgemisch seitlich nach unten weg. Nur durch sofortiges Abspringen kann ich das Rad noch vor dem Absturz retten. Ja, das wäre fast ins Auge gegangen. Nicht vorstellbar, wenn ich hier in dieser einsamen Gegend samt Fahrrad die drei Meter hohe Böschung hinunter gerutscht und in dem Bach verschwunden wäre... Es gilt also, weiterzufahren mit voller Konzentration.

Kurz vor Ligatne dann die Wohltat: der Schotter weicht Asphalt. Welch ein Unterschied, gleich sieht die Welt ganz anders aus. Nicht weit neben der Straße am Ortsausgang der kleinen Ortschaft sind Keller in den Felsen gehauen. Manche der Holztüren haben Löcher, ich kann hindurchschauen. Die Felsenkeller werden tatsächlich noch benutzt. In einigen befinden sich Vorräte, Obst und Gemüse in Einmachgläsern, aber allem Anschein nach auch Flaschen mit Hochprozentigem.

Hinter dem Ort hört der Asphalt wieder auf. Und dann kommt noch eine „Bremsenstrecke". Es geht lange durch den Wald, die Luft und die Schotterpiste sind feucht. Es muss heute Nacht geregnet haben. Jedenfalls ist das für die Bremsen das ideale Klima. Sie fressen mich schier auf. Gleichzeitig zu viert und zu fünft setzen sie sich auf mich, trotz Mückenmittel. Keine Ahnung, wie es ohne wäre. Ich schaue mal zurück – eine ganze Wolke verfolgt mich. Jetzt nur nicht langsamer werden oder gar stehen bleiben. Darf mir gar nicht vorstellen, was wäre, wenn ich jetzt womöglich einen Platten hätte, wenn die Biester während der Fahrt schon so lästig sind. Immer schön in Bewegung bleiben!

Ich überstehe die Sache. Ich erreiche eine gut ausgebaute Straße und kann wieder Tempo aufnehmen und die Plagegeister abschütteln.

In der Nähe von Araisi steht auf einer Anhöhe neben einem Wohnhaus eine alte Windmühle aus dem 18. Jahrhundert. Ein junges Mädchen ist gerade dabei, den Garten mit einem Gartenschlauch zu wässern. Sie kommt herüber zum Kassenhäuschen und ich kann bei ihr den Eintritt bezahlen. Sie bietet mir noch Eis an, aber ich lehne ab, hätte lieber ein kaltes Getränk. Außer warmer Cola hat sie aber nichts in ihrer kleinen Hütte.

Man kann die Mühle innen besichtigen und die ganzen drei Stockwerke hochsteigen. Es liegt ein Besucherbuch aus. Gerhard hat sich nicht eingetragen. Ich gehe mal davon aus, dass er die Mühle nicht auslässt. Anscheinend bin ich also vor ihm.

In der Nähe eine interessante Inselsiedlung aus dem 9. Jahrhundert. Auf einer sumpfigen Insel haben die damals auf mehreren Lagen übereinander geschichteter Baumstämme ihre Blockhütten errichtet. Den Größen der Türöffnungen nach waren es kleine Leute, vermute ich. Im Innern gibt es verschiedene Räume, Wohnräume und Wirtschaftsräume, teilweise mit Lehmöfen. Zusammen mit einem Ehepaar und seiner kleinen Tochter bin ich der einzige Besucher.

Was mir noch auffällt: In letzter Zeit bin ich beim Eintrittbezahlen immer wieder gefragt worden, ob ich „Pensionari" sei. Und jetzt, weder an der Windmühle noch an der Kasse beim Inseldorf hat das jemanden interessiert. Ob das vielleicht tatsächlich daran liegt, dass ich meinen Bart zwischenzeitlich kurzgeschoren habe? Hanne erinnert mich zu Hause nämlich immer mal wieder daran, dass ich doch meinen Bart schneiden solle, ich würde sonst so alt aussehen...

Es ist eine Knallhitze und als ich Cesis erreiche, halte ich zuallererst an einem Laden an, um etwas Kühles zu trinken zu kaufen. Wieder draußen, sehe ich gegenüber einen großen Friedhof mit einer Kapelle mit Kuppeldach. Der interessiert mich. Im hinteren Teil entdecke ich einen deutschen Soldatenfriedhof. Auf Steinsäulen sind die Namen von etwa 250 deutschen, aber auch lettischen Soldaten aufgelistet, die hier in der Gegend zwischen 1941 und 1944 gefallen sind. Die meisten sind nur so um die 30 Jahre alt geworden, alle namentlich mit Geburts- und Sterbedatum aufgeführt. Ich empfinde großes Mitleid mit diesen jungen Kerlen...

Es zieht ein Gewitter auf. Ich kaufe noch schnell in einem Supermarkt ein. Es soll hier an der Gauja eine Zeltmöglichkeit geben. Soll ich diese suchen oder noch die 20 Kilometer bis zur nächsten weiterfahren? Nach langem Abwägen entschließe ich mich für ersteres. Doch es dauert bald noch eine Stunde, bis ich den Zeltplatz endlich finde! Keiner weiß hier Bescheid. Die Straße hinunter an den Fluss ist eine einzige Baustelle. Einer der Bauarbeiter aber kennt sich aus und zeigt mir den Weg. Ich fahre noch einen Kilometer an der Gauja entlang und komme an einen sehr schönen Platz mit Sandstrand und ganz passablen sanitären Anlagen. Der Chef spricht sogar etwas deutsch. Er weist mir ein Areal zu und ist auch einverstanden, dass ich vor Erledigung der Anmeldung erst noch mein Zelt aufbaue, denn der Himmel ist inzwischen rabenschwarz geworden. Es wird wohl gleich los gehen! Doch ganz einfach ist das hier nicht. Der Boden ist so sandig, dass meine kleinen Heringe nirgends halten. Wo etwas mehr Gras wächst, ist es schon besser. Den Standort für das Zelt kann ich diesmal nur nach der Bodenbeschaffenheit aussuchen und finde endlich mitten auf dem Platz den nötigen

Halt, nur ein paar Meter entfernt vom Zelt eines älteren deutschen Ehepaars. In Lichtgeschwindigkeit baue ich auf und werde gerade noch rechtzeitig fertig, bevor sich die Schleusen des Himmels öffnen und der Regen herunterprasselt. Als das Gewitter vorbei ist, gehe ich an die Rezeption und erledige die Formalitäten. Es regnet jetzt noch leicht weiter und hat ganz schön abgekühlt. Egal, ich liege inzwischen im trockenen Zelt, habe Proviant genug dabei und keine Termine mehr heute...

Nur per SMS wird aus einer fernen Welt noch bei mir angeklopft: Sie wollen zu Hause wissen, ob ich in ein paar Wochen nach meiner Rückkehr zu einer großen Flugschau in der Schweiz mitkommen wolle. Beim besten Willen, ich bin hier aber mal so was von weit weg in der Natur, dass ich zu so einem Massenspektakel gerade gar keinen Bezug mehr habe. Das Leben ist hier authentisch, es kommt ohne jegliche Show aus...

Mittwoch, 30. Juli 2014

So gut wie blauer Himmel. Das Zelt ist patschnass. Alles um mich herum auch, es tropft von den Bäumen und ich bekomme in dem nassen Gras sofort nasse Schuhe. Ich hole mir am Kaffeeautomaten noch zwei Tassen Cappuccino zum Aufwärmen. Mein deutscher Zeltnachbar kommt daher und ärgert sich über etwas. Höre ihn zu seiner Frau sagen: „das ist doch primitiv hier". Zugegeben, ich weiß nicht, um was es geht und mische mich dummerweise trotzdem ein, indem ich ihn verbessere: „es ist hier einfach!" Da habe ich aber in etwas reingestochen. „Nun, Sie sagen 'einfach'. Aber wenn man dem Wort, das ich gerade verwendet habe, auf den Grund geht, dann bedeutet das ja dasselbe", ist er überzeugt. Ich nicht. Für mich ist 'primitiv' schlechter als 'einfach', und der Platz hier ist mindestens 'einfach', und damit basta! Aber ich habe diesen Nörgler gestern Abend im Zelt schon pausenlos belehrend auf seine Frau einreden gehört.

Meinen Cappuccino kann ich fast nicht genießen, es gibt hier richtig lästige Wespen. Mir fallen auch gleich wieder die Bremsen von gestern ein. Deshalb frage ich den Chef des Platzes, was man in Lettland gegen Bremsen und Schnaken mache. Kurze und knackige Antwort: „Nichts!" Er habe auch schon alles Mögliche probiert, es wirkt nichts. Na ja, super Urlaubsgegend.

Um 9.00 Uhr fahre ich dann los, hoch durch die Baustelle nach Cesis, kaufe kurz im 'Maxima' nochmals ein und um 9.30 Uhr bin ich wieder in der Natur, in „meiner Landschaft". Ich bin einfach begeistert, durch diese Lande hier zu radeln. Nur der Straßenbelag, der dürfte deutlich besser sein. Auch heute kommen wieder drei Kilometer Schotter-Sand-Gemisch von der ganz üblen Sorte auf mich zu. Es staubt wenigstens nicht, es hat in der Nacht ja geregnet. Vorerst ist das eine ziemlich zähe Angelegenheit. Später wird der Belag besser und ab Smiltene kann ich sogar richtig Strecke machen. Die Landschaft, lange Kilometer durch den Wald, erinnert wieder sehr an Skandinavien. Der Boden sieht über weite Strecken aus, als habe es geschneit. Es ist helles Isländisch Moos, das hier den Waldboden großflächig überzieht und ihm den Hauch einer Winterlandschaft verleiht. In Wahrheit ist es aber wieder hochsommerlich warm geworden.

Am Nachmittag erreiche ich Valka und fahre innerorts über die Grenze nach Valga in Estland. Die Grenze ist hier nur durch das Grenzschild und die in regelmäßigen Abständen aufgestellten schwarzweißen Grenzpfähle zu erkennen. Schon seltsam, früher war hier alles Sowjetunion, und jetzt gibt es hier eine Grenze, die man allerdings kaum sieht. Plötzlich soll ich in einem anderen Land sein?! In Estland, dem Land Nr 4 auf meiner Reise, sei alles anders, von den Straßen angefangen bis hin zu den Menschen, hat man mir gesagt.

Etwas außerhalb befindet sich laut meiner Karte ein Campingplatz. Sicherheitshalber frage ich in der Tourist-Info nach. Die beiden jungen Damen wissen von nichts, höchstens ein Biwakplatz sei in der Nähe, ohne Toiletten und Duschen. Es gäbe in Valga aber auch Bed & Breakfast. Das ist mir auch recht. Sie suchen nach einer Adresse für mich. Und dann, ich bin tatsächlich in einem anderen, neuen Land und wundere mich ein wenig: Sie fragen mich woher ich komme und wohin ich fahre. Das ist wirklich ungewohnt für mich. Wer hat mich denn in den letzten Wochen schon danach gefragt, und dann noch dazu auf einem Amt? Ich sehe schon, die Menschen sind hier anders, viel offener. Ich bekomme die Adresse von Frau Helge, die aber momentan noch beim Einkaufen sei. Deshalb müsse ich mich noch eine halbe Stunde gedulden. Es hat also keine Eile.

Ich finde das Haus auf Anhieb und warte noch ein paar Minuten dahinter im Schatten bis Frau Helge in einem alten Lada die lange Einfahrt hereinfährt.

Sie zeigt mir die Toiletten und die Dusche, aber kein Zimmer. Ich frage sie danach und sie ist überrascht. Sie dachte, ich wolle bei ihr zelten. Sie hat einen schönen großen Garten mit einem riesigen Gewächshaus. Aber sie hat natürlich auch ein Zimmer für mich. Das Haus ist ein Holzhaus, mehrstockig, mit ganz interessanter Einteilung. In einem großen Raum im Parterre gibt es eine Badewanne auf einem kleinen Podest, sozusagen höhergelegt. Dort darf ich duschen. Auch eine Sauna gab es hier einmal, jetzt ist sie zur Rumpelkammer verkommen.

Mit dem Rad gehts anschließend drei Kilometer zum Restaurant „Lilly", das mir von den beiden

Damen in der Tourist-Info empfohlen worden ist. Dort werde ich sehr freundlich bedient. Einmal eine freundliche Bedienung, die dazu noch richtig lächelt, auch das ist fast ein bisschen ungewohnt.

Danach drehe ich noch ein paar Runden mit dem Rad und versuche dann in dem saunamäßigen Zimmer zu schlafen...

Donnerstag, 31. Juli 2014

Der Himmel ist wieder wolkenlos, es wird auch heute sicher wieder ein heißer Tag.

Frau Helge kratzt ihr letztes Deutsch zusammen. Sie spricht Estnisch und Russisch. Deutsch hat sie auf dem Gymnasium und später auf der Universität gelernt. Aber das ist 40 Jahre her und ihr fehlt halt auch das „Praktika".

Einkaufen: im Eingangsbereich des Supermarkts patrouilliert ein Aufseher in Uniform. Ich geh zu ihm hin und frage ihn, ob ich mein Fahrrad in der Ecke abstellen kann. Schließlich habe ich in Riga ja auch etwas dazugelernt. Das ist in Ordnung. Jetzt kann ich mal richtig und in Ruhe einkaufen, ich weiß mein Rad praktisch in guten Händen.

Entlang der Straße Nr 3 führt ein vorbildlicher Radweg mit ganz feinem Asphalt. Es ist hier wirklich alles ein bisschen anders, einfach besser, etwas „europäischer".

Ich erschrecke fast, als mich ein Radler auf einem Rennrad überholt. So etwas ist mir schon lange nicht mehr passiert und deshalb habe ich auch nicht damit gerechnet. Einige Zeit später wiederholt sich das und dann sind es auch noch zwei Mädchen, die mich hinter sich lassen. Das sieht sehr nach professionellen Trainingsfahrten aus. In Otepää bauen sie was auf, sicher ist da am Wochenende ein Triathlon.

Auch hier finde ich das Tourist-Büro ohne Mühe. Ich möchte sicher sein und frage nach einer Zeltmöglichkeit. Die Dame dort kennt den Campingplatz, der auf meiner Karte eingezeichnet ist, gar nicht. Die Karte habe ich aber erst gestern in Valga bekommen! Sie schickt mich wieder vier Kilometer zurück, den wirklich steilen Buckel runter, den ich zuvor heraufgekeucht bin. Auf einem schönen Zeltplatz hinter einem Bauernhof baue ich auf. Es steht noch ein weiteres Zelt von einem lettischen Paar da. Auch einen Schwimmteich gibt es hier, etwa 50 x 20 Meter groß. Der wird gleich einmal getestet. Das tut gut, obwohl ich einige Bedenken habe, was die Wasserqualität betrifft. Aber es ist klar und ich sehe auch nirgends Schmutz.

Doch dann türmen sich Gewitterwolken auf. Ein Sturm kommt auf und der Himmel zieht zu. Ein paar Minuten noch und dann kommt der große

Platzregen. Ich bin froh, dass ich nicht noch zum Einkaufen gefahren bin, denn dann würde ich jetzt wohl ziemlich begossen aus der Wäsche schauen. Hoffentlich ist das nun nicht der große Wetterumschwung. Nach einer Stunde hört es wieder auf zu regnen, aber es hat gehörig abgekühlt. Ich habe Hunger und fahre den Buckel wieder hoch zum Einkaufen und vespere anschließend auf Baumstümpfen vor dem Zelt.

Ein Blick auf den Kilometerzähler: heute waren es genau 59 Kilometer, die Gesamtstrecke beträgt jetzt 3.381 Kilometer.

Freitag, 1. August 2014

Das Wetter hat sich wieder gemacht. Es wird wieder sehr warm. Das übliche Ritual erfolgt: packen, einkaufen und auf Strecke gehen... es macht einfach ungeheuerlich Spaß, wenn du aus der Stadt oder dem Dorf herauskommst und du in die Natur hinaus radelst, oder ist es eher ein Hineinradeln?

Unterwegs muss ich immer wieder anhalten, um von den vielen Seen Fotos zu machen. Ja, und dann muss ich einfach in einen rein, eine kleine Runde schwimmen. Ich habe da einen Badeplatz mit Steg ganz alleine für mich. Es ist traumhaft hier, warmes, klares Wasser, schön blau, umgeben von einem breiten, hellgrünen Schilfgürtel und

Wald, strahlend blauer Himmel mit ein paar weißen Wolken... und kein Mensch zu sehen. Es gibt zerstreut ein paar Häuser hier. Ich frage mich, ob ihre Bewohner wirklich wissen, wie schön das hier ist?

Der Verkehr nimmt jetzt deutlich zu. Ich komme auf einer mehrspurigen Straße, ähnlich einer Autobahn, bis an den Stadtrand von Tartu. Der Randstreifen ist ausreichend breit, ich kann ohne große Gefahr darauf fahren. Es soll hier Privatquartiere geben mit Zeltmöglichkeit. Das dem Zentrum nächstliegende steuere ich an und habe gleich Glück. Im Garten eines ganz normalen Reihenwohnhauses zeigt mir die Bewohnerin, eine ältere Dame, ein Rasenstück, das wir durch einen engen Gang an einem Zaun entlang und unter überhängenden Zweigen hindurch hinter einem Holzschuppen erreichen. Dusche und Toilette sind im Haus. Mein Zelt steht also etwas später zwischen einer mit wildem Wein berankten Wand und einem Rosenbeet, umgeben von weiteren Blumenbeeten, Apfel- und Kirschbäumen und den Nachbarhäusern.

Nach dem Duschen steht die Stadtbesichtigung an. Wie ich vom Haus weggehe, spüre ich heftige Schmerzen im linken Knie. Jetzt habe ich wochenlang überhaupt nichts mehr gespürt und nun das, aus heiterem Himmel! Ich kann mir nicht erklären, was die Ursache sein könnte. Ich habe mich weder gestoßen noch gezerrt, auch nicht überanstrengt. Hoffentlich kann ich morgen schmerzfrei weiterradeln.

Es sind nur ein paar hundert Meter ins Zentrum. Was mir sofort auffällt, hier kommen die Menschen auf einen zu, sind offener, freundlicher. Ich fühle mich viel wohler. Auf dem Domberg fällt mir die Ruine der Kathedrale auf. Die Kathedrale wurde schon im 16. Jahrhundert beträchtlich zerstört und verfiel in den folgenden Jahrhunderten immer mehr. Am Eingang zum Turm werde ich von einem jungen Mädchen angesprochen. Sie ist zuständig für die Turmbesteigungen und möchte von mir wissen, weshalb ich nur das Ticket für den Turm und nicht für den Mehrpreis von nur einem Euro auch ein zweites für das Museum nebenan wolle. Ich erzähle ihr von dem Film, der bei mir seit sieben Wochen im Kopf aufgenommen wird und der damit gekoppelten Reizüberflutung, den vielen Bildern auf der Speicherkarte im Foto und so weiter. Und ich versuche ihr zu erklären, dass ich das, was ich in einem Museum anschaue, nach kurzer Zeit schon wieder vergessen hätte. Aber den Turm, den wolle ich sehr gern besteigen. Und sie sagt, sie verstehe das.

Das Ticket für die Turmbesteigung muss ich an der Museumskasse holen. Dort wird mir die gleiche Frage gestellt und ich erzähle meine Geschichte von dem Film noch einmal. Verständnis? Ich bin mir diesmal nicht sicher. Auf alle Fälle freut sich die Turmwärterin, dass ich auf ihren Turm hinaufsteige. Und das lohnt sich. Außer der Aussicht auf die Stadt hat man auch einen imposanten Blick ins Innere der Kirchenruine. Selbst das Herumsteigen auf den schmalen Treppen innerhalb des Turms macht Spaß. Im ehemaligen Kirchenschiff hat eine Hochzeitsgesellschaft einen Fototermin, von hier oben ganz lustig zu beobachten. Als ich den Turm wieder verlasse, möchte meine Gesprächspartnerin von vorhin unbedingt wissen, wie es mir gefallen hat. Sie ist „glad", als ich ihr versichere, dass es für mich sehr interessant war und ich das nie vergessen werde.

In der Altstadt gibt es viele Holzhäuser, einen schönen Marktplatz mit gemütlichen Restaurants und am Ufer des Emajogi-Flusses eine schöne Promenade, auf welcher sich am Freitagabend das Leben abspielt. In der Fußgängerzone spielt einer auf einer E-Orgel deutsche Seemannslieder. Ich esse in einem Straßenlokal ganz in der Nähe des Marktplatzes. Die Portion dürfte heute ruhig etwas größer sein.

So, jetzt sind es noch 13 Tage bis St. Petersburg. Que faire? Wie heißt das: die Kilometer sind bald zu Ende und noch so viele Tage im Kalender oder so ähnlich? Jedenfalls bin ich sehr gut in der Zeit, es sind nur noch etwa 600 Kilometer bis zum Ziel.

Soll ich hier einen Tag länger bleiben? Was gibt es noch zu besichtigen?

Ich habe noch Lust auf eine Suppe und bestelle eine Soljanka. Erstens möchte ich nicht hungrig ins Bett und zweitens muss ich langsam mal wieder was auf die Rippen bekommen. Aber wozu eigentlich, ich fühle mich mit meinen inzwischen zählbaren Rippen pudelwohl.

Die Adresse der NAK, die ich im Internet ermittelt habe, existiert: Veski 40. Und genau dort steht auch eine große Kirche mit einem Schriftzug an der Wand: „Tartu baptiste". Ich sehe kein NAK-Emblem. Deshalb gehe ich die ganze Straße zweimal rauf und runter, ich finde nichts. Könnte es sein, dass die Baptistenkirche einmal eine NAK war? Offensichtlich habe ich mal wieder Pech gehabt.

Samstag, 2. August 2014

Im Garten steht noch ein weiteres Zelt, ein großes sogar. Habe das erst gar nicht bemerkt. Vier Holländer sind auf großer Autotour, in zwei Wochen von Holland nach Tallinn und zurück... und ich denke immer, nur wenn man mit dem Rad nach Russland fährt, ist man ein bisschen verrückt.

Ich warte am 'Konsum' ein paar Minuten, bis dieser dann endlich um Punkt 9.00 Uhr aufmacht. Decke mich mit einigem Proviant ein und anschließend geht es gemütlich weiter Richtung Osten zum Peipus-See. Dieser bildet die Grenze zu Russland und ist etwa sechs Mal so groß wie der Bodensee. Ich bin schon richtig gespannt auf ihn.

In Varnja sehe ich ihn dann zum ersten Mal. Leider komme ich nicht ans Wasser, der Schilfgürtel ist bestimmt 250 Meter breit. Die Route ginge jetzt eigentlich nach Norden, doch ich fahre zunächst einmal nach Süden. Die Straße endet nach etwa anderthalb Kilometern etwas außerhalb des Dorfes an einer Station der Grenzpolizei. Gerade möchte ich losgehen, an einem Kanal entlang hinaus an den See, da steht plötzlich einer in Uniform vor mir. Er hat ein großes Fragezeichen im Gesicht, schaut mich nur an. Er weiß anscheinend genau, dass reden und fragen keinen Sinn macht, denn er kann nur Estnisch, vielleicht auch Russisch, und mir sieht er an, dass ich beides sicher nicht kann. In diesem Moment krächzt sein Funkgerät und er geht zurück in sein Wachlokal. Fast gleichzeitig sehe ich das Schild mit dem durchgestrichenen Fotoapparat. Also fahre ich zurück in den Ort.

Ja, die Häuser und Straßen hier, eine andere Welt. Es sind russische Dörfer am Peipus-Ufer, die Leute kennen anscheinend keine Hektik. Wenn die neuen

Autos nicht wären und die Straße nicht asphaltiert, man könnte meinen, es ist 18hundertnochwas.

Überall gibt es Zwiebeln zu kaufen und auch geräucherte Fische, liebevoll an kleinen Verkaufsständen am Straßenrand angeboten. Die meist älteren Leute sitzen daneben und warten wohl den ganzen Tag, bis einer kommt. Wie kann man davon leben? Varnja, Kasepää und Kolkja, diese sogenannten Zwiebeldörfer, beeindrucken mich schon gewaltig, sie haben etwas eigenes. Langgezogene Straßendörfer, kann es gar nicht ausdrücken, was ich hier fühle, und dann noch – ich bin mit dem Fahrrad da! Zu Hause, vor der Fahrt schon, habe ich mir ausgemalt, wie es wohl sein wird, wenn ich erst einmal hier bin...

In Kolkja treffe ich ein junges estnisches Radler-Pärchen. Sie haben vor, im September mit dem Auto für zwei Wochen nach Deutschland zu fahren und wollen die Räder mitnehmen. Ich bekomme von ihnen Tipps, wo ich die zu vielen Tage noch verbringen kann: am Peipussee bei Rannapungerja, Kauksi sei zu laut wegen der vielen Touristen. Dann kämen noch Toila und Narva-Jösuu an der Ostsee oben in Frage. Na, dann schaun wir mal einfach.

Ihrem ersten Tipp, einem Badestrand in der Nähe, gehe ich schon mal nach. In einer Lücke im Schilfgürtel ist eine Art Sandstrand angelegt worden. Ich reihe mich in eine lange Schlange von Badegästen ein, die weit hinaus ins tiefere Wasser schreitet, um etwas zu planschen. Abkühlen ist nicht drin, dafür ist das Wasser einfach zu warm.

In Kallaste finde ich später einen Zeltplatz direkt am Strand. „Lagune" heißt das hier. Es gibt hier ein Hostel, ein Gebäude mit dem Büro der Rezeption und wie es scheint, auch mit Zimmern. Nebenan steht eine kleine Hütte mit einem Klo und einem Waschbecken. Duschen könne ich im Haus, sofern gerade von den Hausgästen niemand duscht, erklärt mir die Chefin. Wenn ich gleich duschen wolle, es sei im Moment frei. Das kostet aber zwei Euro extra... Ich frage mal vorsichtig, ob das Wasser im See sauber sei. Ja, auf jeden Fall, entgegnet sie mir. Gut, dann brauche ich vorerst keine Dusche, dann werde ich im See baden. Auf dem leeren Zeltplatz, einer Wiese hinter dem Haus, stelle ich mein Zelt auf und habe einen fantastischen Blick auf das Wasser und den recht gut besuchten Strand. Ich mische mich unter das badende Volk und wate hundert Meter durch das flache, warme Wasser hinaus, bis es tief genug zum Schwimmen ist. Leider ist es ziemlich algig, nicht gerade einladendes erfrischendes Badewasser.

Ein Restaurant ist auch nicht weit. Ich bin anfangs der einzige Gast und bestelle Fischsuppe und danach (!) gebackenes Schwein mit Pilzen, Kartoffeln und Salat und dazu ein kühles estnisches Bier. Es schmeckt köstlich...

Sonntag, 3. August 2014

Ein richtiger Ruhe- und Badetag. Etwas Proviant einkaufen und spazieren fahren, das ist heute alles. Vier weitere Zelte sind gestern Abend noch hinzu gekommen, ein holländisches Paar meine nächsten Nachbarn. Die beiden sind mit Auto und Zelt unterwegs, ihre Fahrräder haben sie auch dabei. Zwei bis drei Wochen haben sie geplant, Tallinn, Riga und Kurische Nehrung, ab und bis Holland. Es gibt tatsächlich noch mutige Leute... Oder erscheinen die Entfernungen nur mit dem Fahrrad so riesig?

Vor dem Lebensmittelladen steht ein älterer Mann. Er sieht aus, als hätte er heute Morgen schon genug getrunken und jetzt keinen Durst mehr. Als ich mein Fahrrad abschließe, kommt er her und meint, ich solle ruhig in den Laden gehen, er würde auf mein Rad aufpassen. An sich könnte ich ihm ja glauben, aber ich bin auch vorsichtig, das Risiko möchte ich nicht eingehen, wenn einer sich gleich so für mein Fahrrad interessiert. Ich verschiebe das Einkaufen lieber.

Im Schritttempo fahre ich durch das Dorf, lasse alles auf mich wirken, genieße es. Es ist schon recht heiß, alles ruhig, fast wie ausgestorben, Sonntagmorgen eben. Denkste, plötzlich Krach, an einem Haus werden neue Fenster eingebaut. Sie sind gerade dabei, die Öffnungen dafür zu vergrößern und verwenden dazu Pressluft...

Hinter dem Friedhof ein Steilufer und zahlreiche Uferschwalben, die in der Wand ihre Bruthöhlen haben. Es geht zu, wie an einem Bienenstock. Das Fahrrad steht nicht abgeschlossen am Friedhof, ich habe keine Ruhe und gehe nach kurzer Zeit zurück.

Den Rest des Tages verbringe ich mit Strandleben in einigem Abstand zum See im schattigen Zelt. Auch ins Wasser gehe ich wieder, aber zum Schwimmen muss ich ja so weit hinauslaufen. Das macht nicht gerade großen Spaß und erfrischen tut es auch nicht, es ist einfach zu warm.

Am Abend erliege ich diesmal gerne dem erneuten Angebot, für zwei Euro duschen zu können. Es ist wirklich eine gute Alternative zu dem algigen Wasser im See und ich kann mich endlich abkühlen...

Montag, 4. August 2014

Heute lasse ich mich vom Geschrei der Möwen wecken. Es ist 4.30 Uhr. Ich werde richtig wach und schaue aus dem Zelt: ein Naturschauspiel zieht mich in seinen Bann. Der ganze (!) Strand voller Möwen bei der morgendlichen Gefiederpflege. Ein paar Nebelkrähen und Stare sind auch darunter. Es ist ein unvorstellbarer Lärm, den die da produzieren. Sind es tausend oder zweitausend Vögel oder noch mehr? Ich kann es nicht abschätzen und darf gar nicht daran denken, dass da tagsüber bestimmt hundert Menschen am Strand liegen, die wohl keine Ahnung haben, was sich hier jeden Tag ein paar Stunden vorher abspielt und womit der Sand ausgiebig vermischt wird. Ob die dann ihre Babys und Kleinkinder auch noch so sorglos im Sand krabbeln lassen würden? Gestern habe ich eines beobachtet, wie es genüsslich Sand in den Mund gestopft hat... Für mich ist jedenfalls hiermit die Badesaison an diesem Strand amtlich beendet. In dieses Wasser bringt mich keiner mehr rein. Mir dämmert jetzt auch langsam, warum mir das Duschen so auffallend angeboten worden ist. Es ging also doch nicht nur ums Geld, um diese zwei Euros. Anscheinend war hier noch eine große Portion Fürsorge im Spiel...

Um 8.00 Uhr starte ich und fahre ohne Eile der „Küste" entlang. Das Wetter ist kommentarlos schön und zur Landschaft brauche ich auch nichts mehr zu sagen. Ich bin und bleibe begeistert. Andere mögen sie langweilig finden... ich bin so frei und lasse mich von ihr faszinieren.

In Mustvee eine Statue zwischen Straße und Schilf, auf einem flachen Hügel. Sie stellt ein trauerndes Mädchen dar, lese ich auf einem Schild. Unter dem Hügel befindet sich ein Massengrab aus dem Zweiten Weltkrieg.

Die 215. Inf. Div. war doch in dieser Zeit auch hier in dieser Gegend. Leider habe ich meinen Vater viel zu wenig befragt, um von seinen Erlebnissen und Eindrücken damals zu erfahren. Sicherlich wäre das jetzt hochinteressant. Und wenn er noch leben würde und sich daran erinnern könnte – das wäre eine wirklich unbeschreibliche Tour für mich, für uns beide.

Aber so bleibt mir nur eines: die Gegend auf mich wirken lassen, so wie sie jetzt ist. Mir ist auch bewusst geworden beim Durchfahren dieser Landschaft, Wälder, Wiesen, Sümpfe... die meisten dieser Bäume hat es vor siebzig Jahren noch gar nicht gegeben. Hat die Gegend hier denn überhaupt so ausgesehen wie jetzt? Die Veränderungen sind ohne Zweifel nicht so groß, wie bei uns in Deutschland seit dem Krieg. Doch welche der Häuser, die ich jetzt sehe, standen damals auch schon? Wie sahen die Straßen aus? Wie sahen die deutschen Soldaten die Gegend damals? Konnten sie sich auch an der Natur so erfreuen, wie ich jetzt, und alles genießen? Ich habe da meine Zweifel, große Zweifel. Sicher war viel Angst vorhanden und war auch Heimweh da. Die hatten eine Zukunft vor sich, die nicht im Geringsten kalkulierbar war. Keiner wusste, ob er aus diesem Landstrich lebend herauskommen würde... Ich kann sie schwer beschreiben, meine Gefühle. Da, wo die damals um ihr Leben gefürchtet haben, im Winter in ihren Stellungen erfroren sind, kann ich jetzt friedlich im Wald sitzen und diese Zeilen niederschreiben und das Leben genießen...

Ich bin auf einem Zeltplatz mitten im Wald gelandet, etwa zweihundert Meter entfernt vom nördlichen Ufer des Peipus-Sees. Es ist ein Steilufer. Der Kiefernwald reicht bis an den Steilhang heran, unten breitet sich ein traumhafter Sandstrand aus. Ein besonderes Farbenspiel bietet sich einem da: blauer Himmel, weißer Sand und dahinter der grüne Kiefernwald. Auch hier gibt es viele Algen in dem an sich klaren Wasser. Massenhaft schwimmen kleine braune Linsen darin herum. Die Wassertemperatur, sagt man mir, soll bei 25°C liegen. Ich würde sagen, das ist ganz schön untertrieben. Ich schätze die Temperatur einiges höher ein, denn abkühlen kann man sich in diesem Wasser überhaupt nicht und überall liegen kleine tote Fische herum. Ist der See kurz vor dem Umkippen?

Das Kauksi Telklaager ist ein Holzhütten- und Campingplatz, man kann sagen, im tiefen Wald, mit richtig baltischen sanitären Anlagen halt. In einer Hütte finde ich drei Kloschüsseln nebeneinander vor, ohne Türen. Ich benutze sie nicht, gehe lieber in den Wald, bin ja kein Balte. Einen kleinen Imbiss gibt es auch und schöne Nischen zum Zelten, teilweise mit Tischen und Bänken.

Meine Zeltnachbarn, ein Ehepaar, sind Esten. Der Mann spricht ganz gut deutsch. Sie wohnen in Tartu, haben aber am südlichen Teil des Sees auch ein Haus. Jetzt sind sie für ein paar Tage hier im Norden. Er empfiehlt mir das SB-Restaurant auf dem anderen Holzhüttenplatz, an dem ich vorhin vorbei gekommen bin, knapp einen Kilometer entfernt, das sei wesentlich besser, sie würden auch immer dorthin zum Essen gehen.

Ich hole mir zunächst an der Rezeption den Schlüssel für die Hütte mit der Dusche. Gleich zwei Kabinen sind da drin, aber ich kann natürlich nur eine nutzen... wohl etwas zu wenig durchdacht das Ganze? Aber egal, ich genieße eine erfrischende Dusche.

Das SB-Restaurant macht um genau 18.00 Uhr auf. Es ist jetzt zwei Minuten vorher. Ich reihe mich ein in die Warteschlange. Drinnen werden an einer kleinen Theke die Teller gefüllt. Außer „Snitzel" kann ich nichts lesen auf der Schiefertafel. Also bleibt mir nicht viel anderes übrig, als Schnitzel zu bestellen. „Kartoschki" versteht man auch noch und „Salad". Das ist halt langsam mein Standardessen im Baltikum. Eine helle Soße kommt noch drüber und ich darf an der Kasse warten, bis die vor mir endlich wissen, ob sie jetzt noch eine kalte Süßspeise wollen oder lieber nicht. Geduld braucht man da schon eine ganze Menge, denn mein Essen wird auch langsam zur kalten Speise. Danach sitze ich bei ein paar Esten am Tisch auf der Terrasse und blicke auf den See hinab.

Später am Zelt esse ich noch Brot und Wurst von heute Morgen. Ich möchte schließlich nicht hungrig ins Bett.

Meine estnischen Nachbarn sind abgereist. Etwas weiter weg campiert aber noch ein Ehepaar, es sind ältere Leute. Sie haben kein Zelt dabei, sie sitzen den ganzen Tag neben ihrem Auto am Lagerfeuer. Ich beobachte sie, wie sie am Abend die Rückenlehnen im Auto umklappen und sich dort schlafen legen. Romantik? Jedenfalls kann man so auch Urlaub machen, man ist weg von den alten Tapeten, draußen in der freien Natur und erlebt etwas oder auch nicht...

Ich mache mal einen Versuch: Ich bin jetzt gerade irgendwo, wo ich mich irgendwie ganz wohl fühle. Ich kann es aber gar nicht richtig realisieren, dass ich hier bin. Ich muss mich jetzt nach über sieben Wochen immer mal wieder zwicken, um zu spüren, ob das auch Wirklichkeit ist. Und wenn ich dann noch daran denke, dass ich ja mit dem Fahrrad hier bin – und dann noch das (bisschen) Wissen über den Zweiten Weltkrieg. Es ist sicher eine lange Tour, aber andererseits auch viel zu kurz, um alle diese Eindrücke richtig zu erfassen. Wobei ich wieder „beim Film" bin. Bestimmt werde ich, wenn alles vorbei ist, noch eine ganze Zeit lang Arbeit haben, bis alles am richtigen Platz eingeordnet und verdaut ist.

Um 21.30 Uhr geht hier die Sonne unter. Ich hoffe, dass trotz der Kinder und Autoradios irgendwann Ruhe ist. Na ja, die Radios stellen sich als CD-Player heraus, sie spielen bis spät, sehr spät in die

Nacht. Allerdings wird die nicht allzu hohe Lautstärke später auch noch gedrosselt und ich versinke langsam ins Reich der Träume...

Dienstag, 5. August 2014

Ein Ruhetag, wieder Sonne und Hitze. Der Proviant ist aus, ich brauche Nachschub. Werde mal nach einem Laden schauen. Die Russen nebenan mit dem VW-Bus kommen mit ihren Fahrrädern und Plastiktüten daher. Wahrscheinlich kommen sie vom Einkaufen. Ich frage sie nach einem Laden. Sie kommen jedoch nur vom Strand, kennen sich aber aus und verweisen mich auf die Rezeption, dort könne man auch ein paar Kleinigkeiten kaufen. Oder aber ich müsse nach Kuru, das sind etwa drei Kilometer. Igor ist aus Leningrad, sagt er. Ich frage ihn nach den Straßenverhältnissen. Er ist wenig begeistert. Eine andere Russin kommt hinzu. Sie stammt aus Moskau, wohnt heute in Narva und warnt mich vor den Russen. Diese seien ganz anders, ich müsse aufpassen und sie mir genau anschauen. Schließlich bekomme ich von Igor eine alte russische Landkarte vom Leningrader Gebiet. Dazu schreibt er mir seine Telefon-Nummer auf und schenkt mir eine Telefonkarte für Russland. Ich könne ihn anrufen, wenn ich Probleme hätte.

Dann fragt er mich, ob ich jetzt „Kuru Shop" gehen würde. Er holt sein Rad und eine Plastiktüte und kommt mit. Er legt ein Tempo vor, dass ich Mühe habe zu folgen. Nach einer Weile lässt er dann merklich nach und es geht gemütlich weiter. Wir unterhalten uns in einer Mischung aus Deutsch und Französisch. Seine Tochter lebt in Luxemburg, deshalb die Sprachkenntisse. Im Laden angekommen, erzählt er mir etwas von Vodka und zeigt auf das Hochprozentige in einem Regal. Außer Wasser finde ich nichts passendes und warte draußen. Er kommt mit seiner Plastiktüte heraus, er hat Flaschen eingekauft. Ist es Vodka? Ich erkläre ihm, dass ich noch etwas weiter die Küste entlang fahre und eventuell noch Schwimmen gehen werde. Er warnt mich noch vor den Zecken und fährt alleine zurück, ganz langsam und auf der falschen Straßenseite. Hoffentlich hat er jetzt nicht einen potentiellen Saufkumpel verloren...

Ich radle noch ein Stück weiter über Alajoe hinaus und finde einen weiteren Laden. Die Verständigung ist schwierig. Ich hätte gerne eine Dose Wurst. Ich sehe aber keine, kann also auf keine zeigen. Doch was heißt Wurstdose auf Estnisch oder Russisch? Mit Händen und Füßen klappt es dann. Die beiden Verkäuferinnen freuen sich sichtlich, dass sie herausgefunden haben, was ich möchte. Klar, dass ich mich ebenfalls sehr darüber freue.

Auf dem Rückweg schiebe ich das Rad einen der Trampelpfade entlang durch den Wald zum See und mache Badeurlaub inklusive einem kleinen Nickerchen am Strand. Und dann fällt mir ein, dass ich ja auch ein Bilder-Wörterbuch habe. Das hätte bestimmt beim Doseneinkauf weiterhelfen können.

Zurück auf dem Zeltplatz, kommt ein Wiener VW Caddy daher. Bin mir sicher, den habe ich schon mal wo gesehen. Sie, ein junges Ehepaar mit einem kleinen Kind, waren auch in Riga und Jurmala, vielleicht war es dort? Jedenfalls sind sie schon seit sieben Wochen unterwegs, mit Zelt und Auto, bis Narva waren sie gekommen.

Ich sitze an meinem Tisch neben dem Zelt und plane meine weitere Strecke. Das ältere Ehepaar nebenan packt zusammen. Ihr Lagerfeuer ist erloschen. Wir haben nie miteinander ein Wort gewechselt. Aber beim Wegfahren winken sie mir zu. Das freut mich. Wir waren ja für eine kurze Zeit Nachbarn. Etwas später kommt Igor herüber. Er hat einen Tablet-PC dabei und ist ganz glücklich. Stolz zeigt er mir ein Übersetzungsprogramm, auch die Tastatur kann er von der kyrillischen Schrift auf die lateinische ändern. Jetzt steht der Konversation nichts mehr im Weg. Scheinbar, denn mit ganzen Sätzen hat das Programm große Probleme, da kommt fast nur Unverständliches heraus.

Wir unterhalten uns bestimmt zwei Stunden. Igor interessiert sich sehr für meine Route und wir suchen im Internet den Feldflugplatz in Russland, der im Radführer zum Campieren empfohlen wird. Er ruft dort an und man bestätigt ihm, dass das möglich ist und man dort auch duschen kann. Gut, somit habe ich mal einen ersten Anlaufpunkt in dem unbekannten Land.

Dann macht der Wiener noch Fotos von uns, die Igor gleich nach Deutschland schickt. Dort wird man sich wundern, wenn plötzlich eine E-Mail von einem Russen eingeht...

Es ist bald 18.00 Uhr. Ich mache mich wieder auf den Weg zum Restaurant und stelle mich in der Schlange zum Essenfassen an. Für mich gibts das gleiche wie gestern Abend und wieder mit Blick auf den Peipus-See. Bei meinen Tischgenossen, einer estnischen Familie, aber auch an manchen Nachbartischen, fällt mir auf, dass die Frauen und Kinder ganz normales Essen bekommen, während sich die Männer mit einem Joghurt oder einer Süßspeise begnügen, die sie aber offensichtlich heißhungrig verspeisen. Waren die heute nicht brav? Ich glaube jedenfalls nicht, dass sie eine Abnehm-Kur machen, denn sie sind nicht übermäßig beleibt, eher schlank... Leider kommt keine Unterhaltung zustande, die Sprachprobleme sind schuld. Sonst hätte ich vielleicht mal nach dem Grund fragen können.

Auch ohne große körperliche Aktivitäten bin ich heute ziemlich müde geworden. Es ist sicher auch die Hitze, die dazu beiträgt. Mit der Dämmerung krieche ich ins Zelt.

Ich habe wohl schon eine Weile geschlafen, da fängt plötzlich eine Sirene an zu heulen, auf- und abschwellend. Sie befindet sich nicht auf dem Campingplatz, es ist weiter weg, vermutlich bei einem der Häuser, die verstreut im Wald stehen? Es dauert jetzt schon über zehn Minuten. Ich mache mir langsam Gedanken – hier hat es bestimmt wochenlang nicht geregnet. Jetzt die Hitze, falls mal der Wald brennen sollte – wie würden die das den weit verstreuten Campern im Wald rechtzeitig kundtun? Für alle Fälle plane ich den Ernstfall. Wie würde ich am schnellsten packen, was zur Not zurücklassen? Ich schaue immer wieder zum Zelt hinaus, ob ich etwas auf dem Zeltplatz bemerke, ob ich womöglich irgendwo einen Feuerschein sehe. Es gibt jedoch nirgends Anzeichen von Panik, ein paar Lagerfeuer brennen noch, Menschen sitzen ruhig davor. Das beruhigt... und nach 30 oder 40 Minuten, einer Ewigkeit, hört der Lärm dann plötzlich auf, hier im Wald gibt es Beifallgeklatsche – endlich ist Ruhe.

Mittwoch, 6. August 2014

Um 7.00 Uhr fange ich an zu packen. Es ist noch alles still. Nur die Schiebetür des russischen Busses geht auf. Igor hat heute Nacht wohl im Bus geschlafen. „Guten Morgen", er deutet auf den Platz, auf dem mein Zelt gestanden hat. „Alles kaputt!" Ja, das Zelt ist schon eingepackt. Als ich eine Weile später startklar bin, sitzt er im Bus. Ich gehe zu ihm rüber: "Igor, doswidanija". Er antwortet mir mit russischem Kauderwelsch und ich verstehe gar nichts. Ich: „Igor, russki Kamerad!" Er strahlt. Da ich mein altes Fahrrad nicht mehr zurück nach Deutschland nehmen möchte, überlege ich, ob ich mit ihm einen Deal machen soll: Er holt mich mit seinem VW-Bus in meinem Quartier in St. Petersburg ab, fährt mich zum Flughafen und ich schenke ihm mein Fahrrad. Er hat es nämlich die ganze Zeit interessiert betrachtet, das habe ich gut gesehen. Es scheint mir aber dann doch ein wenig riskant, kann ich mich auf die ‚Taxifahrt' verlassen? Ich möchte da lieber ganz sicher sein... und verkneife mir die Frage, obwohl sie mir ganz vorne auf der Zunge liegt.

Er blickt mir lange nach, ich winke zurück – die Begegnung mit Igor aus Gatschina ist jetzt Geschichte. Doch die Sache mit dem Deal lässt mich den halben Tag nicht los... wäre sicher eine gute Möglichkeit gewesen. „Warum habe ich sie nur nicht genutzt?" frage ich mich. Was ich im Moment nicht ahne, ich werde eine Antwort darauf bekommen...

Es läuft ganz gut. Die Straßen sind nicht zu beanstanden. Herrliches Sommerwetter, ebenso die Landschaft, kaum Verkehr. Der Laden, in dem ich gestern die Dosenwurst gekauft habe, ist noch geschlossen, also wird es nichts mit frischem Proviant.

Ich habe kaum noch Euros. In Mustvee habe ich vorgestern am Bankomat keinen Erfolg gehabt, konnte nichts abheben, warum auch immer. Die nächste Gelegenheit ist vielleicht in Iisaku, aber das ist nur eine kleine Ortschaft und ob es dort einen Bankomaten gibt? Ich habe Glück. Es gibt hier einen schönen großen Lebensmittelladen mit einem Bankomaten davor. Und das Abheben klappt diesmal.

Auf einer kleinen Anhöhe vespere ich auf einer Bank neben der Lutherischen Kirche. Aus dem Innern ertönt Orgelmusik, leider sind alle Türen verschlossen. Von meiner Vesperbank aus aber sehe ich durch ein Fenster die Organistin sitzen. Ein älterer Mann kommt den Fußweg herauf und grüßt mich freundlich. Hier ist die Welt in Ordnung.

Einen Kilometer weiter steht ein Aussichtsturm. Von oben eröffnet sich ein weiter Blick auf die Ortschaft und die Landschaft. In der Ferne meine ich, Schneeberge zu erkennen. Es sind Abraumhalden von Ölschieferminen, die sich ganz hell aus dem grünen Meer der Wälder erheben.

In Kuremäe schaue ich mir das Nonnenkloster an. Es ist sehr, sehr beeindruckend, eine andere Welt. Die Nonnen sind unterschiedlich gekleidet und es sieht aus, als wäre heute großer Putztag. Überall wird geputzt und gefegt. Ich darf sogar in meiner kurzen Radlerhose in die Kirche rein, wenigstens sagt keine was. Und auch dort wird der Lappen geschwungen. Es gibt hier auffallend viel Glanz und Glitzer. Eine der Nonnen, eine kleine alte Frau, ist ganz intensiv damit beschäftigt, einen goldenen Leuchter zu polieren, so als würde ihr Seelenheil davon abhängen. Es erscheint mir wenigstens so.

So sehr ich in Polen und den anderen Ländern, durch die ich gekommen bin, die Ernsthaftigkeit des Glaubens bewundert habe und auch noch tue – jetzt wird mir doch plötzlich bewusst, dass nicht nur die Intensität eine Rolle spielt, sondern auch, was man glaubt. Ich fühle mich bestätigt, als ich überall Nonnen und Frauen, die hier beim Arbeiten sind, und auch ganz einfache Besucherinnen beobachte, wie sie sich fast an jeder Ecke innerhalb und auch außerhalb der Kirche so im Vorbeigehen teilweise mehrfach bekreuzigen. Schaffen die so ihre Seligkeit? Wer hat denn diese Idee gehabt und denen klar gemacht, dass das etwas nützt und vor allem wozu? Wirklich, ich weiß noch vieles nicht...

Weiter geht es bei großer Hitze in Richtung Norden. Langsam, ganz langsam kommt jetzt so eine Art „Endspurt-Feeling" in mir auf. Schon während der Vorbereitung der Tour habe ich mir versucht vorzustellen, wie es sein wird, wenn ich hier wieder an die Ostsee gelangen werde. Dann werde ich im äußersten Nordosten angekommen sein. Dann kommt praktisch nur noch ein überschaubares Stück durch Russland... dann ist es so gut wie geschafft.

Ich campiere in Toila am Finnischen Meerbusen auf einem sehr schönen Campingplatz direkt oberhalb der Steilküste. Die sanitären Anlagen sind sternemäßig, sie werden mehrmals täglich gereinigt. Der Platz gehört zum angrenzenden Spa-Hotel, das ist die Erklärung.

Eine steile Treppe, gut 160 Stufen sind es, führt durch den Wald hinunter an den Strand. Das Wasser in der Ostsee ist eiskalt. Selbst wenn man endlich drin ist, gewöhnt man sich nicht an die Kälte. Es zieht einem alles zusammen. Das überrascht mich schon, denn bisher war die Ostsee immer angenehm zum Schwimmen. Aber was solls, ich bin hier nicht am Mittelmeer. Im Dorf gibt es ein nettes Restaurant, ein Lebensmittelladen ist gleich nebendran. Also ist sozusagen alles in Butter.

Zweihundert Meter östlich des Campingplatzes befindet sich ein deutscher Soldatenfriedhof, viereinhalb Hektar groß, in einem Wald direkt am Rand der Klippen. Zweitausend deutsche und estnische Gefallene der Narva-Front liegen hier. In Toila war während des Krieges ein Lazarett der 170. Inf. Div. eingerichtet worden und dazugehörend ein Friedhof. Die bei den Kämpfen im Frühjahr 1944 gefallenen Soldaten sind dann auch hier beerdigt worden. Sie sind namentlich aufgelistet, der jüngste gerade 18 Jahre alt und keiner älter als Ende 30. Ich stelle mir junge Kerle in diesem Alter vor, die ich kenne. Es berührt mich schon sehr, wie solchen jungen Leuten ihr Leben genommen worden ist und für welchen Irrsinn. Sie durften ihr Leben nicht leben, nicht zu Ende leben...

Donnerstag, 7. August 2014

Das Wetter ist weiterhin richtig sommerlich. Ich verlängere um einen Tag. Das Mädchen an der Rezeption fragt mich, wie es mir hier gefallen würde. Als ich ihr antworte, dass es mir gut gefalle und ich begeistert bin, weil es so ruhig ist, lacht sie nur und meint, ich solle mal das Wochenende abwarten.

Mich zieht es wieder zum Soldatenfriedhof und ich lasse das Ganze noch einmal auf mich wirken. Anschließend verbringe ich ein paar Stunden im angrenzenden Oru-Park. Das ehemalige Schloss dort ist 1941 vollständig zerstört worden.

Zwei junge Mädchen schieben ihre voll bepackten Tourenräder durch die Anlagen. Klar, dass ich sie anspreche, möchte doch wissen, woher und wohin. Sie sind Studentinnen aus Tartu und radeln quer durch Estland. Die eine spricht sehr gut deutsch, die Unterhaltung klappt einwandfrei. Ihr Vater habe ihr gesagt, dass das Wasser in der Ostsee sich gestern komplett umgewühlt habe, es deshalb so kalt sei. Dann gibt sie mir noch einen Tipp. Etwa zwanzig Kilometer entfernt von hier gäbe es ein lohnendes Ziel, ein Bergwerk, das man besichtigen könne, noch nicht ganz offiziell, aber es werden von einem ehemaligen Arbeiter schon Führungen angeboten. Früher habe man dort „Brennstein" abgebaut. Ich verbessere sie: „Bernstein"? - „Ja, klar, so heißt das." Dabei wundere ich mich, denn ich habe gar nicht gewusst, dass man Bernstein unter Tage abbaut. Aber in einem fernen Land, kann man schließlich immer etwas dazulernen.

Direkt an den Klippen steht im Wald eine überdachte Aussichtskanzel. Sie ähnelt einem griechischen Tempel. Mein Blick geht 40 Meter hinab in die Tiefe und unendlich weit auf die blaue Ostsee hinaus.

Für den Strand ist es mir noch zu früh. Ich fahre deshalb lieber ein paar Kilometer in Richtung Westen an der Küste entlang. Bei der Gelegenheit schaue ich mir ein Haus an, das zum Kauf angeboten ist. Die Tür steht offen. Es ist innen in einem sehr bedauernswerten Zustand. Das Dach ist wohl nicht mehr dicht. Im Schlafzimmer ist der Fußboden so feucht, dass Gras und Moos darauf wächst, ein uriger Anblick. Ich bin fast überzeugt, dass der Käufer, wenn es überhaupt je einen geben wird, noch ein paar tausend Euro als Dreingabe erhält. Die Lage wäre ansich gar nicht so schlecht, direkt oben an der Klippe. Man müsste halt ein paar Bäume fällen, wegen der Aussicht auf die Ostsee, die dadurch traumhaft wäre...

Anschließend kommt aber dann doch der Strand dran. Das Wasser ist heute bedeutend wärmer als gestern. Und so macht das Schwimmen schon wieder richtig Spaß. Danach folgt Sonnenbaden bis ich keine Lust mehr habe.

Zurück auf dem Campingplatz, es ist einiges los hier. Das Wochenende steht an, der Betrieb nimmt tatsächlich schon zu. In der Rezeption schaue ich die ausliegenden Prospekte durch. Ich suche nach dem Bergwerk, möchte mich darüber informieren. Es gibt ein Bergwerksmuseum in Kohtla-Nomme. Allerdings wurde dort kein Bernstein abgebaut, sondern Ölschiefer, tatsächlich unter tage. Nun gut, „Brennstein" kann man schon auch dazu sagen, irgendwie wird er ja verbrannt oder so ähnlich. Ich habe jetzt aber das sichere Gefühl, dass ich der nun langsam einsetzenden Reizüberflutung Tribut zolle, denn ich muss das nicht unbedingt gesehen haben...

Ich gehe hinüber zu meinem Zelt. Nicht weit weg davon ist Gerhard gerade dabei, seines aufzubauen... Ja, eigentlich ist es klar, dass wir uns irgendwann wieder über den Weg laufen. Und trotzdem bin ich überrascht.

Wir gehen miteinander Essen und trinken zur Feier des Tages noch zwei, drei ‚A le Coq', estnisches Bier, zusammen. Dabei erzählen wir uns, was wir die letzten zweieinhalb Wochen erlebt haben. Mit seiner Einladung in Riga hat es nicht geklappt. Er ist in Estland über die Südost-Ecke gefahren, während ich die Abkürzung über Otepää genommen habe. Auf dem Zeltplatz in Kauksi hat er die Wiener getroffen. Die haben ihm erzählt, dass ich auch da war, einen Tag vor ihm... Auch der Russe mit dem VW-Bus ist am nächsten Tag abgereist...

Freitag, 8. August 2014

Das Wetter ist – schön, wie immer in der letzten Zeit. Seit Liepaja herrscht reines Sommerwetter. Das ist jetzt 25 Tage her und kann sich auf alle Fälle sehen lassen. Ich genieße es in vollen Zügen. Später gibt es leicht Wolken und es wird auch kühler. Relaxen ist angesagt.

Mein Plan sieht jetzt so aus: am 14. August sollte ich in St. Petersburg sein, ab da habe ich mein Zimmer gebucht. Das ist nächste Woche Donnerstag. Dabei möchte ich nach Möglichkeit nicht abends in die Stadt hineinfahren, sondern so früh wie möglich, um Stress zu vermeiden, wenn ich meine Unterkunft suche. Ich rechne nun rückwärts. Für die Strecke von der russischen Grenze bis St. Petersburg sind es etwa 180 Kilometer. Ich kalkuliere dafür mal knapp drei Tage, weiß ja nicht, wie die Straßen in Russland sind und wie ich vorankomme. Und von Toila bis zur Grenze ist es noch ein Tag. Das heißt, dass ich in Toila am Montagmorgen aufbrechen sollte. Für die erste Übernachtung in Russland sehe ich den Feldflugplatz vor, bei dem Igor schon angerufen hat. Den Rest lasse ich mal offen und auf mich zukommen. Zur Not gibt es halt noch kurz vor dem Ziel ein wildes Biwak im russischen Sumpf. Vielleicht ist das dann der besondere Höhepunkt der Tour...

Gehe einkaufen, vespere vor dem Zelt und dann gehts an den Strand hinunter. Das Wasser ist trotz der Wellen deutlich wärmer als bisher.

Später radle ich mit Gerhard zum Restaurant. Ich bin nun schon zum dritten Mal hier und langsam Stammgast. Wir werden auch ganz nett von der hübschen jungen Bedienung gefragt: "Is everything o.k.?" und „do you want another beer?" Sie weist uns dann auch noch freundlicherweise darauf hin, dass morgen nur bis 15.00 Uhr geöffnet ist, da sie eine Hochzeitsfeier hätten. Gut zu wissen für die Tagesplanung. Es ist immer noch etwas ungewohnt, aber auch ganz nett, wenn man sich mit Einheimischen ein wenig unterhalten kann. Das geht uns beiden so. Das war in den bisherigen Ländern nicht ganz so einfach.

Samstag, 9. August 2014

Heute ist es bewölkt! Es ist aber immer noch warm. Mein neuer Zeltnachbar seit gestern Abend ist Roman, ein junger Motorradler, so Mitte dreißig und aus St. Petersburg. Er ist alleine mit seiner BMW unterwegs. Wir verständigen uns hauptsächlich auf Englisch. Er ist auch der Meinung, dass das, was zwischen Russland und Deutschland war, Historie ist. Es darf keinen Dritten Weltkrieg mehr geben. Es geht in der Ukraine nur ums Gas, letztendlich ums Geld. Und wir Kleinen bezahlen das mit unserem Geld, und wenn es schlimm kommt, mit unserem Blut, wie die jungen Soldaten auf dem Friedhof nebenan...

Wir machen Fotos und tauschen unsere E-Mail-Adressen aus. Er hat auch so ein kleines Bike-Zelt, ähnlich wie meines. Es ist zwar ebenfalls ein Zweimannzelt, aber das geht nur mit „girl, not with kollega", oder halt mit „luggage", da sind wir uns sofort einig.

Später sage ich ihm, dass ich mein Rad in St. Petersburg lasse. Ich sehe ihm an, das kann er nicht verstehen.

Ein Wohnmobil mit Esslinger Kennzeichen hält an der Rezeption, als ich vom Schwimmen zurück komme. Der Fahrer streckt mir den Rücken zu. Ich spreche ihn mit meinem breitesten Schwäbisch an, was denn los sei, dass es den Schwaben nicht mehr zu Hause gefalle und sie so weit weg müssten? Er fährt sofort herum und entgegnet mir, das könne er wohl auch mich fragen. Er ist mit seiner Frau unterwegs. Sie fahren vier Monate lang durchs Baltikum und waren schon an der russischen Grenze in Narva.

Roman meint, wir beide könnten heute Abend doch zusammen ein Bier trinken gehen. Ich habe nichts dagegen. Schließlich kommt Gerhard noch dazu und eine Stunde später sitzen wir nebenan im Spa-Hotel beim Bier. Es ist eine nette, aber auch anstrengende Unterhaltung. Roman erzählt russisch, englisch und deutsch lebhaft gemischt. Irgendwann macht er mir dann den Vorschlag, wenn ich das Fahrrad nicht mehr mit nach Deutschland nehmen wolle, dann könnte ich es doch bei ihm lassen. Er würde dann versuchen, es zu verkaufen und mir das Geld schicken. Klar, das wäre auch eine gute Möglichkeit. Aber nein, ich kann mich damit nicht anfreunden.

Nach dem zweiten Bier lädt er uns ein in seine Datscha, eine Stunde mit dem Zug außerhalb von St. Petersburg, inklusive Vodka und Sauna mit Minze. Klingt sehr verlockend und nach Abenteuer. Wir entgegnen, dass wir doch nur vier Tage Zeit hätten in St. Petersburg und wir wollten doch die Stadt anschauen. „Egal, nur eine Nacht", meint er. Gut. Das dritte Bier wird geholt. Wir wollen noch den Termin und den Treffpunkt festlegen, wo er uns abholen soll. Von wegen, er ist jetzt fertig und meint nur noch: "Bier!! Morgen... heute nix mehr..." - „spakuini notschi!"

Wir dachten anfangs, der würde uns unter den Tisch trinken. Dass die Russen so wenig vertragen, wundert uns schon ein wenig. Schade nur, dass wir das Angebot mit der Sauna in der Datscha wohl nicht werden nutzen können. Das wäre sicher auch ein Erlebnis geworden, würde uns bestimmt aber zwei Tage kosten. Wir haben einfach zu wenig Zeit. Es folgt eine ruhige Nacht, in der ich sehr gut schlafe.

Sonntag, 10. August 2014

Ruhetag, es ist Sonntag. Ich gehe die steilen Treppen hinunter an den Strand und mache einen langen Spaziergang in westliche Richtung. Der Strand, ein meist schmaler Streifen zwischen dem Wald mit den Klippen dahinter und dem Meer, besteht aus grobem Kies. Fast keine Menschenseele ist zu sehen. Nur ein paar Anhänger der Freikörperkultur nutzen die Abgeschiedenheit für ihr Hobby. Das wundert mich schon, da die Balten überall, wie ich bisher beobachtet habe, ziemlich Probleme mit der Nacktheit zu haben scheinen. Aber hier an diesem Strandabschnitt ist man ja alleine mit sich.

Kurz nach Mittag verabschiedet sich Roman von mir. Er war heute Morgen sehr zurückhaltend. Es ging ihm nicht so gut. Er sagte mir, dass er gestern Morgen schon vier Bier gehabt habe. Also waren es einschließlich gestern Abend sieben! Kein Wunder, dass er danach fertig war. Er redet heute auch nicht mehr von der Einladung, gibt mir nur seine Telefonnummer für den Fall, dass wir doch noch auf seine Datscha wollten. Ich versuche, ihm nochmals zu erklären, dass wir doch nicht so viel Zeit hätten und habe den Eindruck, er hat es eingesehen. Dann fährt er auf seiner BMW davon, im T-Shirt, es ist ja warm...

Am Abend gehen wir zu viert zum Essen, Berta und Benno aus Esslingen kommen mit. Das ist Abwechslung pur, eine gesellige Runde, ganz anders als alleine vor dem Zelt Dosenwurst zu essen. Benno ist im ersten Jahr Altersteilzeit. Sie wollten eigentlich noch nach Finnland, haben jedoch bemerkt, dass es im Baltikum genug zu sehen gibt, sodass sie auf die Finnlandtour verzichten. Sie fahren morgen dann weiter Richtung Peipsi-See und ich Richtung Russland. Es wird langsam ernst...

Montag, 11. August 2014

Es ist leicht bewölkt, ein bisschen scheint die Sonne, es ist warm. Ich stehe zeitig auf, packe und möchte um 8.00 Uhr an der Rezeption, wenn sie öffnet, noch einen Kaffee holen, bevor ich losfahre. Der schmeckt dort nämlich ganz gut und gehört für mich quasi schon zum täglichen Ritual. Das Mädchen hinter der Theke zuckt leicht zusammen, als ich eintrete und sie mich erblickt. Anscheinend hat sie heute Morgen vergessen, die Kaffeemaschine einzuschalten, holt es aber sofort nach, noch bevor ich meinen Kaffee bestelle. Es dauert jetzt halt eine Weile, bis das Wasser heiß ist und ich ihn bekomme...

Benno kommt aus dem Waschhäuschen. Ich überlasse ihm die Dose Bier, die ich gestern Abend nicht mehr getrunken habe. Sie war lauwarm und mein Durst nicht mehr groß genug dafür. Ich denke, die Esslinger haben bestimmt einen Kühlschrank im Wohnmobil. Benno ist wohl etwas überrascht, freut sich aber sichtlich und revanchiert sich mit einem saftigen Pfirsich, der mir als Frühstück sehr willkommen ist.

Gerhard packt jetzt auch zusammen. Ich warte, bis er startbereit ist. Berta und Benno machen einen Bericht über ihre Reise und wollen noch ein Abschiedsfoto für ihre Homepage. Dann geht es aber endlich los. Ebenfalls heute zu starten, ist für Gerhard eine gute und glückliche Entscheidung. Aber das wissen wir beide noch nicht, als wir zusammen losfahren.

Ich fahre hinter ihm her und sehe nach einer Weile, dass sein Hinterrad ziemlich stark eiert. Bei einem Fotostopp stellt er dann fest, dass er vier Risse in der Felge hat. Das ist jetzt wirklich ein Problem. Ganz langsam fahren wir auf der Schotterpiste hoch oben an der Steilküste entlang weiter. Als die Piste zum Geröllweg wird, steigen wir ab und schieben unsere Räder. Das Risiko eines Felgenbruchs ist jetzt einfach zu groß. Aber auch auf der dann anschließenden Fernstraße mit ganz gutem Belag fahren wir sicherheitshalber kaum schneller als im Schritttempo weiter.

In Sillamäe spreche ich einen Mann an, der gerade in seinen Firmenwagen steigt. Vielleicht weiß er, wo hier eine Fahrradwerkstatt ist. Er spricht ganz gut englisch und sagt mir, dass er in einer halben Stunde nach Narva fahre und Gerhard mitnehmen kann. Aber wo ist Gerhard überhaupt? Er ist vor mir gefahren und hat nicht bemerkt, dass ich angehalten habe. In diesem Moment klingelt mein Handy. Er wartet auf mich, einen Kilometer weiter. Ich fahre hin und wir warten zusammen auf den hilfsbereiten Esten. Nach einer Weile bekomme ich leise Zweifel. Der Este kommt nicht. Habe ich ihn nicht richtig verstanden? Er hat doch gesagt: „See you later". Ich fahre zurück nach Sillamäe, vielleicht sehe ich sein Auto ja irgendwo. Es ist ein weißer Pkw mit roter Aufschrift. Und ich habe Glück, er kommt aus einer Seitenstraße. Eigentlich erkenne ich ihn nur an seiner Firmenaufschrift. Er sieht mich auch, hält an und ich beschreibe ihm, wo mein ‚Freund' wartet. Das Hinterrad wird abmontiert und Gerhard fährt mit ihm nach Narva, während ich bei Gepäck und Fahrrad bleibe. Hoffentlich finden die in Narva eine Fahrradwerkstatt, die weiterhelfen kann. Zwischendurch regnet es ein klein wenig. Aber das macht mir jetzt wenig Kummer, es gibt gerade wirklich Schlimmeres.

Nach knapp zwei Stunden kommt ein Taxi, Gerhard steigt aus und hat ein repariertes Hinterrad in der Hand. Die Reise kann also weiter gehen. Wir sind beide sehr froh darüber, denn die Geschichte hätte ganz anders ausgehen können.

Wir machen einen Schlenker über die ‚Blauen Berge'. Dort haben im Zweiten Weltkrieg heftige Kämpfe stattgefunden. Die Schützengräben der Wehrmacht sind auch heute noch sehr gut erkennbar. Es ist beeindruckend, wenn ich mir das vorstelle, was hier einmal los war. Um die 37.500 Soldaten haben im Frühjahr und Sommer 1944 hier ihr Leben gelassen, 140.000 sind verwundet worden. Sinnlos, denn ein paar Wochen später, im Oktober, verließ die deutsche Wehrmacht Estland endgültig.

Es geht weiter Richtung Ostsee und an der Steilküste entlang. Viel ist von ihr nicht zu sehen, da der Wald die Sicht beeinträchtigt. Weit vorne am Straßenrand steht ein Fahrrad. Beim Näherkommen sehen wir, dass etwas daneben liegt. Kurz bevor wir vorbeifahren, erkennen wir ein Kleiderbündel und zehn Meter neben der Straße unter einem Apfelbaum einen Mann, der sie wohl nicht mehr alle hat, nicht einmal seine Kleidung hat er mehr an. Splitternackt läuft er dort im hohen Gras herum – ist der irre?

Etwas später kommt dann noch so einer in großer Eile die Straße entlang gelaufen, nur ganz spärlich bekleidet... ja was ist denn hier los?

Wir erreichen die Narva, den Grenzfluss zwischen Estland und Russland, fahren eine Stunde meist durch den Wald an ihr entlang und nähern uns der Stadt Narva. Unterwegs kommen wir immer wieder an kleinen, oft unscheinbar im Wald gelegenen, russischen Soldatenfriedhöfen vorbei. Die russischen Kriegerdenkmäler häufen sich, darunter auch ein mit vielen Blumen geschmückter Panzer T-34 an der Stelle, an welcher die Russen 1944 durchgebrochen sind. Schon im Stadtgebiet gelangen wir zu einem großen deutschen Soldatenfriedhof direkt über dem Ufer der Narva. Er ist bereits 1943 von der Wehrmacht angelegt worden. Seither haben dort fast 15.000 gefallene Soldaten aus der Umgebung ihre letzte Ruhestätte gefunden. An den Gräberfeldern vorbei gelangen wir an einen Gedenkplatz mit einem großen steinernen Kreuz. Ein älterer Mann und eine Frau pflegen gerade Gräber. Wir begrüßen uns. Leider ist eine Unterhaltung nicht möglich, es sind Russen, wir haben Sprachprobleme. Aber für ein ehrliches „Russki Kamerad – Germanski Kamerad" reicht es und wir klopfen uns gegenseitig auf die Schultern. Und das mitten auf einem deutschen Soldatenfriedhof! Für mich jetzt wieder der Beweis, dass das einfache Volk sich nach Frieden sehnt. Ich könnte eine Wut bekommen auf unsere Politiker, dass die das nicht hinbekommen...

Wir fahren vollends nach Narva hinein, die Grenzstadt zu Russland, gegenüberliegend das russische Iwangorod. Imposant, sich gegenseitig einschüchternd, erheben sich die beiden Festungen auf beiden Seiten des Flusses, auf estnischer Seite die Hermannsfeste und auf der russischen die Festung Iwangorod. Von einer Aussichtsplatte haben wir einen freien Blick auf die Straßenbrücke dazwischen und den russischen Grenzposten. Über diese Brücke werde ich morgen mein Fahrrad hinüberschieben... und dann hoffentlich nicht zurück geschickt werden. Ein wenig Gänsehaut bekomme ich jetzt schon... Russland, mit dem Fahrrad, das könnte morgen vollends klappen!

In einem ‚Maxima' decken wir uns mit Proviant ein und fahren nach Westen Richtung Olgina. Dort soll es einen Campingplatz geben. Doch noch bevor wir die Stadt verlassen, tritt etwas ein, was wir schon lange nicht mehr erlebt haben: es regnet. Ein richtiger Wolkenguss prasselt hernieder, vor dem wir gerade noch unter das Vordach eines Kaufhauses flüchten können. Die Wartezeit wird mit einer Dose Bier und der Unterhaltung mit einem etwas angetrunkenen Russen verkürzt. Der erklärt uns wiederholt in gebrochenem Deutsch, dass Narva eine russische Stadt sei und er sich hier sehr wohl fühle und er seine Stadt liebe. Er sei nämlich nicht Este, sondern Russe.

Der Regen hört auf und wir fahren weiter, immer darauf achtend, nicht von den vorbeifahrenden Autos zu sehr nassgespritzt zu werden, denn es hat jetzt riesige Pfützen auf der Straße.

Der Campingplatz bei Olgina liegt etwas abseits der Hauptstraße ruhig unter großen Bäumen und eigentlich ganz nett angelegt. Es sieht hier aus wie auf einem kleinen alten Gutshof. Geschmackvolle Gebäude aus Natursteinen und Holzhütten, einige historische landwirtschaftliche Geräte stehen hier herum und niedliche, mit Schilf bedeckte Plumpsklos. Ich habe den Eindruck, in dieses Areal steckt jemand sein Herzblut rein. An der einen Seite steht eine fünfzehn Meter lange Grillhütte mit mehreren rustikalen Tischen und Bänken. Weiter drüben steht ein Zelt, ein estnisches Auto daneben. Eine Familie spielt davor Federball. Das ist die einzige Belegung hier. Sonst ist kein Mensch zu sehen.

Nun, das ist ja inzwischen ganz normal, wir sind das beide gewohnt, und Gerhard baut das Zelt auf. Da der Wetterbericht für morgen weiteren starken Regen vorhergesagt hat, möchte ich wegen der einen Nacht hier mein Zelt nicht nass machen und beabsichtige, in der Grillhütte zu übernachten.

Während wir das noch besprechen, taucht ein Mann auf, so um die vierzig wird er wohl sein, anscheinend der Platzbesitzer. Er ist erst bei der Familie drüben und kommt dann zu uns herüber. Er stellt sich uns vor: „Ich Putin!" Er spreche nicht deutsch und nicht englisch und auch nicht estnisch, er spreche russisch. Aha, so läuft hier der Hase. Eigentlich könnten wir ihn unter 'Witzbold' einstufen. Aber irgendwie haben wir beide das Gefühl, mit dem ist nicht gut Kirschen essen. Er fragt uns mehrere Male, ob wir zusammen gehören, ob wir ein Team seien. „Ja, klar", sagen wir ihm, und zeigen ihm das Zelt, in diesem Fall unser Zelt. Dann macht er die Rechnung für uns auf. Der Stellplatz für das Zelt kostet genau zehn Euro und eine Person einen Euro und fürs Duschen hätte er gerne zwei Euro pro Person. Ganz schön stolz, diese Preise. Ich bin echt froh, dass ich mein Zelt nicht ausgepackt habe. Wir teilen uns die Kosten für das eine Zelt.

Etwas später gehe ich mit meinem Waschzeug hinüber zu dem Häuschen mit der Dusche. Dazu muss ich durch den Hof. Dort kommt mir unser „Little Putin", wie wir ihn inzwischen nennen, entgegen. Er hat einen Tarnanzug an und ein Gewehr in der Hand. Er geht auf die Jagd, „Swein" will er schießen. Ich verstehe ihn aber nicht gleich. Deshalb zeigt er mir einen ausgestopften Wildschweinkopf, der an einer der Hütten hängt. Er möchte von mir wissen, ob „Swein" richtig sei. Inzwischen redet er englisch und deutsch durcheinander. „Little Putin" ist nämlich gar nicht dumm, er hat rasch bemerkt, dass er bei uns mit Russisch nicht weit kommt. Ich erkläre ihm den Unterschied der Begriffe ‚Schwein' und ‚Wildschwein'. Daraufhin verschwindet er im Gestrüpp unterhalb des Platzes und ich gehe duschen.

Es ist schon dunkel, als wir in der Hütte vespern, und ganz gemütlich. Danach richte ich mich in der hintersten Ecke ein, wo mich keiner sieht. Ich breite den Schlafsack auf dem Bretterboden aus und krieche hinein. „Little Putin" könnte einen Kontrollgang machen und wenn er mich hier entdeckt, könnte mir dann etwas blühen? Mit diesen Gedanken schlafe ich ein und träume von einer Wildschweinjagd und Tarnanzügen...

Dienstag, 12. August 2014

Ich gebe zu, ich habe schon besser geschlafen. Wenn man mit den beschriebenen Gedanken einschläft, dann gibt das keinen tiefen Schlaf. Ich wache auch recht früh auf und sehe unter dem Tisch hindurch, wie die Frau unseres Platzwirts vor dem Haus steht und raucht. Sie schaut zu mir herunter. Sie kann mich unmöglich sehen. Trotzdem ziehe ich es vor, schleunigst aufzustehen und den Schlafsack zusammenzupacken. Es wäre noch so schön kuschelig warm gewesen... „Aber wenn du keine Ruhe mehr hast, dann kannst du auch aufstehen", sage ich mir.

Das Wetter sieht heute nicht gut aus, dunkle Wolken bedecken den Himmel, aber noch regnet es nicht.

Ich verabschiede mich nun von Gerhard, der heute nochmals nach Narva in die Radwerkstatt möchte, da sein Hinterrad nicht exakt läuft. Die Werkstatt macht jedoch erst um 10.00 Uhr auf und so entschließt er sich, noch einen Tag in Narva zu bleiben. Wir sind uns einig, es war schön zusammen. Aber wir können ja in Kontakt bleiben, schließlich haben wir unsere Adressen ausgetauscht. Die Frau steht wieder mit einer Zigarette vor dem Haus, würdigt mich aber keines Blickes, und schon bin ich weg und auf dem Weg in ein neues Abenteuer. Heute geht es nach Russland!

Es ist ein seltsames Gefühl. In der Nähe der Hermannsfeste frühstücke ich, Bananen, Süße Stückchen und einen Becher Joghurt. Habe aber gar keinen rechten Hunger. Langsam werde ich nämlich ein wenig nervös. Was mache ich mit meinen drei Pfeffersprays an der Grenze? Bekomme ich eventuell Schwierigkeiten? Ich gehe auf Nummer sicher. Die zwei großen werfe ich in einen Mülleimer. Das kleine, das aussieht wie ein Lippenstift, stecke ich in die Hosentasche. Vielleicht durchsuchen sie ja mein Gepäck, aber es wird schon keine Leibesvisitation geben...

Ich atme tief durch und dann heißt es: „Es ist soweit, los gehts! Auf nach Russland!"

An der estnischen Grenzkontrolle ist eine Baustelle. Die Grenzer sitzen in Containern. Als Radler muss ich den Grenzübergang für Fußgänger benutzen. Mein Pass wird genau kontrolliert, das Visum. Ich darf aber gleich weiter.

Und dann bin ich schon mitten drin im Abenteuer: ich schiebe mein Rad in einer Reihe anderer Fußgänger hinunter zur Narva und dann über die Brücke hinüber nach Russland. Dort warte ich in der Grenzstation auf meine Abfertigung. In einer Kabine sitzt eine Dame in enger Uniform. Sie macht einen streng militärischen Eindruck und redet auf mich ein, ich verstehe kein Wort. Geht da jetzt womöglich etwas schief? Schließlich zeigt sie auf einen Stapel Formulare vor mir. Klar doch. Ich muss ja noch die Migrationskarte ausfüllen. Vor lauter Anspannung habe ich das total vergessen. Mit der leidlich ausgefüllten Karte reihe ich mich wieder in die Warteschlange ein. Beim Durchlesen huscht der strengen Zöllnerin ganz kurz ein winziges Lächeln über das Gesicht – was ist da so witzig? Ich habe das doch todernst und voller Respekt ausgefüllt. Hm, es ist mir letztlich egal, als sie nach einem Stempel greift und diesen in meinen Reisepass drückt...

Ich kann gehen, zwänge mich mit meinem Lastesel nur mit Mühe durch die schmale Tür hindurch und mache wie auf Wolken meine ersten offiziellen Schritte auf russischem Boden. Kein Mensch beachtet mich, ich steige aufs Rad und fahre mal ein paar hundert Meter. Dann kontrolliere ich selber meine Reisepapiere, schaue nach, ob irgendwo ein Vermerk zu sehen ist, dass ich mit dem Fahrrad eingereist bin. Ich könnte dann nämlich bei der Ausreise mit dem Zoll Probleme bekommen, wenn ich kein Fahrrad dabei habe. Aber ich finde nichts, das ist sehr gut.

Ich brauche jetzt als erstes Rubel und muss nicht lange suchen. Im Vorraum einer Bank stehen mehrere Geldautomaten. Ich versuche mein Glück, aber ich habe keines. Der Automat spuckt meine Visa-Karte wieder aus. Ich bitte die Leute am Nachbarautomaten um Hilfe. Die verstehen mich natürlich nicht und zeigen zum Schalterraum. Gut, ich gehe rein und bin skeptisch, ob die mir helfen und werde angenehm überrascht. Eine der Damen kommt aus ihrem abgesicherten Bereich heraus und wir machen einen gemeinsamen Versuch am Automaten. Der Fehler vorhin: bei meiner Eingabe habe ich den maximalen Auszahlungsbetrag überschritten gehabt. Jetzt klappt es und ich bin glücklich, bedanke mich freundlich für die Hilfe. Draußen vor dem Gebäude steht auch mein Fahrrad noch unversehrt und ich fahre weiter durch Iwangorod nach Osten.

Und nun könnte ich eigentlich ein erstes Foto in Russland machen, ein historisches also. An einer Kreuzung parkt ein Auto. Ein junger Kerl steht daneben und raucht. Ich zeige ihm meinen Fotoapparat und frage ihn, ob er ein Foto von mir machen könne. Da öffnet sich eine Tür des Autos und ein weiterer Mann steigt aus. Er übernimmt den Job gerne und fotografiert mich.

Weiter gehts, ich erreiche den Stadtrand. An der belebten Straße entlang fahre ich auf dem Gehweg, der an einer Bushaltestelle plötzlich endet. Der Randstein ist aber so hoch, dass ich da mit dem schweren Rad nicht ohne weiteres hinunter komme. Und da gleichzeitig ein Bus hält, muss ich warten bis die Fahrgäste eingestiegen sind. Währenddessen schaue ich an den Fenstern des Busses entlang. Mein Blick bleibt an einem jungen Mädchen hängen, das mich beobachtet. Ich zwinkere ihr zu, sie lächelt zurück und dann fährt der Bus auch schon los.

Ich verlasse Iwangorod auf der Fernverkehrsstraße M11, die von Tallinn nach St. Petersburg führt. Es geht erst einmal zehn Kilometer schnurgeradeaus. Der Verkehr ist lebhaft, doch der Randstreifen ist breit genug, um sicher fahren zu können. Auch der Belag ist prima. Nach ein paar Kilometern mache ich an einer Einmündung eine kurze Pause. Neben dem Rad stehend esse ich einen Apfel und beobachte den Verkehr. Alle möglichen Fahrzeuge rasen da vorbei. Die Palette reicht von modernen Lkws und gehobenen Geländewagen bis hin zu alten rostigen Ladas und klappernden, schiefhängenden Lkws. Aus einem der großen Sattelzüge schaut der Fahrer zu mir herüber und winkt mir zu... Es mag übertrieben klingen, aber ich finde das klasse! Bin gespannt, wann mir das in Deutschland auch mal passiert...

Ich habe schon immer eine gewisse Sympathie gehabt für das russische Volk. Insgeheim fürchte ich ein wenig, dass ich während meiner Reise Erfahrungen machen werde, die mir mein persönliches Russlandbild zerstören. Aber bis jetzt sieht es überhaupt nicht danach aus. Ich bin nun erst vielleicht seit zwei Stunden in Russland, habe mit einigen wenigen Menschen hier Kontakt gehabt. Und die waren alle ganz nett. Sind das die Russen, vor denen ich so oft gewarnt worden bin?

Es geht weiter. Ich komme gut voran. In Kingissepp an der Luga komme ich direkt an der Katharinen-Kathedrale vorbei. Sie ist offen. Im Vorraum sieht es aus wie in einem Souvenirladen. Hier kann man wohl allerlei Figuren und Bilder kaufen. Darf ich da jetzt so einfach in den eigentlichen Kirchenraum rein? Eine alte Nonne steht vor einer großen Bibel und liest. Sie bemerkt mich und ich werde mit einem Schwall Russisch überschüttet. Keine Chance zu verstehen, was sie mir sagen will. Ich schüttele meinen Kopf: „Germanski", kann ich nur sagen. Da kommt sie ganz nahe heran zu mir, flüstert mir etwas ins Ohr und nachdem sie sich bekreuzigt hat, zeigt sie auf den Innenraum. Ich deute das als Eintrittsgenehmigung und gehe hinein.

Die Wände sind in hellem Blau gestrichen, überall Glanz und Glitzer und viele Ikonen. Ich staune.

Auch der erste Einkauf in einem russischen Laden geht gut, es sieht mehr nach Lagerraum aus. Aber ich finde eine Konserve, auf der ein Huhn abgebildet ist. Wasser, Kekse und zwei Äpfel, so groß wie eine Grapefruit, nehme ich noch mit. Das nicht abgeschlossene Fahrrad draußen ist unversehrt. Es kann weitergehen.

Ein kleiner persönlicher Höhepunkt: Ein Wegweiser nach Wolossowo. Auf der alten Militärkarte meines Vaters, die ich unter vielen Feldpostbriefen gefunden habe, ist bei Wolossowo ganz leicht mit Bleistift sein Geburtstag eingetragen. Ursprünglich wollte ich ja dort hin. Aber ich verzichte, da ich sonst nicht an dem Feldflugplatz vorbei komme, den ich mir jetzt als Übernachtungsort ausgesucht habe.

In Gurlyovo biege ich links ab und verlasse die Fernverkehrsstraße. Das macht sich sofort am Verkehr bemerkbar, der jetzt praktisch bei Null ist. Es geht weiter durch Feld, Wald und Wiesen und durch kleine Dörfer. Wie bei uns früher sieht hier alles aus. Ich fühle mich ein paar Jahrzehnte zurückversetzt. Das Wetter ist inzwischen wieder ganz gut, meist scheint die Sonne, die Temperaturen sind sommerlich.

Auffallend sind an den Straßenrändern große Bestände von Riesen-Bärenklau. Diese hochgiftige und bis zu vier Meter hohe Staude scheint sich hier sehr wohl zu fühlen und eine richtige Plage zu sein. In der Nähe der Straße fast zugewachsen eine Kirchenruine, absolut baufällig. Ich finde einen Trampelpfad zum Eingang und traue mich hinein, habe ja meinen Radlerhelm auf dem Kopf. Gespenstisch! Es ist alles ausgeräumt, leer. Der Fußboden fehlt komplett, keine Türen, keine Fensterscheiben mehr, die Wände sind am Einfallen. An einer Wand sind noch ganz schwach Gemälde zu erkennen. Wie mag das wohl früher einmal ausgesehen haben, als hier noch Gottesdienste abgehalten worden sind? Irgendwie spüre ich eine gewisse Traurigkeit in mir. Schade einfach, das alles.

Und dann komme ich wirklich in Russland an. Ich bemerke es am Straßenbelag. Armes Russland! Das ist ganz sicher eine Zumutung und für einen Radler auch ganz schön gefährlich. Es gibt hier Schlaglöcher, tief wie Fallgruben. Teilweise sind sie mit Ziegelsteinen aufgefüllt. Auf manchen Streckenabschnitten muss ich mir, die ganze Breite der Straße nutzend, eine Route suchen. Auch die wenigen Autofahrer machen das so. Manchmal ist die eine Straßenseite ganz passabel und dann kann es sein, dass ein Auto auf meiner Seite dahergerast kommt. So lässt sich zwangsläufig Linksverkehr nicht vermeiden. Blickkontakt ist da für mich überlebenswichtig. Meine Reisegeschwindigkeit sinkt auf das Niveau eines Wanderers. Glücklicherweise werde ich bald am Ziel sein. Dann sehe ich am Ortsrand von Lomakha einen Wegweiser mit der Aufschrift „Aeroclub". Da geht es wohl zum Feldflugplatz, meinem heutigen Tagesziel. Doch ich fahre noch ein Stück in das kleine Dorf hinein, ich brauche etwas zu trinken. Hundert Meter weiter gibt es einen kleinen Laden, im Innern tatsächlich einen Kühlschrank, dazu noch vollgefüllt mit Bierdosen. Auch lauwarmes Wasser ist zu haben.

Die knapp vier Kilometer bis zum Feldflugplatz des Sosnovy Bor Fliegerclubs sind anstrengend. Es ist eine reine Schotterpiste mit unzähligen Schlaglöchern. In einer Wildnis neben der Piste die Ruine eines Herrenhauses. Das muss einmal ein Prachtbau gewesen sein. Der Flugplatz entpuppt sich als Wiesengelände, auf dem überwiegend Baracken stehen. Auch ein Hangar ist vorhanden und ein paar kleinere Wohnhäuser. Überall stehen halb zerlegte Flugzeuge herum. Wie üblich ist auch hier kein Mensch zu sehen. Auch rufen ist zwecklos. Nirgends regt sich etwas. Wo ist hier ein Platz zum Zelten? Ich kann das Zelt doch nicht einfach irgendwo aufstellen? Da höre ich Musik und Hämmern und finde in einem kleinen Schuppen zwei junge Männer, die gerade Spanplatten an die Wand nageln. Sie zeigen mir ein Stück auf der nicht gemähten Wiese, am Rande des Landeplatzes für die Fallschirmspringer - dort könne ich zelten - dann die Dusche in einem Verschlag mit Warmwasser aus Blechtonnen, die von der Sonne aufgeheizt werden, und ganz hinten ein Plumpsklo, das alles übertrifft, was ich bisher gesehen habe. Ich will es hier nicht näher beschreiben.

Also fange ich an, das Zelt aufzubauen. Da kommt einer daher, so um die sechzig, Tarnfleckhose und freier Oberkörper sind sein Outfit. Er stellt sich mir vor, Alexander heißt er und ist hier wohl der Chef. Er kann nur Russisch. Gibt mir zu verstehen, dass ich genau hier zelten kann und möchte mir noch die Duschen usw. zeigen. Aber ich kenne das ja schon. Ich richte mich vollends ein und gehe dann auf Besichtigungstour. Es gibt hier Fotomotive ohne Ende. Eine Antonow An-2, größter Doppeldecker der Welt, ist der Blickfang. Sie ist mit einer bunten Kuh bemalt. Ansonsten stehen noch ein paar weitere einmotorige zivile und militärische Flugzeuge herum, die ich aber nicht kenne. Die notwendige Bodenausstattung besteht aus Containern mit Funkantennen auf ehemaligen Militärlastwagen. Sehr abenteuerlich sieht das alles aus.

Der Abend ist noch lang. Im Zelt liegend, schreibe ich in mein Tourentagebuch. Plötzlich Schritte im Gras. Alexander steht vor dem Zelt, fordert mich auf mitzukommen und zeigt auf meinen Fotoapparat... Daraufhin folgt ein persönliches Fotoshooting mit Flugzeugen. Ich darf mich vor all die Flugzeuge stellen und werde von ihm fotografiert. Dann möchte er, dass ich so tue, als würde ich die Kuh an der Antonow melken und an einer Yak soll ich direkt neben den Sowjetstern am Seitenleitwerk stehen. Natürlich möchte ich dann auch ein Foto von ihm. Er dreht den Propeller des Doppeldeckers in Position und positioniert sich davor wie ein Profi.

Von Südwesten kommen jetzt schnell drohend schwarze Wolken heran und mit ihnen ein heftiger Wolkenguss. Ich bin froh, einen verlässlichen trockenen Unterschlupf zu haben. Auf mein Zelt ist Verlass, es ist inzwischen erprobt. Nach der langen regenfreien Zeit ist das Trommeln des Regens auf das Zeltdach beinahe ein Genuss. So schnell, wie es angefangen hat, hört es auch wieder auf und die Sonne scheint wieder. Es ist nach wie vor warm, überall dampft es jetzt.

Dann höre ich erneut Schritte vor dem Zelt und im nächsten Moment sehe ich ein Fahrrad und Radlerbeine. Sie gehören Gerhard. Das ist jetzt aber eine Überraschung. Mit ihm habe ich nicht mehr gerechnet. Er war noch in der Radwerkstatt und ist dann ebenfalls aufgebrochen. Bei „Little Putin" habe er sich nicht wohlgefühlt und wollte sich mit ihm auch nicht auf eine Diskussion einlassen, weshalb er jetzt nur noch alleine da sei. Wir hatten ihm doch schließlich erklärt, wir seien ein Team...

Etwas später springt ein Flugzeugmotor an. Jetzt geht was. Schnell sind wir beide drüben an der Startbahn. Das ist vielleicht etwas übertrieben, es ist nur eine Wiese. Sie lassen eine Yak 52 im Militäranstrich minutenlang warmlaufen. Dann machen sich zwei junge Kerle bereit und steigen ein. Der eine ist schon recht blass im Gesicht. Kurze Zeit später wissen wir auch weshalb: Das Flugzeug ist kunstflugtauglich und die Vorführungen über uns sind nicht von schlechten Eltern. Zwischendurch gibt es immer wieder einen Pilotenwechsel. Doch die Starts und Landungen sind mit am interessantesten. Wir sind uns einig, dass bei dem, was wir da auf der holperigen Grasbahn sehen, schon etwas Glück im Spiel sein muss. Das hält mich jedenfalls auch davon ab, zu fragen, ob ich eventuell mal mitfliegen dürfe. Alle Achtung vor der fliegerischen Leistung der Piloten.

Es wird langsam dunkel und wir verkriechen uns in unsere Zelte. Ich schlafe ein, während die hoch über uns am Himmel immer noch ihre Figuren fliegen...

Mittwoch, 13. August 2014

Um 7.00 Uhr wollen wir aufstehen. Ich höre Gerhard werkeln, schaue auf die Uhr, es ist 6.17 Uhr. Sehr gut, noch eine dreiviertel Stunde Zeit verbleibt mir im kuscheligen Schlafsack. Ich drehe mich nochmals um. Nein!! Ich habe ja die Uhr noch nicht vorgestellt, seit ich in Russland bin. Es ist jetzt 7.17 Uhr! Also, nichts wie raus, abbauen. Es eilt, das Wetter sieht bedrohlich aus, der nächste Wolkenguss kündigt sich an. Kaum ist alles verstaut, geht es auch schon los. An einer der Hütten stehen wir unter. Dann endlich, nach einer Stunde etwa, hört es auf. Alexander erscheint, um uns zu verabschieden.

Es ist zwar überwiegend sonnig, doch ringsum bauen sich weitere schwarze Wolkenwände auf. Es bleibt unsicher, aber wir müssen jetzt weiter, St. Petersburg wartet auf uns. Etwas Wehmut kommt hoch, als ich Gerhard sage, dass das für uns beide heute wohl die letzte Nacht im Zelt war. Das Zelten, ein Bestandteil der wochenlangen Reise, ist vorbei, ist plötzlich Vergangenheit.

Es ist halb zehn, als wir endlich losfahren, durch die russische Landschaft. Wiesen, Wälder und große Brachflächen, auch Sümpfe hin und wieder. Die Besiedelung ist recht dünn, kleine Dörfer und einzelne Gehöfte. Aber das Gefühl ist riesig. Mach dir einmal klar, wo du bist! In Russland, und zwar mit dem Fahrrad! Einfach gigantisch. Auch Gerhard hat daran zu knabbern. Zwick dich, damit du merkst, es ist wahr! Eine gewisse Spannung ist nach wie vor zu spüren, aber ich fühle mich durchaus wohl hier. Keiner will etwas von einem, wir haben unsere Ruhe und radeln, radeln und radeln... das Ziel ist greifbar nahe. Es fühlt sich an wie bei einer Bergtour, wenn man das Gipfelkreuz des lang ersehnten Berges so nahe sieht, dass man weiß, der Gipfelsieg ist jetzt sicher...

Dann, bei Lopukhinka holt uns ein Gewitter ein. Wir können uns gerade noch in eine Garagenbaustelle verdrücken. Nachdem es nach einer halben Stunde aufgehört hat zu regnen, bleiben wir noch eine ganze Weile dort stehen. Denn die Straßen sind voller riesiger Pfützen, es ist nicht daran zu denken, weiter zu fahren. Im Nu hätten uns die Autos nass gespritzt.

Schließlich packen wirs dann doch. Gerhard fährt etwa zwanzig Meter voraus. Er bemerkt nicht, wie ich noch innerhalb der Ortschaft große Probleme bekomme: Plötzlich werde ich nämlich seitlich von hinten von einem patschnassen schwarzen Schäferhund attackiert. Laut bellend und geifernd versucht er, mich anzuspringen. Es bleibt keine Zeit, ans Pfefferspray zu denken, das ist in der Lenkertasche und nicht griffbereit. Ich klinke mich aus den Pedalen, bereit dem verdammten Köter einen Tritt auf die Schnauze zu geben. Und dann plötzlich noch ein Schlag, ich wanke. Das war eines dieser tückischen Schlaglöcher. Jetzt nur kein Sturz, sonst ist es aus mit dem Gipfelsieg! Volle Konzentration auch auf die Straße, gleichzeitig aber den Angreifer nicht aus den Augen lassen und mit aller Kraft in die Pedale treten, das ist der Job. Ich rieche das Adrenalin förmlich in der Nase. Ich werde immer schneller und schließe zu Gerhard auf, fahre nach links, um ihn zu überholen. Da hat die Bestie endlich genug und fällt zurück... Als ich es ihm danach erzähle, ist er sehr überrascht. Er hat von all dem gar nichts bemerkt. Na ja, er hätte mir auch kaum helfen können.

Den Gedanken, heute noch nach St. Petersburg zu fahren, lassen wir jetzt endgültig fallen. Für mich macht es keinen Sinn, spät abends in dieser großen Stadt anzukommen und dann noch ein Quartier suchen zu müssen. Mein Zimmer ist nämlich erst ab morgen gebucht und ich habe wenig Lust, in der Millionenstadt noch eine andere Bleibe zu suchen. Gerhards Radführer ist neueren Datums als meiner. In seinem ist ein Hotel in Gostilizy eingetragen. Bis dorthin wären es vielleicht noch fünfzehn Kilometer und von da dann noch etwa fünfzig oder sechzig bis ins Zentrum von St. Petersburg, eine überschaubare Tagesetappe für morgen.

Wir haben Glück in Gostilizy und bekommen ein schönes Doppelzimmer. Es ist nicht ganz billig, aber mit Frühstück...

Das Hotel ist ganz neu, erst letztes Jahr erstellt worden und der Chef des Hauses, ein junger Usbeke, gibt sich alle Mühe. Unser Zimmer ist im ersten Obergeschoss. Bevor wir die Treppe hochgehen, bittet er uns, die Schuhe auszuziehen. Wir sind die einzigen Gäste heute. Er begleitet uns nach dem Duschen nebenan ins Café, besser gesagt in ein Restaurant, das dem Hotel angegliedert ist.

An der Theke ist eine Speisekarte aufgestellt, alles auf Russisch. Er übersetzt alle Posten für uns ins Englische. Wir wählen Soljanka und gefüllte Paprika, sowie ‚Russisches Schnitzel'. Dazu trinken wir russisches Bier, das uns ganz gut schmeckt. Doch die Portionen sind hier etwas klein, zu klein für uns. Auch nachdem wir noch gefüllte Teigtaschen bestellt haben, sind wir immer noch nicht satt. Also gibt es nochmals Teigtaschen, dann erst sind wir zufrieden.

An den Nebentischen speisen Russen, ebenfalls nur solche Mini-Portionen. Das Essen ist zwar nicht teuer, aber wenn man doppelt oder dreifach bestellen muss, damit man satt wird, dann ist günstig wohl etwas anderes. Dennoch: Als wir bezahlen wollen, bekommen wir einen abgerissenen Fetzen Papier, auf den sie den Rechnungsbetrag geschrieben haben: 900 Rubel. Wir geben 1000, das sind etwa 22 Euro für uns beide zusammen, inklusive dem Bier...

Nach dem Essen führt uns unser Gastgeber zu einer Ruine eines Landguts samt Herrenhaus. Dieses hatte im Laufe der Zeit viele verschiedene Besitzer, unter anderem auch Carl von Siemens. Er erklärt uns die ganzen Gebäude bzw das, was von ihnen übrig geblieben ist und lässt sich auch von einem neuerlichen Platschregen nicht aus der Ruhe bringen, obwohl er nur mit einem weißen Hemd bekleidet ist. Wieder zurück im Hotel schenkt er jedem von uns ein Buch über die Geschichte dieses Anwesens. Leider ist es ganz in russischer Sprache gehalten, wir können eigentlich nur die Fotos betrachten.

Zuletzt möchte er noch wissen, wann wir zu frühstücken wünschen und bietet uns an, uns morgen früh das Frühstück aufs Zimmer zu bringen. Nun, das lehnen wir ab. Wir wollen das nicht. Auch das ist kein Problem, denn er hat noch ein Speisezimmer anzubieten.

Donnerstag, 14. August 2014

Heute ist definitiv der letzte Radeltag. Heute geht die Tour zu Ende. Heute werde ich St. Petersburg erreichen.

Das Wetter sieht nicht so rosig aus. Sonne und viele Wolken, es ist kühl und es scheint, als wenn der Sommer nun vorbei wäre. Wir gehen zum Frühstücken und werden in ein nobles Zimmer geführt. Blickfang ist sofort eine große Tafel mit weißen Tischtüchern bis fast zum Boden. Die Stühle sind mit weißen Stuhlhussen überzogen, an den Wänden mit Blumen bemalte schwere Tapeten. Es gibt einen Kamin und in der Ecke ein rustikales Ledersofa. Wir kommen uns vor wie in einem Schloss. Auf einem mit goldenen Stickereien verzierten Tischset wird uns das Frühstück serviert. Leider werden wir auch hier von den zwei Spiegeleiern mit etwas Speck und den beiden kleinen belegten Wurstbroten nicht recht satt. Glücklicherweise ist nebenan ein Laden, in dem wir uns mit etwas Marschverpflegung eindecken können. Diese besteht aus einer Art Keksen, die in kleine Tüten verpackt, abgewogen und nach Gewicht bezahlt werden.

Heute heißt es, ein letztes Mal Landschaft durchradeln, das muss man nochmals genießen. Wir kommen in ein richtiges Ödland, in ein Moorgebiet. Es ist das Einzugsgebiet des Kanals, der das Wasser zu den Fontänen von Peterhof leitet. Anfangs wechselt der Asphalt zu Schotter und kurz darauf fahren wir auf erdigen Wegen mit tiefen Fahrrinnen und Löchern. Durch den gestrigen Regen gibt es zahlreiche Wasserlachen. Bei länger andauerndem Regen ist diese Strecke sicher nicht mehr passierbar.

Auf dem Grundstück eines einzeln stehenden Gehöfts sitzen in einiger Entfernung fünf große Hunde auf einem Sandhaufen. Sie lassen uns nicht aus den Augen. Nach dem Erlebnis von gestern ist es logisch, dass ich großen Respekt vor ihnen habe. Aber aufgrund der Tatsache, dass ja ein hoher Zaun zwischen uns und ihnen ist, halten wir an und fotografieren die fotogene Gruppe aus der sicheren Entfernung. Erst beim Weiterfahren entdecken wir das riesengroße Loch im Zaun, durch das die Meute locker gleichzeitig hindurchgepasst hätte...

Es geht weiter im Schritttempo. Stellenweise müssen wir absteigen und schieben, weil die Furchen und Löcher immer tiefer und schmieriger werden. Ob wir überhaupt durchkommen werden, ist ungewiss. Doch wir haben beschlossen, es zu versuchen und wenn es nicht mehr geht, dann drehen wir eben um. Es ist jedenfalls ein großes Erlebnis, hier in dieser Natur unterwegs zu sein. Die Strecke wird allmählich besser, der Untergrund wird fester und schließlich fahren wir auf asphaltiertem Weg dem Kanal entlang in Richtung Peterhof.

Die Zivilisation hat uns wieder, als wir an die Ringautobahn von St. Petersburg stoßen. Wir überqueren sie und fahren weiterhin mehr auf Wanderwegen als auf Radwegen durch Wald, an Kanälen entlang und durch Gärten. Dann tauchen Holzhütten auf, welche an Slums erinnern. Ob die noch bewohnt sind? An zahlreichen kleinen gewerblichen Anwesen vorbei gelangen wir schließlich an die A 121, die mehrspurig in die Metropole hineinführt. Auf ihr fahren wir vorbei am Konstantin-Palast, der Residenz des russischen Präsidenten, dann am riesigen Bau der Staatlichen Marineakademie. Abwechselnd geht es mal auf der viel und rasant befahrenen Straße entlang, mal auf dem Gehweg, dann wieder durch Parks. Es ist eine zähe Fahrerei, dauernd müssen wir an Ampeln anhalten, dann wieder enden die Gehwege abrupt und ein Wechsel auf die andere Straßenseite wird nötig. Der Verkehr nimmt dabei immer mehr zu. Klar, wir wagen uns gerade ins Getümmel einer Millionenstadt.

Eine interessante Beobachtung am Rande: Neben den Fahrbahnen befindet sich auf einem breiten Grünstreifen die Trasse der Straßenbahn, zweigleisig, flach und viereinhalb Kilometer nur geradeaus. Über die ganze Strecke sieht man die Züge auf dem einen Gleis, zwar in unregelmäßigen Abständen von etwa 100 bis 400 Metern, aber wie auf einer Schnur aufgereiht daherkommen, auf dem anderen davonfahren. Der Anblick erinnert mich sehr an eine Umlaufseilbahn mit den ganzen Gondeln dran...

Und dann endlich: Am Ortsschild „Sankt Petersburg" werden die lang und heiß ersehnten Zielfotos gemacht. Irgendwie ist damit auch ein großes Stück Spannung weg. Ich kann es noch gar nicht realisieren, dass das große Ziel, welches seit drei Jahren meine Gedanken beherrscht, jetzt erreicht sein soll. Schade eigentlich und statt Jubelstimmung kommt eher etwas Traurigkeit auf. Denn genau genommen war ja nicht allein St. Petersburg das Ziel, sondern der ganze Weg hierher... und der ist jetzt zu Ende. Die ganze Unternehmung, welche soviel Vorfreude gebracht hat, ist vorbei...!

Doch noch nicht ganz, denn es geht noch ein gutes Stück durch die Stadt bis zur gebuchten Unterkunft. Es ist ein Privatzimmer, das ich ebenfalls schon vor Monaten übers Internet gebucht habe. Es befindet sich in der Altstadt im Zentrum. Den Weg dorthin habe ich auswendig gelernt: Immer geradeaus bis zum ersten großen Kanal, über diesen drüber und ihm dann nach rechts folgen bis er eine Rechtsbiegung macht, dort links, die erste Straße rechts und gleich wieder links... dann müsste ich in der Ulica Sotsialisticheskaya sein, ganz einfach.

Vorerst müssen wir uns aber im immer chaotischer werdenden Verkehr zurecht finden. Der fließt in Pulks auf vier oder sechs Spuren. Immer wenn eine Ampel auf grün schält, erfolgt eine Art Formel 1

Start. Dann heißt es, rette sich, wer kann. Mit annähernd 100 km/h kommt die Meute herangerast und einmal schaffen wir es an einer Kreuzung nicht, rechtzeitig die Straße ganz zu überqueren. Als wir noch mitten auf der Fahrbahn sind, springt eine Ampel auf grün. Und schon rasen vor uns die Autos vorbei. Wir können nicht weiter, bleiben stehen. Gleich darauf passiert hinter uns aus der anderen Richtung dasselbe. Es ist ein ganz besonderes Gefühl, mit den schweren Rädern mitten auf der Straße zu stehen, wenn vor und hinter einem Autorennen stattfinden. Das einzige, was ich in diesem Moment hoffe: Dass jeder seine Spur hält und nicht ausschert, denn mit uns rechnet an dieser Stelle sicher keiner... es ist mir absolut nicht wohl dabei! Die Tour wird doch nicht ausgerechnet hier ein dramatisches Ende nehmen...

Doch auch diese etwas heikle Situation überstehen wir. Und dann, wenige Zeit später, ruft Gerhard von hinten. Er ist fast am Ziel, muss jetzt abbiegen, sein Hotel ist nicht mehr weit. Wir verabschieden uns jetzt endgültig voneinander. Denn ich habe noch gut zehn oder zwölf Kilometer zu fahren. Und da ich schon seit der Ringautobahn keinen Handy-Empfang mehr habe, können wir hier wohl auch nicht miteinander telefonieren. Aber wir sind ja beide gestandene Männer und Solo-Abenteurer, wir kommen jeder sicher alleine zurecht. Das gemeinsame Radeln hat uns beiden gut gefallen und wir werden in Kontakt bleiben, das ist sicher.

Dann bin ich alleine in der großen Stadt und schwimme weiter mit dem Verkehr mit. Das Auswendiglernen zahlt sich aus. Ohne Probleme erreiche ich meine Unterkunft. Doch ich bin viel zu früh dran, habe noch über eine Stunde Zeit bis zum verabredeten Termin und inzwischen einen rechten Hunger. Um die Ecke setze ich mich auf die überdachte Terrasse eines Restaurants und probiere mal die russische Speisekarte aus. Die Verständigung klappt auch, nachdem eine Bedienung gerufen worden ist, die englisch spricht. Sehr freundlich ist man hier nicht. Das Essen schmeckt ganz gut und ist für eine Weltmetropole auch erschwinglich. An den Tischen um mich herum sitzen junge Leute, sie sind eifrig mit ihren Wasserpfeifen beschäftigt. Niemand beachtet mich. Ich habe meine Ruhe und kann mich an die Stadt, an die Tatsache, dass ich in St. Petersburg bin, gewöhnen. Ja wirklich! Ich sitze mitten in St. Petersburg beim Essen und mein Fahrrad steht draußen auf dem Gehweg an einem Blumenkübel... ich habe es geschafft!

Ein Blick dann noch auf den Fahrrad-Computer: genau 4.043 Radkilometer sind zurückgelegt. Nicht schlecht für einen Radler, der mit Knieproblemen gestartet ist. Ich bin froh, dass meine Knie gehalten haben und auch das Rad. Wenn ich daran denke, wie mulmig es mir deswegen unterwegs ein paar Mal gewesen ist. Es ist alles gut gegangen. Ich bin wirklich am Ziel. Und das Gefühl, das ich nun hier an diesem kleinen Tischchen habe, kann ich unmöglich beschreiben. Eine Menge Glück ist dabei, dazu ein Schuss Fassungslosigkeit über das jetzt Erreichte, aber auch ein wenig Wehmut. Denn die Spannung, die mich die letzten Tage und Wochen getragen hat, ist schlagartig weg, ich spüre so etwas wie luftleeren Raum... aber ich fühle mich trotzdem sehr, sehr gut!!

Ein wenig Spannung ist aber noch übrig geblieben. Wie komme ich hier in St. Petersburg unter? Was für eine Unterkunft werde ich wohl antreffen? Ich bin auch sehr gespannt auf meine Gastgeberin.

In der Ulica Sotsialisticheskaya Nr 22 ist eine schmale Tür im großen eisernen Eingangstor offen. Ich zwänge mein Fahrrad hindurch, schiebe es durch den folgenden Durchgang und komme in einen quadratischen Hinterhof. An keiner der drei Haustüren dort gibt es ein Namensschild, nur Zahlen. Also muss ich Nadja, meine Gastgeberin, jetzt eben anrufen. Aber ich habe nach wie vor keinen Empfang. Da kommt eine Frau vorbei. Sie sieht, dass ich Hilfe brauche und ruft für mich bei Nadja an. Die hat schon auf mich gewartet und kommt gleich herunter. Sie ist eine hübsche junge Frau mit leicht südländischem Einschlag, so Anfang dreißig, schätze ich. Sie spricht sehr gut englisch und schickt mich mit meinem Gepäck hinauf in den fünften Stock, während sie unten beim Fahrrad wartet. Ich kann den Aufzug bis zur vierten Etage nehmen und dann den Rest noch zu Fuß gehen.

Dann das gleiche nochmals etwas verschärft, da das Rad nicht in den Aufzug passt...

Der Anblick der im Treppenhaus wirr und offen verlegten Kabel begeistert mich nicht wirklich. In den nächsten fünf Tagen wird hoffentlich nichts passieren. Mein Zimmer ist sehr geräumig, ein Bett, zwei Schränke, eine Anrichte und zwei Klappstühle und noch viel Platz. Das Rad bekommt seinen im Flur der Zweizimmerwohnung. Dafür muss das Bügelbrett weichen. Nadja weist mich sehr freundlich in mein Quartier ein: Die Schuhe soll ich bitte an der Wohnungstür ausziehen, das oberste Fach im Kühlschrank ist für mich reserviert, nur aus dem linken der beiden Wasserhähne am Spültisch in der Küche kommt Trinkwasser. Sie erklärt mir die Funktion des Gasherds und dann noch, ganz wichtig, die Verriegelung der Wohnungstür, sowie der Haustür unten zum Hof.

Etwas später, ich bin alleine in der Wohnung, entriegele ich die Wohnungstür und fahre mit dem Aufzug hinunter. Im Boden hat es Ritzen, durch die man gut hinunter schauen kann, aber er hält mich aus und ich mache noch eine Erkundungstour zu Fuß, genieße das Neue und sammle weitere Eindrücke.

Freitag, 15. August 2014

Es regnet. Unten im Hinterhof des benachbarten Bürohauses sehe ich Menschen, sie haben die Regenschirme aufgespannt. Das schlechte Wetter nutze ich, um am Fahrrad die Teile abzumontieren, die ich noch gebrauchen kann und mitnehmen will. So muss ich das nicht machen, wenn das Wetter wieder schöner ist. Hoffentlich bald. Erst um die Mittagszeit ziehe ich dann endlich los, nachdem ich mir von Nadja noch erklären lasse, wie das mit dem Metrofahren funktioniert. Also, man muss an den Kassenhäuschen spezielle Münzen kaufen, die dann an den Drehkreuzen in einen Schlitz geworfen werden. Dann kann man unbegrenzt fahren und auch umsteigen, solange man unten bleibt. Sicherheitshalber stelle ich die Verständnisfrage: „I can travel by metro up and down the whole day with one ticket?" Diese löst bei ihr ein helles Lachen aus. Ja, so bekloppt muss man sein, den ganzen Tag im Untergrund spazieren zu fahren...

Ich fahre mit der Roten Linie bis in die Nähe der Newa und schlendere an ihr entlang. Es herrscht reger Verkehr auf den Straßen, aber auch auf dem Wasser. Der Fluss ist an dieser Stelle etwa 600 Meter breit. Zahlreiche Ausflugsboote sind hier unterwegs und es ist faszinierend zu beobachten, wie sie ununterbrochen von der breiten Newa kommend, in den schmalen Kanälen plötzlich verschwinden, quasi von der Altstadt verschluckt und

St. Petersburg - Venedig des Nordens 1712 - 1918 Hauptstadt d. russ. Kaiserreich

an anderer Stelle wieder aus ihr in die Newa zurück gespuckt werden. So eine Kanalrundfahrt, das wäre doch mal was.

Ich werde fast nicht fertig mit dem Fotografieren. Für ein besonderes Motiv, einen Torbogen über einen der Kanäle, muss ich kurz abwarten, bis die Sicht frei ist, da ein Lkw gerade alles verdeckt. Der Schnappschuss gelingt, ich drehe mich um und stehe vor... Gerhard. Die Überraschung ist groß. Dass wir uns in dieser Millionenstadt, St. Petersburg hat immerhin fünf Millionen Einwohner (!), zufällig wieder treffen, das hätte keiner von uns gedacht.

Wir suchen eine Weile, bis wir ein Boot finden, welches seine Tour ausschließlich auf den Kanälen durchführt. Man sagt uns aber, das sei eine ‚russische' Rundfahrt, auf diesem Boot würden also im Gegensatz zu den anderen die Ansagen und Stadtbeschreibungen nur auf Russisch erfolgen. Das ist uns egal, wir wollen ja etwas sehen und nicht unbedingt hören. Anderthalb Stunden sind wir auf den Kanälen unterwegs und sehen St. Petersburg einmal aus einer anderen Perspektive und so, wie es den Russen gezeigt wird.

Danach beehren wir ein italienisches Restaurant. Man kann dort am Kanal im Freien sitzen. Die Pizza schmeckt gut, doch die Bierpreise haben sie von einer Apotheke übernommen und dann noch einiges draufgeschlagen. Entsprechend bedächtig trinken wir unser Bier, wie einen alten Wein, jeden

1914-24 Petrograd
24-91 Leningrad
Erbauer Peter dem Großen

Schluck genießend. Aber wenigstens werde ich richtig satt.

Später verabrede ich mich mit Gerhard auf den nächsten Tag. Wir wollen mit dem Schiff nach Peterhof. Ich begleite ihn bis zur Metrostation und mache mich anschließend zu Fuß auf den Heimweg.

Samstag, 16. August 2014

Mit Nadja habe ich kaum Kontakt. Sie ist entweder im anderen Zimmer oder gar nicht da. Nur das Türschloss erklärt sie mir nochmals. Sie will ganz sicher sein, dass ich es richtig abschließe und ist sichtlich erfreut, als ich ihr sage, dass ich das schon gestern Abend genau so gemacht habe.

Ich treffe mich mit Gerhard an der Anlegestelle der Tragflügelboote, die zum Schloss Peterhof fahren. Das Wetter ist heute wechselhaft. Auf der Fahrt hinaus aufs freie Meer kommen wir an einer riesigen Baustelle vorbei, hier wird ein neues Fußballstadion für die WM 2018 gebaut. Das können die Russen, aber für ordentliche Straßen reicht es nicht.

Vor uns eine undurchdringliche schwarze Wolkenwand. Das Schiff gibt weiter Vollgas und fährt mit 60 Stundenkilometern mitten hinein in das Unwetter, es wird fast Nacht, Regen peitscht gegen die Fenster. Als wir hindurch sind, scheint wieder die Sonne.

Das Boot braucht für die 30 Kilometer gerade mal eine halbe Stunde. In Peterhof angekommen mischen wir uns unter die Menschenmassen. Die Schloss- und Parkanlage sei eine der schönsten der Welt. Zahlreiche Fontänen und Wasserspiele gilt es hier zu bestaunen. Heute ist Samstag, da ist was los in der Hauptsehenswürdigkeit der Region. In einem SB-Restaurant essen wir zu Mittag. Es gibt verschiedene russische Gerichte zur Auswahl. Ich entscheide mich mal wieder für eine Soljanka und erkunde danach alleine noch den östlichen Teil der unteren Parkanlage. Währenddessen überrascht ein erneuter Regenguss. Zusammen mit einer spanischen Familie aus Barcelona drücke ich mich unter einem großen Baum zusammen, um leidlich Schutz zu haben. Unter allen Bäumen sieht man jetzt Menschen sich zusammenpferchen. Doch einen vollkommenen Schutz bieten diese auch nicht. Wir werden alle mehr oder weniger nass. Glücklicherweise ist es warm und deshalb halb so schlimm. Nach einer Viertelstunde lässt der Regen nach und obwohl es immer noch stark regnet, verlassen die meisten Leute ihre Unterstände und setzen ihren Spaziergang fort. Die haben offensichtlich eine ganz andere Einstellung zur Natur. In Deutschland würde sicher abgewartet werden, bis es nahezu ganz aufgehört hat.

Vor der Rückfahrt nach St. Petersburg haben wir dann noch ein kleines Problem an der Ticketkasse. Samstags gibt es aus unerfindlichen Gründen keine Kombi-Tickets für die Hin- und Rückfahrt. Deshalb konnten wir heute Morgen nur ein einfaches Ticket für die Hinfahrt lösen. Man hat uns aber gesagt, wenn wir das Ticket für die Rückfahrt an einem bestimmten Schalter lösen würden, dann würden wir bei Vorlage unserer Tickets vom Vormittag einen entsprechenden Rabatt erhalten. Und davon will man hinter dem Einwegspiegel an dem besagten Schalter jetzt nichts wissen. Sogar unsere durchgereichten Tickets für die Herfahrt werden einbehalten. Doch Gerhard bleibt hartnäckig. Ein junger Mann, wohl ebenfalls von der Bootsgesellschaft, kommt schließlich daher und fragt uns, ob wir ein Problem hätten. Wir erklären ihm die Sache, worauf er mit dem ‚Einwegspiegel' redet... die Angelegenheit kommt in Ordnung und wir bekommen unsere versprochenen rabattierten Tickets. Typisch Russland? Jedenfalls heißt es hier aufpassen, die probierens halt wohl...?

Heute essen wir am Newski-Prospekt in einem Straßenlokal. Auch hier werden wir nicht richtig satt. Aber das Nachbestellen führt auch hier zum Ziel. Die Kellner bedienen uns sehr freundlich, geben sich Mühe mit ihrem Englisch. Rings um uns herum können wir die ganze Zeit beobachten, wie man in Russland, sprich in St. Petersburg, zu speisen pflegt. Auffallend dabei ist jedenfalls der teilweise beträchtliche Vodkakonsum.

Den morgigen Tag wollen wir jeder für sich alleine verbringen. Ich möchte doch hier den Sonntags-Gottesdienst besuchen und schauen, ob ich in der Kirche jemanden finde, der vielleicht mein Fahrrad gebrauchen könnte. Ja, genau dieser Gedanke ist mir in den letzten Tagen gekommen und hat mich nicht mehr losgelassen.

Wir verabreden uns wieder auf Montag. Ich schlendere den Newski-Prospekt entlang bis an sein Ende und durch Nebenstraßen bis zur Wohnung. So lernt man auch eine Stadt kennen, ganz auf eigene Faust.

Sonntag, 17. August 2014

Ich mache mich auf den Weg. Mit der Metro fahre ich von der Station Pushkinskaya zur Station Leninsky Prospekt. Es ist nichts los. Das wird für einen Zwischenstopp zum Fotografieren genutzt: Die Station Avtovo ist laut meinem Stadtführer wohl die mit Abstand schönste Metrostation in ganz St. Petersburg und bietet tatsächlich etwas fürs Auge: Stuck an der Decke und Kronleuchter, Säulen aus Glas und weißem Marmor. Man könnte meinen, in einem Festsaal zu sein. Am Sonntagmorgen sind hier kaum Menschen unterwegs. Somit kann ich das Ganze ohne Hektik auf mich wirken lassen und ein paar Fotos ohne Menschenmassen machen.

An der nächsten Station verlasse ich den Untergrund und spaziere den Leninsky Prospekt entlang. Auch hier oben ist es verhältnismäßig ruhig heute Morgen.

Um kurz vor halb elf bin ich an der NAK. Ich bin gespannt, denn seit ich mich dazu entschlossen habe, nach St. Petersburg zu radeln, freue ich mich auf den Kirchenbesuch hier. Ich gehe hinein. Vier Amtsträger begrüßen mich. Einer kann Englisch. Ich erzähle ihm, dass ich aus Deutschland komme, mit dem Fahrrad hier bin und es nicht wieder mit nach Deutschland nehmen werde. Ich würde es verschenken, wenn es in der Gemeinde jemand gebrauchen kann. Er spricht mit den anderen. Dem Sohn eines Diakons ist seines gestohlen worden, der hätte Interesse. Man sagt mir auch, dass der Apostel i.R. hier sei, der könne Deutsch und übersetzen. Wir kommen überein, die Sache nach dem Gottesdienst zu bereden.

In selbigem verstehe ich kein Wort außer „Amin". Ein kleiner Frauenchor singt, russisch und astrein, Lieder zum ‚Reinliegen'. Und noch etwas berührt mich: In München auf dem IKT hatte ich eine kurze Begegnung mit einem Sänger des russischen Chores, der dort aufgetreten ist. Und genau von diesem Sänger, er ist Priester, bekomme ich heute die Abendmahlshostie gereicht...!

Nach dem Gottesdienst erfolgt dann die Bekanntgabe. Ich verstehe „Germanski", alle schauen zu mir herüber, und dann noch „Apostel". Ja, und dieser kommt dann auf mich zu und wir können uns deutsch unterhalten. Zunächst möchte er wissen, ob ich das Rad auch wirklich verschenken möchte. Als er von mir dann bestätigt bekommt, dass ich das ernst meine, bedankt er sich herzlich: „Da machen Sie uns aber eine große Freude!" Leider kann ich mich dann wegen der ganzen ‚Fahrrad-Geschichte' nicht mehr mit ‚meinem Sänger' unterhalten. Der ist irgendwann dann halt einfach weg.

Der russische Apostel i.R. organisiert jetzt alles: Ein Priester fährt mit seinem Auto vor. Dieses ist voll beladen mit irgendwelchen Kartons und Pappe. Das wird alles ausgeladen und in die Kirche getragen. Anschließend fahre ich zusammen mit dem Diakonen und dem Priester mit bis zu 95 km/h (ich kann ehrfürchtig auf den Tacho schauen) durch die Stadt zu meinem Quartier. Dort hole ich mein Fahrrad aus dem fünften Stock herunter. In der Zwischenzeit haben die beiden den Rücksitz umgeklappt. Der Diakon strahlt übers ganze Gesicht, als er das Rad sieht. Seine Freude ist ehrlich, das sieht man. Er umarmt mich, bedankt sich mit viel Russisch, ich verstehe davon nur „Spasiba". Auch ich freue mich und denke bei mir: „Geben ist tatsächlich seliger als nehmen".

Etwas umständlich ist das alles. Aber letztendlich verschwindet mein treuer Drahtesel leicht demontiert in dem russischen Auto, nachdem ich noch ein allerletztes Foto von ihm gemacht habe. In dem Gefühl, dass das Rad jetzt sicher am richtigen Platz ist, fällt mir die Trennung nicht schwer. Hm, ich will mir ja sowieso ein neues kaufen...

Ich gehe nochmals zurück in die Wohnung. Nadja hat einen Zettel an die Türklinke geheftet. Sie möchte wissen, wann ich am Dienstag auschecken werde, sie möchte ihren Tag planen. Nachdem ich ihr meine Abflugzeit gesagt habe und dass ich eventuell mit dem Taxi zum Flughafen fahren wolle, organisiert sie mir umgehend telefonisch eines, das nur halb so viel kostet, wie mir gestern ein Taxifahrer gesagt hat. Somit ist auch das geregelt.

Und jetzt endlich fällt es mir wie Schuppen von den Augen: Ich habe mein Rad gut und mit viel Freude an den Mann gebracht und in der gleichen Viertelstunde ohne großes Zutun ein günstiges Taxi zum Flughafen bekommen. Der Deal mit Igor hat nicht sein sollen!

Ich begebe mich wieder in den Untergrund und fahre zum Alexander-Newski-Kloster. Dort ist einiges los heute, klar es ist ja Sonntag. Ich besuche die Kirche und setze mich zu ein paar anderen

Männern auf eine Holztruhe. Von hier aus kann ich das ganze Treiben beobachten und auf mich wirken lassen. An den Wänden viele Heiligenbilder, die von den Gläubigen angebetet und teilweise geküsst werden. In der Mitte des Kirchenraumes eine Andacht, ein Geistlicher, um ihn geschart etwa zwanzig Gläubige, die ihm pausenlos nachsingen, immer wieder dasselbe. Neben der Kirche ist ein Friedhof mit alten Gräbern. Es sind wohl bekannte Persönlichkeiten gewesen, die hier beerdigt worden sind. Mit den wenigsten Namen kann ich aber etwas anfangen.

Mein Weg geht weiter der Newa entlang. Ob außer mir auch mal ein Tourist hierherkommt? Sehenswürdigkeiten gibts hier nämlich keine. Für mich ist es dennoch sehenswert. Drüben am anderen Ufer stehen ganz moderne Bauten, Glaspaläste und Wohnsilos, dazwischen eine alte Kirche mit goldener Kuppel.

An der hohen Kaimauer versuchen ein paar Angler ihr Glück. Ich schaue ihnen eine Weile zu. Zeitvertreib am Sonntagmittag. Für die Kirche des Smolny-Klosters wird Eintritt verlangt. Direkt hinter der Eingangstür hängt ein riesiger Vorhang von der Decke herab, damit man nicht ins Innere der Kirche schauen kann. Da habe ich jetzt auch keine Lust dazu. Ohne mich, ich gehe wieder. Mit einer Tüte Kekse und einer Cola Light setze ich mich in einen Park in der Nähe und bin einer von vielen.

Teenies, junge Familien mit kleinen Kindern, aber kaum ältere Leute flanieren durch den Park. Drüben auf dem Rasen viele bunte Luftballons, ein Kindergeburtstag. Dann eine Hochzeitsgesellschaft beim Fototermin, der Brautstrauß und die Schuhe sind schon mal neben der leeren Sektflasche im Gras abgelegt worden. Vor einem Zelt ein junger Kerl, er spielt auf einer Gitarre und singt dazu. Knapp zwanzig Zuhörer hat er angelockt, die jetzt vor ihm auf dem Rasen hocken und im Takt den Kopf wiegen.

In der Nähe des Deutschen Konsulats esse ich in einem Straßenrestaurant Chicken mit Gemüse und Thymian. Für mich eine neue Geschmacksrichtung, es schmeckt aber sehr gut.

Danach schlendere ich wie gehabt den Newski-Prospekt entlang nach Hause. Es war ein schöner und ereignisreicher Tag.

Morgen treffe ich mich wieder mit Gerhard. Es wird der letzte Tag in Russland sein, der letzte Tag der Reise. Dann kommt nur noch die Heimreise...

Montag, 18. August 2014

Treffe mich wie ausgemacht um 10.00 Uhr im Zentrum an der Metrostation Newski Prospekt mit Gerhard. Heute ist die Auferstehungskirche dran.

Imposant das Äußere. Für mich ganz klar das schönste Bauwerk der Stadt. Das Innere ist nicht weniger beeindruckend. Die Wände sind von unten bis oben mit Ikonen bemalt. Kann mir gut vorstellen, dass die Betrachtung bei den Gläubigen große Ehrfurcht hervorruft. Leider ist die Kirche so gut besucht, dass an eine heilige Atmosphäre nicht im Geringsten zu denken ist. Draußen ist es auf alle Fälle angenehmer.

Das nächste Ziel ist die „Aurora". Der Kreuzer gab 1917 den Signalschuss zur Oktoberrevolution ab. Man kann ihn besichtigen, es werden täglich Führungen angeboten, nur montags nicht. Heute ist Montag, schade.

In einem japanischen Restaurant essen wir zu Mittag. Es schmeckt ganz gut. Nur mit dem Trinkgeld kommen wir nicht klar. Haben keine Ahnung, wie das in Russland üblich ist. Jedenfalls bekommen wir unser Trinkgeld nicht an den Mann bzw. an die Frau. Selbst als wir der Bedienung sagen: „It's for you!", hilft das nichts. Wir bekommen es auf einem Tablett zusammen mit einem maschinellen Beleg zurück. Na, wenn die es absolut nicht wollen, dann behalten wir es eben... Machen wir jetzt einen Fehler?

Die Peter-und-Paul-Festung auf einer Insel in der Newa. Auch dort sind wir nicht alleine. Wahrscheinlich bin ich langsam ein wenig übersättigt, denn allzu sehr beeindruckt mich die Anlage nicht.

Interessanter erscheint uns beiden dagegen in einiger Entfernung drüben auf dem Festland die Interkontinental-Rakete auf einer mobilen Abschussrampe. Wir meinen auch zu wissen, dass man in Russland nichts Militärisches fotografieren darf. Aber das Motiv Atom-Rakete ist unwiderstehlich. Wir greifen zu einem Trick: Gerhard stellt sich so hin, dass ich gut ein Foto von ihm machen kann. Perfekt hampelt er noch vor mir herum. Ganz klar, dass ich ihn dabei fotografiere. Das sieht hier jeder. In Wirklichkeit fotografiere ich aber haarscharf an ihm vorbei. Mit vollem Zoom gelingt mir ein schönes Bild von der Rakete... natürlich mit ein bisschen Adrenalin.

Zurück auf dem Festland kommen wir nach einer Weile am Artillerie-Museum vorbei. Innerhalb und auch außerhalb der Umzäunung stehen Kanonen und Panzer zum Greifen nahe, Kinder klettern darauf herum. Und weiter hinten, direkt an der Straße, nur etwa zwanzig Meter hinter einem Zaun steht unser heimliches Fotomotiv, die Interkontinental-Rakete! Von zahlreichen Menschen wird sie hier abgelichtet. Auch ich hole nochmals den Fotoapparat heraus und mache ganz cool und völlig unaufgeregt ein paar Fotos.

Langsam tun uns die Füße und der Rücken weh. Wir machen unser Abschiedsessen in einem Restaurant in der Fußgängerzone nahe des Newski Prospekts. Jetzt ist es wirklich endgültig, denn morgen wird geflogen bzw. die Fähre bestiegen. Zur Feier des Tages lassen wir uns noch einen besonderen Vodka mit einem eingelegten Stück Rettich servieren. Wir sind uns aber schnell einig, dass wir unseren Geschmacksknospen lieber etwas anderes gegönnt hätten.

An „unserer" Metrostation Newski Prospekt verabschieden wir uns dann wirklich sicher zum letzten Mal, wenigstens auf dieser Reise. Aber wir wollen ja in Kontakt bleiben...

Wie gehabt mache ich mich wieder zu Fuß auf den Heimweg und mische mich in einem Park nochmals in bewährter Weise unters Petersburger Volk. So ganz langsam wird mir bewusst, dass jetzt bald das letzte Stündlein der großen, lange geplanten und ersehnten Radreise schlagen wird. Dann ist es vorbei. Was bleibt? Bin gespannt, wie schnell der Alltag mich wieder eingeholt hat und wie er sein wird. Aber augenblicklich bin ich noch in St. Petersburg, in Russland, und das genieße ich in vollen Zügen.

Mit den letzten Rubeln, ein paar muss ich noch fürs Taxi morgen reservieren, kaufe ich im Feinkostladen Jelissejew auf dem Newski Prospekt zum Abschied ein süßes Dankeschön für Nadja.

Es wird langsam dunkel. Obwohl bereits die ersten Gebäude angestrahlt werden, komme ich leider nicht auf die Idee, dass man in dieser Stadt wohl auch schöne Nachtaufnahmen machen könnte...

Dienstag, 19. August 2014

Der Tag „X" war am 12. Juni 2014. Heute ist der Tag „?".

Nadja hat das Taxi auf 11.00 Uhr bestellt. Ich habe genug Zeit zum Packen. Die brauche ich auch, aber ich bekomme fast alles rein in die zwei Gepäcktaschen und den Matchsack. Nur ein paar Tempos und ein Deo-Spray bleiben hier, auch den Mini-Rucksack lasse ich zurück. Vielleicht kann ihn meine Gastgeberin noch gebrauchen. Er ist während der Tour sowohl als Kopfkissen als auch als Proviantbehälter sehr strapaziert worden und an zwei Stellen eingerissen. Nun gut, sie muss ihn halt flicken.

Um 10.00 Uhr wird das Taxi telefonisch bestätigt. Sehr gut, es scheint alles zu klappen. Endlich komme ich mal dazu, mit Nadja etwas zu plaudern. Sie arbeitet nicht, sie ist Hobby-Tänzerin und hat sogar einen Tanzlehrer aus Ägypten. Nur ihr Mann ist berufstätig, das genügt. Sie wollen Kinder und da sei es besser, wenn sie zu Hause ist. Ich sag ihr, dass ich das sehr gut finde, wenn die Mutter bei kleinen Kindern zu Hause ist. Das freut sie sichtlich. Auch über die Bonbons aus dem Feinkostladen freut sie sich ehrlich. - Dann klingelt das Telefon: „the taxi is already here", sagt sie, zuckt dabei ein wenig mit den Schultern und ich habe das Gefühl, es tut ihr fast leid, dass das Taxi schon da ist. Mir geht es ähnlich, ich hätte mich schon gerne noch eine Weile mit ihr unterhalten. Es ist jetzt doch erst 10.45 Uhr! Das Taxi sei ein brauner Chevrolet mit der Nummer 607 hinten. Schnell die Schuhe anziehen, noch ein gemeinsames Foto in der Küche und schon geht es los.

Mit einem fast stummen Taxifahrer gelange ich ohne Probleme zum Flughafen Pulkowo. Die Fahrzeit beträgt gerade mal eine halbe Stunde. Am Eingang ins Flughafengebäude werde ich erst mal gefilzt. Einchecken bei SAS geht frühestens in einer Stunde. Also warten. Ich habe alle Zeit der Welt. Man kann sich hier an einem Stand das Gepäck in Folie einwickeln lassen. Der junge Mann nimmt aber nur Rubel an. Und davon habe ich nur ein paar wenige, nicht mehr genug. Mit eingewickelten Taschen wäre mir schon wohler. Ich versuche zu handeln, er könne doch eine Ausnahme und für mich einen Sonderpreis machen, da ich nicht mehr so viele Rubel hätte. Keine Chance, er zeigt auf eine Überwachungskamera, die wohl jeden Einpackvorgang aufzeichnet. Aber im UG gäbe es eine Bank, da könne ich Geld wechseln. So tausche ich nochmals fünf Euro in Rubel um und lasse anschließend mein Gepäck in Folie wickeln. Die Radtaschen sehen danach ganz schmuck aus, wie eine Eisbombe. So kann wohl nichts mehr passieren. Und ich habe wieder ein paar wenige Rubel übrig.

Diese reichen jedoch für gar nichts mehr, wie ich später feststelle. Ich möchte sie einer jungen Russin schenken. Diese lehnt jedoch ab, sie fliege nachher nach Dänemark, da könne sie die Rubel nicht gebrauchen... Wir sitzen später im gleichen Flieger.

Es regnet inzwischen heftig. Die startenden Flugzeuge ziehen auf der Startbahn eine lange Gischtwolke hinter sich her. Fotografieren ist hier aber verboten. Ich riskiere nichts, lasse es lieber bleiben. Denn, wenn die jetzt meine Fotokarte noch beschlagnahmen würden, nicht auszudenken! Nur meine SAS-Boeing, welche ich draußen entdeckt habe, die wird fotografiert, halt auch mit ein wenig Adrenalin...

Der Flug geht glatt. Ich habe einen Fensterplatz. Die estnische Küste kann ich erkennen, Saremaa und Gotland, immer wieder hohe Wolken. Kurz vor Kopenhagen ein Gewitterregen, dahinter gleich die Landebahn.

Die knapp sechs Stunden bis zum Weiterflug gehen rasch vorbei. Von meinem Warteplatz aus kann ich sehr gut die landenden Flugzeuge beobachten, auch wie sie andocken und gewartet werden. Ganz interessant.

Zwischendurch mache ich auf einer Bank zusammen mit einem amerikanischen Paar ein Nickerchen. Ganz wach bin ich, als mich ein junger Mann bittet, kurz auf sein Gepäck aufzupassen. Nach ein paar Minuten ist er jedoch wieder zurück. Ehrlich gesagt, habe ich mal an seine Taschen hingehorcht, aber nichts ticken gehört...

Ich nutze die Wartezeit auch, um zu realisieren, was gerade passiert: Die Tour ist zu Ende! Zehn Wochen unterwegs, ein Film läuft ab. Wirklich, es ist vorbei. Die lange Strecke liegt hinter mir. Es ist alles gut gegangen. Keine Panne, keine Scherereien, überraschend gutes Wetter. Die paar Tage, an denen es geregnet hat, zählen gar nicht. Ich war in St. Petersburg, in Russland. Mit dem Fahrrad! Ich bin durch Gegenden geradelt, in denen mein Vater im Krieg war. Die Namen hab ich noch im Ohr, wenn er davon erzählte: Riga, Düna, Memelland, Kurland, Litauen, Estland, Narva... und: „wir haben die Kirchtürme von Leningrad gesehen."

Die Vorstellungen, die ich bisher davon gehabt habe, verschwimmen. Mir wird klar, dass ich sie wie schwarz-weiße Bilder im Kopf hatte. Die eigenen Eindrücke überziehen alles. Und diese sind richtig farbig. Die Fahrt war sehr lohnend und beeindruckend. Ich bin froh, dass ich sie gemacht habe. Was ich gesehen habe und auch die Begegnungen mit den Menschen, haben mich viel zum Nachdenken angeregt. Ich fliege zurück in meine

Heimat nach Süddeutschland und bin dankbar, dass ich in dieser Zeit lebe und in dieser Gegend. Es könnte auch ganz, ganz anders sein...

Pünktliche Landung um 22.00 Uhr in Stuttgart.

Hanne und Karina, die jüngere meiner beiden Töchter, sind da. Sie strahlen. Ich bekomme zur Begrüßung ein T-Shirt übergestreift, schwarz mit roter und weißer Schrift.

Vorne drauf steht

Tourenradfahrer

und hinten

Engstlatt – St. Petersburg

12.06. - 19.08.14

Nachbetrachtungen für Interessierte:

Strecke: 4.043 Kilometer waren es insgesamt.

Ich vergleiche mal mit früheren Touren: also von Engstlatt nach Monaco und wieder zurück, und dann nochmals nach Monaco und auch wieder zurück und dann noch an den Gardasee etwa...

oder

jeweils von zu Hause an den Gardasee, nach Venedig, nach Paris und nach Heilbronn, dazu noch einmal nach Monaco und wieder zurück...

...alles oft flach, aber auch einige Steigungen, sogar Schiebestrecken.

Stress: Es hat außer an den ersten drei „Renn"-Tagen keinen zeitlichen Stress gegeben, somit war es doch eine lockere Angelegenheit, ich musste keine „Rennen" mehr fahren.

Quartier: Im Zelt habe ich 40 Mal übernachtet, in Privatzimmern 20 Mal und in Hotels 8 Mal.

Aufenthalt: In Deutschland war ich an 13 Tagen unterwegs, in Polen ebenfalls an 13 Tagen, in Litauen waren es nur 7 Tage, in Lettland 15, in Estland 13 und in Russland schließlich noch 8 Tage.

Die **Allinclusiv-Kosten** während der Tour betrugen pro Tag knapp 30 €.

Unter Hinzurechnung der Kosten für den Aufenthalt in St. Petersburg, den Rückflug und fürs Visum sind es 34 € pro Tag.

Ist das viel oder wenig? Hm, egal, jedenfalls war die Tour ihr Geld wert...

Wetter: Auch dazu noch etwas, das ist wichtig bei so einer Tour:

An 50 Tagen Sonne, dabei bemerkenswert: 25 richtige Sommertage am Stück (!), an 16 Tagen Regen, komplette Regentage: Null.

Wind: Logischerweise meistens Gegenwind!

Menschen: So gut wie keine Probleme, manchmal eben etwas gewöhnungsbedürftig, aber es war viel Hilfsbereitschaft vorhanden.

Pannen: Keine tourgefährdenden, auch kein Platten.

Heimweh: Keines. Nach zwei, drei Tagen nur die Frage: warum mach ich das eigentlich? Ich könnte jetzt gemütlich zu Hause auf der Terrasse sitzen und bei einem Kaffee Zeitung lesen...

Negativerlebnis: Fehlendes Fahrrad und dadurch Riesenschreck im Supermarkt in Riga (eigentlich war es ja positiv!).

Highlights: Die Wolfsschanze, Überfahrt auf der ‚Lana' zur Kurischen Nehrung, Elch auf der Nehrung, Sonnenuntergang im Camp Imantas, Fuchs im Kemeri Nationalpark an der Rigaer Bucht, das Fahrradschieben über die Brücke nach Russland, der Abschied vom Fahrrad, und vielleicht die mehrfachen überraschenden Treffen mit Gerhard...

Verpflegung: Essen und Getränke waren gut zu beschaffen, der Reiseproviant war aufgrund des beschränkten Stauraums manchmal etwas knapp.

Gesundheitszustand: Sehr gut, zeitweise war Rücksicht auf die Knie nötig, drei Tage Durchfall, vermutlich aufgrund einer Unverträglichkeit (Suppe in Minija), kaum Sitzbeschwerden, kein Sonnenbrand, keine Allergien, kein Heuschnupfen, nur jede Menge Schnakenstiche

Fazit: Sehr lohnenswerte Unternehmung! Kleinigkeiten sind das ‚Salz in der Suppe' bei einer Radtour. Wer die Gelegenheit dazu hat, dem kann ich nur sagen:

Mach es !!!

in Polen

Rominter Heide, Masuren

Masuren, Grenze Polen-Litauen

Hohe Düne, Kurische Nehrung

Klaipeda (Memel)

Steilküste an der Ostsee, Lettland

Unvergesslicher Sonnenuntergang

...eine von 40 Übernachtungen im Zelt...

an der Gauja, Lettland

Büro im Wald am Peipussee, Estland

Ziel - Foto

Auferstehungskirche St.Petersburg

Peter-und-Paul-Festung an der Newa

Newski Prospekt

www.epubli.de

Printed in Germany
by Amazon Distribution
GmbH, Leipzig